CERTAINS L'AIMENT CHAUD ET MARILYN

Du même auteur

Tony Curtis et Barry Paris, *Tony Curtis : l'autobiographie*, Éditions Belfond, 1995.

LE SERPENT À PLUMES

TONY
CURTIS

Avec la collaboration
de Mark A. Vieira

CERTAINS L'AIMENT CHAUD ET MARILYN

Traduit de l'anglais (États-Unis)
par David Fauquemberg

MÉMOIRES

Collection « Le Serpent à Plumes »
dirigée par Nathalie Fiszman.

Titre original : ***The Making of « Some Like It Hot ». My Memories of Marilyn Monroe and the Classic American Movie.***

ISBN 978-2-268-06924-1

À Marilyn, Jack et Billy…
J'aurais aimé que vous soyez là.

JE M'APPELLE Tony Curtis. Vous me connaissez : je suis acteur. J'ai joué dans quatre-vingt-huit films. Certains sont divertissants, d'autres sont devenus des chefs-d'œuvre immortels. J'aime me rendre à des festivals et autres conférences avec ma tendre épouse, Jill. On nous invite, nous venons, je parle des films et je signe des autographes. Bon nombre de mes fans sont si jeunes qu'ils n'étaient certainement pas nés lorsque j'ai joué dedans. C'est là toute la grandeur du cinéma : il survit au temps. Si en 1958 j'avais joué sur les scènes de Broadway au lieu de tenter ma chance à Hollywood, qui, parmi les jeunes générations, aurait aujourd'hui la possibilité de connaître mon travail ? Or, mes films sont encore regardés au cinéma, sur le câble ou sur DVD.

Et savez-vous quel est le film dont ils me parlent le plus ? *Certains l'aiment chaud.*

C'est devenu un classique. Mais il est bien plus que cela : il forme à lui seul une catégorie à part, fait partie du patrimoine culturel. Prenez, par exemple, les classements attribués à *Certains l'aiment chaud* par l'American Film Institute :

« Plus grands films de tous les temps » : 22ᵉ
« Les 100 meilleurs films » : 14ᵉ
« Films les plus drôles » : 1ᵉʳ

Pour quelques-uns, *Certains l'aiment chaud* mérite ce titre de film le plus drôle. Je ne sais pas. Ce que je sais, en revanche, c'est qu'il a été pour moi l'occasion de travailler avec quatre génies comiques : I.A.L. Diamond, Jack Lemmon, Billy Wilder et Marilyn Monroe. Il m'a aussi donné l'occasion de parfaire mon art. J'avais déjà connu quelques succès, bien sûr, mais j'avais un problème d'ego : j'en voulais toujours plus. Je voulais devenir un grand acteur de cinéma. Or, on me l'interdisait, parce qu'on m'avait collé l'étiquette du « beau gosse ». Ce film, c'était ma chance de m'en défaire et de montrer au monde entier ce dont j'étais capable. J'y interprétais trois personnages différents. J'ai eu le sentiment d'avoir franchi un cap, et Hollywood en convenait : je suis devenu un acteur incontournable. Voilà pourquoi j'ai une dette immense à l'égard de *Certains l'aiment chaud.* Ce film occupe une place toute particulière dans mon cœur – et dans l'histoire du cinéma.

J'avais déjà évoqué le tournage de *Certains l'aiment chaud* dans mes précédents livres. J'avais révélé certaines anecdotes. Cependant, faute de place, je n'avais pas pu développer autant que je l'aurais voulu, car en tournant ce film, j'ai vécu des choses incroyables. J'avais donc une vraie histoire à raconter, qui ressemble beaucoup à une pièce classique en trois actes. Des intrigues. De l'ironie. Du suspense. Du comique. Oui, et pas qu'un peu ! Surtout, des personnages inoubliables. Qui jouaient des répliques désormais légendaires, que j'entends encore aujourd'hui aussi clairement qu'au premier jour.

« Vous êtes le plus beau gosse de cette ville. »

« Je riais tellement que je suis tombé par terre ! »

« Le public, les gens, ils vont quitter la salle. Ça va être un désastre ! »

« Allons dans les toilettes pour dames. »

« Où est ce bourbon ? »

« Je n'ai jamais rencontré quelqu'un d'aussi méchant que Marilyn Monroe. »

« Eh bien, personne n'est parfait. »

Oui, cette histoire mérite d'être racontée – un foisonnement de scènes, de sons, de mots et d'émotions. Et je suis le mieux placé pour ça, même cinquante ans après. Et *mieux encore* cinquante ans après, car j'ai beaucoup appris sur la vie. Mon regard sur ces événements a changé. Et malgré les problèmes de santé qui m'ont affecté ces derniers temps, je n'ai rien oublié du tournage de *Certains l'aiment chaud.* J'ai envie d'en restituer l'atmosphère de manière aussi vivante et exhaustive que possible. Je crois que personne ne l'a fait jusqu'ici. Du moins, aucun témoin direct qui ait tout vu, tout entendu. J'ai la chance de pouvoir raconter ce tournage comme une histoire à part entière, de bout en bout. Et pour éviter toute inexactitude, j'ai bien fait mes devoirs. J'ai vérifié tous les détails, les dates, en consultant livres et archives, et en sollicitant l'aide de mes amis. Le présent ouvrage retrace donc fidèlement le tournage. Je vous emmène sur le plateau de *Certains l'aiment chaud.* Mois après mois. Semaine après semaine. Jour après jour.

Bon, par où commencer ? Histoire de replacer les choses dans leur contexte, commençons par le commencement. À New York. Je suis né en 1925. Mon père était tailleur...

PREMIÈRE PARTIE

LE PROJET

1

EN 1958, j'étais le plus heureux des hommes. Je venais d'avoir trente-trois ans. Cela faisait dix ans que j'avais débarqué à Hollywood, j'avais tourné dans cinq grands films d'affilée, des œuvres de qualité, comme *Les Diables au soleil* de Delmer Daves. Tous avaient remporté un franc succès, tant critique que commercial. Les critiques reconnaissaient désormais mon talent d'acteur, et plus mon seul physique. J'avais fait mes preuves, et j'étais libre de choisir tel ou tel projet, tel ou tel réalisateur.

J'étais marié à Janet Leigh depuis sept ans. Elle aussi était une vedette. Nous étions le couple en or, les deux jeunes stars les plus sexy d'Hollywood, époux modèles. Nous avions une adorable fillette de deux ans, Kelly. Nous attendions un autre bébé. Au fil des années, le succès allait grandissant, pour elle comme pour moi. Janet avait été engagée par la Metro-Goldwyn-Mayer en 1947. Elle était devenue une star pratiquement du jour au lendemain. J'avais signé chez Universal en 1948. Dès 1950, j'étais passé du simple statut d'acteur sous contrat à celui de star. J'avais épousé Janet en 1951. En 1953, nous étions devenus des célébrités. En 1956, nous avions fondé notre propre compagnie, Curtleigh Productions. Nous avions ainsi coproduit *Les Vikings*, *Le Grand Chantage* et *La Chaîne*. Ces films m'avaient offert des rôles que je n'aurais jamais obtenus en restant sous contrat avec Universal.

Tel était le Hollywood de la fin des années 1950. Les acteurs n'en pouvaient plus d'être esclaves des studios, alors ils rassemblaient leur courage et devenaient producteurs. On retrouvait le même phénomène parmi les réalisateurs. Ce qui m'amène au cas de Billy Wilder. Ce dernier avait écrit et dirigé d'aussi grands films qu'*Assurance sur la mort*, *Boulevard du crépuscule* ou *Sabrina*, mais demeurait pourtant l'obligé des studios. Il voulait davantage de liberté créative et d'argent. Il avait apporté nombre de succès à la Paramount – lui en était-on reconnaissant ?

Billy venait tout juste de terminer *Stalag 17*, qui a pour cadre un camp de prisonniers américains durant la Seconde Guerre mondiale. La bande-son du film était en train d'être doublée pour une sortie prochaine en Allemagne. Billy ne portait pas ce pays dans son cœur. Il en était parti en 1933 pour fuir les persécutions. Sa mère et deux autres de ses proches étaient morts dans les camps de concentration. Il avait consacré deux films à l'Allemagne nazie : *Stalag 17*, donc, et *La Scandaleuse de Berlin*. Et que firent les gens de la Paramount ? Afin de ménager les susceptibilités des distributeurs allemands, ils transformèrent l'un des personnages de *Stalag 17*, un espion allemand, en espion polonais. Billy exigea une modification et des excuses. Il n'obtint ni l'une ni les autres. Nul ne daigna même lui répondre. Il travaillait pour la Paramount depuis 1937. Il avait réalisé quelque chose comme dix films à succès au profit de ces imbéciles. Alors, il leur tourna le dos et chercha une meilleure façon de travailler.

En mai 1954, Billy signa chez Allied Artists. Les gens hochèrent la tête, en se demandant pourquoi il avait choisi un studio si peu huppé, alors que la Warner et la Twentieth Century Fox lui proposaient un contrat. Je me souviens qu'Allied Artists se trouvait à l'écart, sur la partie la moins à la mode de Sunset Boulevard. (L'immeuble d'Allied est désormais occupé par la télévision publique KCET-TV, dans le quartier de

Silver Lake qui n'a plus *rien* de ringard...) Allied Artists avait remplacé Monogram Pictures, que nous surnommions la « Rue de la Misère »: ils s'étaient fait une spécialité des films bon marché. Et même si Universal ne produisait pas vraiment des chefs-d'œuvre, ses films étaient cent fois meilleurs que ceux d'Allied Artists. *Texas Badman* – Le Salaud du Texas. *The Weak and the Wicked* – Les Faibles et les Méchantes. *Killer Leopard* – Le Léopard tueur. Bref, vous saisissez le concept... Le vice-président du studio, lui aussi, avait tout compris. Il s'appelait Harold Mirisch. Il avait fait fortune dans le Midwest, mais pas en produisant des films: son magot, il l'avait amassé à la tête de la Theater Candy Company, qui fournissait les cinémas en sucreries. À présent, il avait débarqué à Hollywood avec la conviction qu'Allied Artists pouvait faire beaucoup mieux que ses léopards tueurs. Alors, il engagea trois réalisateurs de renom: John Huston, qui venait de réaliser *African Queen*; William Wyler, l'auteur de *Vacances romaines*; et Billy Wilder.

Le premier film que Billy réalisa pour Allied fut *Ariane*, avec Audrey Hepburn et Gary Cooper. Certains critiquèrent le choix de Gary, trop vieux disaient-ils pour donner la réplique à Audrey, mais le film s'en tira plutôt bien, même si les gens d'Allied Artists, à court de financements, paniquèrent quelque peu et en vendirent aussitôt les droits étrangers. Résultat, *Ariane* ne connut pas le succès qu'il méritait. Billy réalisa donc son film suivant, *Témoin à charge*, pour un autre studio. Et celui-ci fit un carton. Harold Mirisch ne voulait pas perdre Billy, si bien qu'il lui offrit ce que personne d'autre n'aurait pu lui proposer: la Liberté. Une totale liberté créative. Et l'argent, un tas d'argent, sur la base d'un contrat qui prévoyait le partage des bénéfices. Toutefois, un tel arrangement n'était pas envisageable au sein d'Allied Artists, dont le fonds de commerce était plutôt *L'Attaque des crabes géants*.

En août 1957, Harold Mirisch fonda donc une nouvelle compagnie avec ses deux frères. Harold en était le président,

Walter le directeur de la production, Marvin le vice-président et trésorier. La Mirisch Company s'installa dans les studios de Samuel Goldwyn, à Hollywood. Toutefois, Mirisch n'était pas à proprement parler un studio, mais une maison de production indépendante. L'idée, c'était d'éviter ainsi les écueils liés à la gestion d'un studio, et ses coûts exorbitants. Nul besoin d'acheter des terrains hors de prix, ni d'engager un personnel pléthorique. Tout ce dont la Mirisch Company aurait besoin, elle pourrait le louer, notamment les bureaux. Mirisch pouvait ainsi offrir aux réalisateurs des conditions plus avantageuses que celles des grands studios.

Billy Wilder signa donc avec la Mirisch Company un contrat pour deux films, qui lui offrait un droit de regard sur le sujet, le scénario, le casting et la réalisation, ainsi que le montage final – et 25 % des bénéfices nets… Malgré la réussite toute relative d'*Ariane*, Billy Wilder demeurait l'un des réalisateurs les plus brillants et populaires de la planète. Car enfin, qui y avait-il à part lui ? Alfred Hitchcock. Howard Hawks. John Ford. Mais ces gars-là étaient des survivants de l'époque des films muets. Billy, lui, était encore assez jeune. Je crois qu'il avait une cinquantaine d'années, mais, bon Dieu, il ne les faisait pas ! Il était svelte, nerveux. Débordant d'énergie. Il ne tenait pas en place. Pas le genre à se reposer, toujours en mouvement. À l'image de ses films.

En 1957, la Mirisch Company signa un contrat pour douze films, qui seraient distribués par United Artists. « U.A. », encore une histoire de come-back spectaculaire. Quand je suis arrivé à Hollywood, United Artists battait de l'aile. En raison de dissensions profondes entre ses propriétaires, Mary Pickford et Charles Chaplin, le studio ne produisait plus rien. Il se contentait d'un simple rôle de distributeur. Parmi les films distribués figuraient certes des œuvres de qualité – *Le Champion*, *Mort à l'arrivée*, *La Demeure des braves* –, mais ils s'occupaient principalement de séries B. Ils perdaient des millions chaque année. En 1951, Pickford et Chaplin vendirent U.A à deux avocats, Robert S. Benjamin et Arthur B. Krim. Ces deux types voyaient les grands studios crouler sous leur propre poids, remettre les clés de leurs salles de cinéma à des huissiers, et trembler de peur devant l'avènement de la télévision. C'était le bon moment. Benjamin et Krim offraient une alternative aux producteurs indépendants. Peu de frais. Une distribution excellente. Et un partage des profits à hauteur de 30 à 75 %.

En 1957, U.A avait complètement transformé Hollywood. Plus d'un quart des sorties de cette année-là étaient des productions indépendantes, dont deux des trois films de Billy Wilder. Et deux des miens. Et c'est précisément là que je voulais en venir : ce qui m'est arrivé en 1958 n'aurait pas pu se dérouler cinq ans auparavant, quand je faisais uniquement ce que les gens d'Universal me disaient de faire. Et Billy Wilder ne m'aurait jamais fait une telle proposition…

2

C'ÉTAIT une belle journée d'automne, en 1957. Vous voyez le tableau. L'air dégagé après la pluie, sans pollution. Les arbres qui rougissent. Les monts San Gabriel en arrière-plan. Je traversais Beverly Hills au volant de la voiture que m'avait obtenue mon agent Lew Wasserman, une Rolls-Royce décapotable, carrosserie argentée, intérieur noir. Ce jour-là, je tournais en rond. La situation était tendue à la maison, alors j'ai décidé d'aller me promener, pour acheter une paire de chaussures neuves. Rien de tel que de céder à ses caprices lorsqu'on est mécontent de son sort. Je me suis garé juste en contrebas de Wilshire Boulevard, j'ai pris soin de sourire aux passants qui me reconnaissaient, et je me suis dirigé vers le magasin de chaussures.

Je remontais Beverly Drive lorsqu'un homme a posé sa main sur mon épaule. Je me suis arrêté. Son allure m'était étrangement familière. Un type trapu, la quarantaine, avec des lunettes à monture d'écaille.

« Vous ne me remettez pas ? Harold Mirisch. J'ai financé *La Patrouille infernale*...

– Mais oui, bien sûr, ai-je répondu. Désolé. Comment allez-vous ? »

La Patrouille infernale était un film dans lequel j'avais tourné à Hawaï quatre ans plus tôt.

« Vous savez, Tony, deux mois après la sortie, nous étions déjà rentrés dans nos frais... »

Il a marqué une pause, avant d'ajouter :

« Grâce à vous…

– Merci beaucoup, ai-je répondu. Ça me touche.

– Que faites-vous, aujourd'hui ?

– J'allais m'acheter une paire de chaussures.

– Alors je vous les offre…

– Vous plaisantez ? N'importe lesquelles ?

– Celles qui vous plairont. »

Nous sommes entrés dans la boutique. J'ai fait le tour des rayons, et déniché une paire de Symphony en alligator noir. Les plus chères du magasin. Harold a réglé la facture. C'était un geste généreux. Et une manière de signifier mon entrée dans son cercle.

Harold Mirisch était célèbre pour ses grandes réceptions. Lesquelles n'étaient pas tant des fêtes que des projections. Des fêtes du cinéma. Avant même l'apparition du « Beverly Hills circuit », il existait des gens qui, comme Harold, disposaient de salles de projection privées, à domicile. Et pas avec des projecteurs seize millimètres, non : trente-cinq millimètres, écran panoramique… La totale. Et l'on engageait des traiteurs. Janet et moi avons donc commencé à fréquenter les soirées d'Harold qui vivait alors sur Lexington Road, derrière le Beverly Hills Hotel. Il venait d'acheter sa maison. « Maison » ? Un hôtel particulier, pour être exact, qui avait dû lui coûter une fortune.

C'est à l'occasion d'une de ces fêtes que j'ai rencontré Billy Wilder. Sans vraiment engager la conversation, un simple bonjour, heureux de vous revoir, avant de continuer notre chemin. Comme je l'ai déjà dit, j'étais une star, mais cette étoile ne brillait pas dans le firmament où opérait Billy Wilder. Dans mon esprit, il se trouvait tout là-haut, hors de portée, tournant avec de véritables légendes comme Tyrone Power ou Marlene Dietrich. Il était sympathique, certes, mais parce que c'était un homme courtois, pas parce que j'avais une quelconque importance dans ce monde-là.

Les fêtes jouaient un rôle crucial à Hollywood. Souvent, mon agent s'assurait que j'étais bien invité à telle ou telle soirée, flairant qu'un projet intéressant était dans l'air. Lew Wasserman était mon agent depuis 1950. Son agence dépendait de la compagnie du Dr Jules Stein, la Music Corporation of America (MCA). Grâce à Lew et Jules, MCA avait placé des billes dans tout un tas de domaines, en plus de son travail d'agent pour la radio, l'industrie du disque et la télévision. C'est Lew qui avait eu l'idée de faire signer des acteurs du calibre de James Stewart, ce qui leur permettait de payer moins d'impôts et de renforcer leur pouvoir. Quand Lew m'a engagé, il était devenu président de la MCA. Je lui dois beaucoup. Malgré tous les efforts qu'il déployait pour transformer Hollywood, il trouvait quand même le temps de s'occuper de mes intérêts. Il veillait à ce que les gens d'Universal me laissent tourner dans d'autres films que les leurs. Il veillait à ce que les projets que je choisissais ne soient pas trop lourds pour moi, que je ne sois jamais obligé d'en supporter seul le poids. Jusqu'au jour où je serais prêt. En attendant, il insistait pour que j'honore de ma présence les soirées du Tout-Hollywood.

Parfois, ces fêtes avaient lieu au domicile d'un producteur, par exemple chez Jerry Wald, ou d'un directeur de studio, comme Jack Warner. Il arrivait aussi qu'elles se déroulent sur un plateau de tournage, dans un décor conçu pour l'occasion, qui évoquait une rue de Paris ou Hong Kong. S'il s'agissait de Hong Kong, on engageait des figurants asiatiques en costumes traditionnels, afin de parfaire l'illusion. Ou bien on décorait un plateau en extérieur, sur l'un des immenses terrains appartenant aux studios. Ces derniers n'hésitaient jamais à dépenser de l'argent. Ils en avaient à ne plus savoir qu'en faire, grâce à des types comme moi…

On m'envoyait une invitation à en-tête, qui disait :

« Cher Tony,

Venez nous rejoindre pour une soirée de fin de tournage au bord du lagon.

Signé : Gregory Peck. »

Alors je me rendais en voiture jusqu'aux studios de la Twentieth Century Fox, je me garais à l'entrée et une voiturette de golf me faisait traverser la propriété jusqu'au lieu de la fête. L'occasion d'admirer au passage les tout derniers décors. Darryl Zanuck aimait impressionner les gens avec ses plateaux démesurés, comme ceux de *L'Égyptien* ou du *Roi et moi*. Il faut bien reconnaître qu'ils étaient vraiment imposants, comparés à ceux d'Universal. Enfin, la voiturette vous déposait au bord du lagon, où vous attendait une foule de figurants déguisés en habitants des mers du Sud. Tout le monde fréquentait ces soirées, histoire de manger, boire, flirter… et se faire des relations.

Au début de l'année 1958, Harold m'a appelé. Il voulait m'inviter à l'une de ses soirées projection. Bon, d'accord. Seulement, cette fois, c'était différent. « Venez un quart d'heure en avance, a-t-il ajouté. Billy Wilder sera là. Il aimerait vous parler. C'est d'accord ? » J'ai répondu oui d'une voix calme, avant de raccrocher et alors, seulement, j'ai laissé éclater ma joie. *Billy Wilder*. Jusqu'alors, à de rares exceptions près, je n'avais été dirigé que par des réalisateurs sous contrat avec Universal. Certes, j'avais désormais un statut qui me permettait de choisir. Mais quand même, Billy Wilder… Pourquoi aurait-il voulu me parler ? Je ne comprenais pas. Je me suis efforcé de ne plus y penser jusqu'au soir de la fête.

Janet et moi habitions à l'époque sur San Ysidro Drive. Ce soir-là, j'ai bondi dans ma voiture et remonté Benedict Canyon en direction de Lexington Road. En traversant le canyon pour me rendre à ce rendez-vous, j'avais l'impression d'emprunter la fameuse route de briques jaunes du *Magicien d'Oz*. Le simple fait que Billy Wilder daigne me parler me touchait profondément. Cet homme avait remporté trois Oscars, et obtenu douze nominations. Il ne signait que des œuvres de qualité. Cela faisait un moment que je désirais jouer dans un bon film, un projet qui vaille vraiment la peine. Peut-être, je dis bien peut-être, avait-il envie que je travaille pour lui. Telles étaient les pensées qui se bousculaient sous mon crâne, tandis que je remontais le canyon. Ce trajet est resté à jamais gravé dans ma mémoire.

3

QUAND je suis arrivé chez Harold Mirisch, Billy Wilder se trouvait déjà là, avec sa femme Audrey. Il discutait avec Harold. Lorsque Billy m'a aperçu, il s'est excusé et m'a conduit jusqu'à une petite pièce à l'autre bout de la villa. Il a fermé la porte et nous nous sommes assis. J'étais à cran, je me disais : M'aurait-il emmené ici, à l'écart, pour ne pas qu'on le voie avec moi ? Je m'inquiétais à tort. Billy m'a aussitôt mis à l'aise, s'adressant à moi avec son léger accent germanique :

« Tony, je voulais vous parler d'un film que je vais faire. »

J'ai avalé une grande bouffée d'air, et je me suis penché vers lui. Wilder a poursuivi :

« L'histoire est la suivante : il y a deux musiciens, des amis. Ils sont témoins d'un meurtre. L'assassin les voit et les prend en chasse. Pour lui échapper, les deux hommes se déguisent en filles. Ensuite, ils intègrent un orchestre de femmes. Mais il y a cette chanteuse, un vrai canon, et nos deux garçons tombent fous amoureux d'elle. Évidemment, pas question d'avouer qu'ils sont des garçons. Voilà notre “conflit”. Et voilà l'histoire. »

Il a marqué une pause, avant de reprendre :

« Ça ne vous plaît pas ?

– Si, si. Ça me plaît. Je trouve ça formidable, et…

– Je veux que vous interprétiez l'un des deux musiciens. C'est un contrebassiste un peu benêt…

– D'accord !

– Et je vais engager Frank Sinatra pour jouer l'autre musicien, le saxophoniste, a ajouté Billy. Et Mitzi Gaynor dans le rôle de la chanteuse. »

Il a marqué une pause.

« Nous avons le même agent, a-t-il repris.

– En effet, Lew Wasserman.

– J'en parlerai à Lew. Qu'en dites-vous ?

– M. Wilder…

– Appelez-moi Billy.

– D'accord. Billy. Écoutez, c'est formidable. Mais vous êtes bien sûr que vous me voulez pour ce rôle ?

– Vous êtes le plus beau gosse de la ville. Qui d'autre voudriez-vous que je prenne ? »

Je ne me souviens plus du film qu'Harold a passé ce soir-là. Comment aurais-je pu fixer les yeux sur cet écran ? Je n'étais pas dans un cinéma, j'étais sur un petit nuage. J'allais jouer dans un film de Billy Wilder. D'autres acteurs auraient tué père et mère pour obtenir ce rôle. Et il me voulait, *moi*.

Par la suite, j'ai appris que ce projet était en gestation depuis déjà un certain temps. Billy débordait d'imagination. Il avait toujours au moins trois projets sur le feu. Il y avait ce film qu'il voulait faire avec William Holden et Audrey Hepburn. Et il y avait celui avec les musiciens. Il avait trouvé l'idée dans un film français de 1935, intitulé *Fanfare d'amour*. Comme il ne parvenait pas à mettre la main sur une copie du film original, Walter Mirisch lui en avait procuré une de son remake allemand, *Fanfaren der Liebe*. Billy connaissait les scénaristes qui avaient concocté l'histoire originale, et travaillé sur son remake : Michael Logan et Robert Thoeren. L'idée lui plaisait tellement qu'il avait demandé à Walter Mirisch de racheter les droits aux producteurs allemands. L'avocat de Walter avait dû jouer les détectives pour retrouver la trace des détenteurs de ces droits, mais il avait fini par les localiser. Ce que Billy appréciait dans ce film, ce n'étaient pas vraiment les rouages de l'intrigue, un peu laborieux à son goût, et pour tout dire pas très finauds: deux musiciens peinent à trouver des engagements durant la Grande Dépression, alors ils passent d'un orchestre à l'autre en se déguisant pour pouvoir être embauchés. Pour entrer dans un orchestre noir, ils se teignent le visage. Dans un orchestre de Gitans, ils portent des boucles d'oreilles. Et le dernier orchestre est composé exclusivement de femmes.

Fanfaren der Liebe était ce qu'on pourrait appeler un film au premier degré, montrant tout ce que devaient faire les deux hommes pour se déguiser. Or, regarder des hommes en train de s'épiler le torse n'a vraiment rien de passionnant. Et lorsqu'un des types enfile de nouveau ses habits masculins pour se tirer en douce la nuit, les vraies filles le surprennent en train de se faufiler dans la chambre d'hôtel de son ami, elles se méprennent et tabassent ce dernier, qui a gardé son déguisement. Et ainsi de suite. Mais Billy tolérait ces stratagèmes un peu grossiers car il avait compris qu'il y avait là quelque chose qu'il pourrait utiliser, ou plutôt transformer. Et c'est ce qu'il a fait, mais pas tout seul.

Pendant des années, Billy Wilder avait coécrit ses scénarios avec son vieux complice Charles Brackett. Dès 1937, les deux hommes avaient mis leur plume au service d'autres réalisateurs. Le résultat n'était pas toujours à la hauteur de leurs attentes. Acteurs et réalisateurs transformaient les dialogues qu'ils avaient écrits pendant le tournage. Certaines scènes disparaissaient. La seule solution, pour éviter cela, c'était de devenir eux-mêmes réalisateurs ou producteurs de films. Billy avait coécrit huit scénarios avec Brackett avant de diriger son premier film: *Uniformes et jupons courts*, sorti en 1942. Le succès fut immédiat, pour eux, pour Ginger Rogers et pour la Paramount. Brackett avait coproduit leur film suivant, *Les Cinq Secrets du désert*. Pendant près de sept ans, Billy et Brackett avaient enchaîné les projets. Pas des films quelconques, non. De *grands* films, et d'immenses succès. J'ai souvent entendu dire que leurs relations professionnelles étaient assez houleuses et que, dans la vie, ils n'étaient pas amis. Billy avait son franc-parler, alors que Brackett était issu de la grande bourgeoisie. Ils se hurlaient dessus et se balançaient des annuaires d'un bout à l'autre du bureau. Drôle d'équipe, vraiment. Ce qui ne les a pas empêchés de faire des films aussi prodigieux que *Les Cinq Secrets du désert*, *Le Poison* ou *La Scandaleuse de Berlin*. Et puis, du jour au lendemain, Billy n'a plus voulu travailler avec Brackett. C'était en 1950, ils étaient en train d'écrire *Boulevard du crépuscule*. Un beau matin, alors qu'ils s'installaient à leur bureau, Billy a annoncé à Brackett que c'était fini. Brackett était d'autant plus stupéfait que Wilder s'était aussitôt remis au travail, sans prendre la peine de répondre à ses questions. Toujours en état de choc, Brackett avait accepté de signer les papiers du divorce. Il n'a jamais su ce qui s'était passé. La seule explication que Billy fournirait, bien des années plus tard, c'est que l'allumette avait cessé de crépiter. On ne dirait pas, pourtant, quand on regarde *Boulevard du crépuscule*.

Au cours des années suivantes, Billy avait collaboré avec toute une série de scénaristes, dont Charles Lederer, Ernest Lehman et Harry Kurnitz. Même si Billy n'aimait pas travailler seul, aucune de ces collaborations n'avait duré plus d'un film. Et puis un soir, en 1955, Audrey et lui s'étaient rendus à un dîner organisé par la Writers Guild, le syndicat des scénaristes américains. Ils avaient assisté à un spectacle dont les sketchs avaient été écrits par différents membres du syndicat. L'un de ces sketchs, qui mettait en scène un scénariste s'efforçant de vendre une idée de scénario à Sam Goldwyn, avait enthousiasmé Billy. L'auteur se nommait I.A.L. Diamond. Qui ça ?

Itek Dommnici, car tel était son vrai nom, avait pris le pseudonyme d'I.A.L. Diamond à l'époque du lycée, lorsqu'il avait gagné le championnat d'algèbre interlycées, la Interscholastic Algebra League. Il avait ensuite étudié à l'université de Columbia. Quand « Izzy » Diamond avait commencé à écrire ses premiers scénarios, Billy était déjà un réalisateur phare de la Paramount. En 1955, le nom de Diamond figurait au générique de plusieurs films, mais sa carrière stagnait.

Séduit par le sens de l'humour d'Izzy, Billy avait demandé à Walter Mirisch de l'engager pour qu'il participe à l'écriture d'*Ariane*. Le scénario final était une vraie merveille. Billy avait trouvé un collaborateur qui maniait la langue anglaise aussi finement que Brackett, avec un sens de la repartie à la new-yorkaise, mais qui était plus conciliant. Billy et Izzy avaient coutume de dire que coécrire un scénario, c'était comme être mariés. Quand je les ai rencontrés, leur bébé numéro deux était en route…

Comment travaillent les scénaristes ? Certains écrivent chez eux. D'autres se lèvent le matin et partent au bureau. Billy Wilder, lui, habitait un loft au 10375, Wilshire Boulevard, dans le quartier de Westwood. La plupart des réalisateurs possédaient de grandes villas à Brentwood, Bel Air ou Beverly Hills. Billy appréciait Westwood, peut-être parce que la proximité du campus de l'UCLA donnait à ce quartier une atmosphère de ville universitaire – en plein centre de Los Angeles. Billy avait besoin d'un endroit très lumineux, parce qu'il possédait une grande collection de peintures : Rouault, Matisse, Picasso… Chaque fois qu'il terminait un film, il s'offrait un tableau de maître. Tous les matins, à neuf heures, Billy et Izzy se retrouvaient à leur bureau, aux studios Samuel Goldwyn, au 1041, North Formosa Avenue, à l'angle de Santa Monica Boulevard, à Hollywood. Les studios Goldwyn occupaient tout un pâté de maisons, ce qui était modeste comparé aux terrains de la Paramount sur Melrose Avenue, ou de la

MGM à Culver City. Les studios Goldwyn avaient appartenu à Douglas Fairbanks et Mary Pickford, puis à United Artists, avant d'être rachetés par Sam Goldwyn. Aujourd'hui, ils ont été rebaptisés Warner Hollywood. En 1958, c'était un endroit fort plaisant pour louer un bureau. La compagnie de Billy s'appelait Ashton Productions – d'après le nom d'une rue du quartier. Je me souviens que son bureau se trouvait au premier étage du vieil immeuble réservé aux scénaristes. Un lieu spartiate mais dont l'élégance « vieille Europe » convenait parfaitement à Wilder. Et des toiles originales étaient exposées aux murs.

Billy et Izzy ne s'en sortaient pas avec *Fanfare d'amour*. S'ils aimaient bien l'accroche de départ – deux hommes travestis qui continuent de se comporter comme s'ils ne l'étaient pas –, il leur restait néanmoins à résoudre ce problème crucial: pourquoi un type se travestirait-il ainsi à moins d'y être absolument forcé ? Ils étaient coincés. Il faut savoir que Billy avait lui-même joué dans un orchestre, en Allemagne, dans les années 1920, à une époque où l'on croisait des travestis dans tous les cabarets: pour lui, ce n'était donc pas vraiment un problème. D'autant que plusieurs films hollywoodiens avaient déjà exploré ce thème. Dans *La Reine Christine*, par exemple, Garbo se déguisait en jeune homme l'espace de quelques scènes. Comme c'était Garbo, ça passait très bien. Mais quand Katharine Hepburn se travestissait en garçon dans *Sylvia Scarlett*, ça ne marchait pas vraiment. Dans *La Tante de Charley*, Jack Benny se faisait passer pour une vieille dame. Pas bien méchant, direz-vous, et vous avez raison – ce fut un immense succès. Mais deux jeunes tombeurs qui se déguisent en femmes ? Pas question ! Dans les années 1950, on trouvait déjà scandaleux que Mamie Eisenhower se présente épaules nues lors d'une réception à la Maison-Blanche... Si ce film devait mettre en scène deux travestis, il allait falloir trouver une sacrée bonne raison. « Il faut une menace de mort, rien de moins, avait conclu Billy. S'ils ne se déguisent pas, ils seront tués. »

Izzy a alors proposé que l'histoire soit contemporaine, car si l'on en faisait un film d'époque, un tel travestissement ne serait plus si choquant – noyé dans un contexte exubérant et outrancier. Tel était le raisonnement d'Izzy :

« Si tout le monde s'habille de manière excentrique, un travesti ne choque pas plus qu'un autre. Chaque fois qu'on fait un remake de *La Tante de Charley*, on choisit le film d'époque. » L'Amérique avait alors la nostalgie des années 1920. Par contraste avec les années 1950, cette période semblait vraiment trépidante. C'était l'ère du jazz, de l'humour farcesque à la Groucho Marx, du charleston, des femmes aux cheveux aussi courts que leurs robes, de la prohibition, du gin artisanal, des gangsters… Billy aimait beaucoup l'idée de transposer l'histoire dans les années 1920. C'était une bonne journée de travail : ils ont levé la séance.

Le lendemain matin, Billy a débarqué au bureau, l'humeur joyeuse. « Iz, a-t-il déclaré. En rentrant chez moi hier soir, j'ai eu le déclic. Années 1920, gangsters : le massacre de la Saint-Valentin ! Tu sais, ce type assassiné alors qu'il se trouvait là par hasard. Un mondain en quête d'adrénaline, qui frayait avec les truands. Bref, il s'est fait flinguer. Et le caïd qu'Al Capone voulait liquider, lui, ne s'est pas pointé. Maintenant, réfléchis un peu. La mauvaise personne, au mauvais endroit, au mauvais moment. On prend nos deux musiciens, et on les place dans cette situation. Seulement, ils ne se font pas tuer. Ils assistent au meurtre. Ce sont des témoins gênants. Et c'est pour ça qu'ils se travestissent. »

Voilà comment mon personnage est né.

DEUXIÈME PARTIE

LE CASTING

4

VOUS VOUS demandez sans doute pourquoi Billy Wilder me voulait dans son film. Qui étais-je en 1958 ? Comment en étais-je arrivé là ? Et d'où est-ce que je venais ?

Mon père était né en Hongrie, dans la ville de Mátészalka. Il s'appelait Emmanuel Schwartz. Il avait fait son apprentissage chez un tailleur avant de s'exiler aux États-Unis en 1921, alors qu'il n'était encore qu'un jeune homme. Un an plus tard, il épousait une certaine Helen Stein, hongroise d'origine elle aussi. Je suis né le 3 juin 1925. J'ignore où mes parents se sont rencontrés, et ce qui les a poussés à se marier. Ce n'étaient pas le genre de parents qui vous cajolent en vous racontant des histoires. Surtout, ils n'avaient aucune envie de revivre les premiers temps d'un mariage qui était tout sauf heureux.

Un mariage malheureux entraîne généralement une enfance malheureuse. C'est ce qui nous est arrivé, à moi et à mon frère Julius, né en 1929. Mes parents se disputaient sans arrêt au sujet de l'argent. Mon père avait ouvert plusieurs boutiques à New York, dans l'East Side, à Brooklyn et dans le Bronx. La première dont je me souvienne se trouvait sur Lexington Avenue. Il exerçait son métier avec sérieux, et semblait s'en satisfaire. Ma mère aurait voulu qu'il soit plus ambitieux. Mais mon père n'était pas un homme d'affaires, ce n'était pas dans sa nature. Ma mère se plaignait, il résistait. Ils se disputaient. Ils hurlaient. Et rien ne changeait.

Au bout du compte, la frustration de ma mère s'est retournée contre moi. Elle trouvait toujours une raison d'être furieuse, comme si j'avais fait une bêtise. Elle me courait après, m'empoignait, me secouait et me frappait jusqu'à ce que sa colère passe. Comme ça, sans aucune raison. Ces incidents me terrorisaient, mais je ne pouvais pas en parler à mon père. Je ne voulais pas gâcher le peu de temps que nous passions ensemble.

Il m'emmenait à la synagogue – la Congrégation B'nai Jehuda, sur la East 78th Street. Nous nous y rendions à l'occasion des principaux jours saints. Je revois encore mon père se balancer d'avant en arrière, avec son châle de prière et sa kippa, son livre de prières à la main, psalmodiant en hébreu. Je ne me sentais pas concerné, mais c'était l'occasion de passer du temps avec lui. Pour le reste, mon père ne faisait que travailler. Mais ça n'a pas suffi quand la Grande Dépression s'est abattue. Nos affaires ont touché le fond, et nos vies avec. On nous a expulsés de notre immeuble, toutes nos affaires éparpillées sur le trottoir. Nous en étions réduits à squatter un appartement abandonné.

Quand la situation s'est améliorée, nous avons déménagé dans le Bronx, avant de revenir à Manhattan, où mon père a ouvert une nouvelle boutique. Il a fait poser une enseigne clinquante, en grosses lettres : *Schwartz Dry Cleaning and Pressing*. Et, en plus petit : *Prêt pour le lendemain*. Nous vivions dans un immeuble en brique sur la East 75th Street. Et vous ne me croirez pas si je vous dis que le loyer ne dépassait pas vingt dollars par mois ! Mon père en gagnait à peu près cent, et il ne payait pas d'impôts. Un dîner au restaurant coûtait trente-cinq *cents* – pour toute la famille. C'était en 1937, j'avais douze ans à peine.

L'ambiance était déjà désastreuse à la maison, mais à l'école, c'était pire encore.

« Tu t'appelles comment ?

– Schwartz. Bernard Schwartz.

– Ah, je vois... Un juif. »

S'il n'avait pas fallu donner mon nom, j'aurais pu passer pour un Italien, un Allemand, ou n'importe laquelle des dizaines de nationalités qui se côtoyaient dans le quartier. Mais dès qu'ils ont su mon nom, ils m'ont catalogué. Et je suis devenu la cible idéale. Vous avez déjà entendu les insultes que nous subissions. Des noms odieux, infâmes, auxquels je ne ferai même pas l'honneur de les répéter ici. Ces insultes, je les ai endurées pendant toute ma scolarité. Le plus triste, c'est que j'avais espéré trouver un peu de paix à l'école, un environnement différent qui me permettrait d'échapper au stress permanent de la maison. Eh bien, non : je passais d'un champ de bataille à un autre.

Je passais mon temps dans la rue, à me défendre contre de vraies brutes, ou à esquiver leurs coups, ce qui m'a permis de développer ma vitesse de réaction, mon sens de l'équilibre et du timing. C'est incroyable ce qu'on est capable de faire quand on n'a pas le choix. L'instinct de survie, j'imagine, même si, dans certains cas, il s'agissait plutôt de l'inconscience des gosses – comme quand je sautais d'un toit d'immeuble à l'autre... En tout cas, je m'éclatais vraiment, et au moins, pendant ce temps-là, j'oubliais mes problèmes familiaux. Parfois, Julius m'accompagnait, mais je préférais généralement qu'il ne soit pas là, car j'avais peur qu'il ne se blesse. Malgré nos quatre ans d'écart, nous étions très proches. Quand je repense à cette période de ma vie, je dois bien admettre qu'il était la seule personne que j'aimais vraiment. C'était un gentil petit garçon. J'avais confiance en lui, et lui en moi. Mais quand je sortais jouer, je l'emmenais rarement. Je voulais tracer mon propre chemin dans le vaste monde.

En 1938, à l'âge de neuf ans, Julius a été renversé par un camion. Je l'ai perdu.

Après l'accident, j'ai essayé de m'en tirer du mieux possible. Comme vous pouvez l'imaginer, j'ai traversé des périodes de dépression. J'en avais déjà connu avant la mort de Julius, mais, elles sont devenues plus graves et plus fréquentes. Elles me tombaient dessus à l'improviste. D'un seul coup, je n'avais plus goût à rien. Je restais assis dans ma chambre, à ne rien faire. Je ne répondais pas aux amis qui me proposaient d'aller jouer au base-ball dans la rue. Je restais assis, sans bouger. L'un des moyens que j'avais trouvé pour lutter contre la dépression, c'était le dessin. Pendant que mes parents étaient au magasin, je m'installais dans un coin pour dessiner au crayon à papier, au crayon de couleur ou même à la craie de tailleur sur les papiers d'emballage de mon père. Je copiais tout ce que je voyais, mais le jour où j'ai compris que je pouvais inventer à ma guise, j'ai découvert les joies de la création. Dessiner ce que je voyais – ou, mieux encore, ce que j'imaginais – est dès lors devenu l'une de mes raisons de vivre. J'en étais fier, de mes dessins. Alors je les ai montrés à un pote, et il s'est moqué de moi. Après, ce n'était plus mon pote.

L'autre moyen que j'avais trouvé pour sortir de la dépression, c'était de devenir un vrai dur, chahuteur et athlétique. Pas sur les terrains de basket ou de football américain, non : dans les rues de New York. J'escaladais les poutrelles du métro aérien en me prenant pour Tarzan. Je sautais d'un toit d'immeuble à l'autre, parfois en contrebas. Une fois, j'ai mal calculé mon coup et j'ai rebondi contre la façade d'en face – j'en ai été quitte pour quelques côtes cassées. Mais ma cascade préférée était vraiment périlleuse. J'appelais ça le « saute-tramway ». Quand une machine déboulait à vingt kilomètres à l'heure, je la rattrapais en courant, d'un bond je m'accrochais aux barres des fenêtres et je restais suspendu. Tout se jouait au dixième de seconde, aucun droit à l'erreur. C'était une sacrée prouesse, quand j'y repense, mais je considérais cela, à l'époque, comme un simple exercice physique. J'étais un athlète, comme ces types que j'admirais au cinéma – Douglas Fairbanks, Errol Flynn, Tyrone Power…

Mon autre évasion, c'étaient les films. Le cinéma que je fréquentais le plus, c'est-à-dire sans arrêt, était le Loew's Spooner sur Southern Boulevard, dans le Bronx. J'y passais mes journées. Assis dans le noir, je regardais ces acteurs fabuleux, qui faisaient dix mètres de haut sur l'écran géant, et je me demandais souvent si eux aussi, ils avaient des problèmes. S'ils étaient humains. Peut-être que non, peut-être étaient-ils immortels. Ces fantasmes de jeunesse m'ont aidé à survivre.

Au lycée, j'avais un ami qui s'appelait Gene Singer. Un jour, je me suis confié à lui :

« Je voudrais être acteur. Comment fait-on ?

– Je n'en ai pas la moindre idée », a-t-il répondu.

Mais quelques jours plus tard, il est revenu vers moi : il s'était renseigné. Gene faisait partie de l'association culturelle juive Young Men's Hebrew Association. Il m'a expliqué qu'il y avait une sorte de club théâtre, là-bas. « Va voir cette dame, a-t-il ajouté en me donnant ses coordonnées. Ça ne te coûtera rien. » C'est ce que j'ai fait, et même si ça n'a abouti à rien, j'ai découvert un nouvel univers, qui m'a aussitôt fasciné.

J'avais désormais dix-sept ans, et mes parents avaient eu un autre garçon, Robert. Sa naissance n'a pas rapproché notre famille. Au contraire, elle m'en a éloigné. La Seconde Guerre mondiale venait d'éclater. Comme j'étais mineur, j'ai imité la signature de ma mère pour m'engager dans la marine. J'y suis resté trois ans, pour l'essentiel à bord de ravitailleurs de sous-marins. Je n'ai participé à aucune vraie bataille, mais j'ai vu des types de mon âge craquer complètement, des mecs se faire exploser la tête ou poignarder. J'ai survécu.

Quand je suis rentré dans le Bronx, j'ai décidé de reprendre mes études. Le G.I. Bill of Rights avait été voté : cette loi prévoyait de financer les études des vétérans de guerre. Quand j'ai appris qu'elle me permettait de suivre une formation d'acteur, j'étais aussi dingue qu'un chercheur d'or dénichant le bon filon. À ce point-là, vraiment. Alors je me suis inscrit à l'atelier dramatique de la New School of Social Research, qui était installée dans les locaux du President Theatre, au 247, sur la West 48th Street – et non pas sur le campus de la New School, sur la 12th. La formation était assurée par Erwin Piscator, producteur et metteur en scène éminent, aussi célèbre pour ses théories farfelues sur l'art dramatique que pour ses qualités de professeur de théâtre. J'ai suivi ses cours pendant un an, en compagnie de gens comme Bea Arthur, Harry Belafonte et Walter Matthau. Ensuite, j'ai été engagé dans une petite troupe d'avant-garde du circuit « off-Broadway », pour jouer dans la pièce de Clifford Odets, *Golden Boy*, l'histoire d'un boxeur qui veut devenir violoniste. Ils m'ont donné le premier rôle, et un personnage important est venu voir la pièce au Cherry Lane Theatre. Dans la foulée, j'ai reçu le coup de fil d'un dénicheur de talents qui m'a demandé si je pouvais prendre un avion pour Hollywood, tous frais payés. Je pouvais.

Le 1er juin 1948, j'étais à Hollywood, où je faisais un bout d'essai pour Universal International Pictures. Une semaine plus tard, je signais un contrat, la formule traditionnelle sur sept ans, avec renouvellement tous les six mois. J'allais suivre les cours d'art dramatique du studio pendant qu'ils consacreraient leur temps et leur argent à s'occuper de moi. Si tout marchait comme prévu, je tiendrais bientôt le haut de l'affiche. Sinon, eh bien je rejoindrais la foule de ceux qu'à Los Angeles, on appelait les *Never-Was-Been* – « ceux qui n'auront jamais rien été » – ou encore les « notes de bas de page d'Hollywood »... Mais je ne l'envisageais même pas – j'étais bien décidé à réussir.

Au bout de quelques mois, j'ai été pris dans *Pour toi, j'ai tué*, avec Burt Lancaster. Une scène de deux minutes où je dansais avec Yvonne De Carlo. Pour que vous compreniez comment ces choses-là marchent, le studio a commencé à recevoir des lettres demandant qui était le mec avec cette chevelure superbe. Ce mec se nommait Bernie Schwartz lorsqu'il avait débarqué à Hollywood. Au milieu de l'année 1949, il s'appelait Anthony Curtis. Et il était lancé.

5

BILLY WILDER adorait le jazz. Adolescent, à Vienne, il avait appris l'anglais en répétant les paroles des grands standards américains. Parmi les premiers disques qu'il avait achetés figuraient ceux de Paul Whiteman and his Orchestra. Je me souviens encore d'avoir entendu « Three O'Clock in the Morning » et « Valencia » par les fenêtres des voisins, quand j'étais gosse. Les disques de Whiteman furent parmi les premiers à dépasser le million d'exemplaires vendus, et c'est lui qui avait commandé à George Gershwin sa célèbre *Rhapsody in Blue*.

À dix-neuf ans, Billy était journaliste au quotidien viennois *Die Stunde*. Il avait écrit un article au sujet des Lawrence Tiller Girls, un orchestre entièrement composé de femmes, originaire de Manchester – agréable reportage pour un jeune type en rut. Notre journaliste avait été captivé par les seize filles du groupe, qui l'avaient bien fait rigoler.

« Tu crois au coup de foudre ? lui avait demandé l'une.

– Quand je te vois, oui ! s'était exclamée une autre.

– Qui est Bernard Shaw ? avait interrogé une troisième. Je ne le connais pas.

– Oh, moi je connais *Hamlet*. C'est pas mal.

– Ah ouais ! Ce Shakespeare, là, pourquoi il écrit pas des comédies musicales ? »

Billy n'a jamais précisé s'il était parvenu à conclure avec une des filles. Un an plus tard, en 1926, Paul Whiteman s'était produit à Vienne lors d'une grande tournée internationale. Billy s'était arrangé pour que Whiteman le remarque – et l'adopte. Il lui avait parlé de jazz dans son mauvais anglais. L'un des violonistes de Whiteman, Matty Malneck, assurait la traduction. Billy était un gosse brillantissime, et ambitieux. Ses articles sur Whiteman étaient si bien écrits que le jazzman l'avait emmené avec lui à Berlin. C'est là qu'a débuté la carrière de réalisateur de Billy. C'est vous dire le rôle qu'a joué le jazz dans sa vie.

En mars 1958, tandis qu'Izzy Diamond et Billy avançaient sur leur nouveau projet, *Fanfares of Love*, le jazz allait en devenir un élément central. Dans les années 1920, la variété et le jazz se nourrissaient l'une de l'autre. On pouvait acheter une version simplifiée d'une chanson comme « Indiana » – c'est ce qu'on appelait la *sweet music*, telle que la jouaient notamment les orchestres des hôtels. Mais on pouvait également s'en procurer une version jazz – c'était la *hot music*, celle d'un Fletcher Henderson par exemple. Et ces deux versions étaient totalement différentes. Ce concept allait jouer un rôle crucial dans notre film. Une personne peut changer totalement en fonction du moment, de l'endroit, etc. Elle sera tantôt *sweet*, tantôt *hot*.

Billy a décidé de remplacer le titre original, *Fanfares of Love*, par *Some Like It Hot – Certains l'aiment chaud*. Izzy adorait la comptine qui termine par « *Some like it the pot / Nine days old* ». Il avait très envie d'en faire le titre de leur film, car cela évoquait la musique, l'époque, tout. Mais ce titre était déjà pris. L'un des premiers films de Bob Hope, produit par la Paramount en 1939, s'intitulait en effet *Some Like It Hot*. Il existait une règle, dans le milieu du cinéma, qui interdisait d'utiliser le titre d'un film protégé par les droits d'auteur. Walter Mirisch a donc consulté Lew Wasserman à ce propos.

Par chance, MCA était justement en train d'acheter tous les films sortis par la Paramount avant les années 1950, afin de pouvoir les proposer aux télévisions locales. Le fait que Lew dépense cinquante millions de dollars pour acheter des films démodés lui avait d'abord valu les sarcasmes des gens d'Hollywood. Mais c'est Lew qui a ri le dernier. Car ces films, diffusés en soirée, n'ont pas tardé à lui rapporter des millions de dollars grâce à la publicité, et il s'est remboursé au centuple. Bref, Billy devait attendre la signature du contrat entre MCA et la Paramount pour que Walter puisse libérer le titre *Some Like It Hot*. Et cela a pris si longtemps qu'à un moment donné, ils ont envisagé de se rabattre sur un autre titre, *Not Tonight, Josephine – Pas ce soir, Joséphine*. Mais ils préféraient *Some Like It Hot*. L'écriture du scénario a donc repris son cours, de même que le casting.

Avant de me contacter, Billy avait envisagé de prendre Bob Hope et Danny Kaye dans le rôle des musiciens. Ces deux-là avaient déjà joué les travestis, et ils étaient drôles au possible. Mais à l'échelle d'un film entier, tiendraient-ils la distance ? Et puis, ils avaient un peu trop de bouteille pour jouer des musiciens en herbe. Il fallait être réaliste. L'idée que deux jeunes types déguisés en filles puissent fréquenter de vraies femmes sans se faire repérer allait vraiment exiger cette « suspension volontaire d'incrédulité » dont parlent les livres. Mieux valait, dans ces conditions, que les deux travestis soient jeunes. J'avais trente-deux ans.

Walter Mirisch a prévenu Billy que ce projet nécessitait la présence d'une grande star. Billy a contacté Anthony Perkins, mais il avait déjà signé pour un film avec Audrey Hepburn. Quand Billy m'avait rencontré chez Harold Mirisch, il croyait que Frank Sinatra allait accepter. Il s'était rendu à Palm Springs pour lui vendre l'idée, et pensait que Sinatra avait été séduit. Billy avait donc organisé un déjeuner avec lui, à Beverly Hills, pour régler les derniers détails. Sinatra n'avait même pas pris la peine de venir. Certes, il était l'un des hommes les plus puissants d'Hollywood, et il pouvait tout se permettre. Mais je suis persuadé que Billy s'était senti humilié par cet incident. Forcément. Il s'en était accommodé et, plus tard, confierait qu'il n'aurait jamais pu travailler avec Sinatra. « Il se serait tiré après la première prise, j'en ai peur, déclarait Billy. "Ciao, mec, aurait dit Frank. C'est bon, je m'en vais. Faut que j'aille voir une poule." Ça m'aurait rendu dingue. »

Apparemment, Sinatra n'en serait pas. Mais United Artists voulait toujours sa star. Alors, Billy a pensé au personnage de la chanteuse, Stella Kowalczyk. (Petite parenthèse : le nom du personnage allait par la suite devenir Sugar Kowalczyk, chantant sous le pseudonyme de Sugar Cane. Ce nom s'épelait « Cane » dans nos copies du scénario, mais il s'est transformé en « Kane » juste avant la première.)

Mitzi Gaynor était une actrice de grand talent. Dans le film *South Pacific*, elle crevait l'écran. Toutefois, même si le personnage de Sugar jouait un rôle crucial dans l'histoire, il n'était pas aussi marqué que ceux des deux musiciens. Jerry, le contrebassiste, était sincère, conciliant, un peu dingue. Joe, le saxophoniste, était un coureur de jupons sexy et audacieux. L'amitié entre ces deux types serait le moteur de l'histoire. En comparaison, Sugar restait un peu floue. Alors, Billy s'est fait la réflexion suivante : puisque Sugar était le personnage le plus faible, il fallait absolument le confier à une star.

Or, qui était la plus grande star qu'ils puissent trouver ? Elizabeth Taylor ? Elle venait de perdre son mari. Audrey Hepburn ? Pas pour jouer la chanteuse d'un orchestre. Pourquoi pas Marilyn Monroe ? Croyez-moi, cette idée-là plaisait *énormément* aux frères Mirisch. Bien sûr, elle avait ses inconvénients. Marilyn n'avait pas tourné depuis deux ans. Elle ne voulait plus jouer les « blondes écervelées ». Billy l'avait dirigée dans *Sept ans de réflexion*. Elle avait un excellent sens de la comédie et de son timing si particulier, mais aucun de la ponctualité. À cause du trac et d'un manque de confiance en elle, elle était toujours en retard. Et quand finalement elle se pointait, elle était imprévisible. « Elle avait du mal à se concentrer, remarquait Billy. Il y avait toujours un truc qui l'embêtait. Pour la faire jouer, c'était comme arracher une dent. » Et même si *Sept ans de réflexion*, sorti en 1955, avait rapporté huit millions de dollars, Billy était catégorique : « Je ne retravaillerai plus jamais avec Monroe. »

Les patrons de United Artists se sont montrés inflexibles : soit Billy engageait une star, soit il renonçait à *Certains l'aiment chaud*. Et il y avait peu de chances que Sinatra change d'avis. C'est à ce moment-là que Billy a reçu une lettre de Marilyn. Il a failli tomber de son siège ! Après tous les problèmes qu'ils avaient eus sur le tournage de *Sept ans de réflexion*, elle lui écrivait pour lui dire combien l'expérience lui avait plu, et combien elle aimerait travailler de nouveau avec lui. Quoi ? !

Il avait besoin d'y réfléchir – tu parles... Pour citer les propres mots du réalisateur : « Marilyn voulait le rôle, nous n'avions donc plus le choix : nous lui avons ouvert bien grand la porte. »

Bien des années plus tard, Billy reviendrait sur les raisons qui l'avaient poussé à retravailler avec elle. « Quand on parvenait à la faire venir au studio et qu'elle était dans un bon jour, elle était formidable. Elle avait une qualité que personne d'autre, à part Greta Garbo, n'a jamais eue à l'écran. Personne. Elle était une sorte d'image réelle, au-delà de la simple photographie. Sur l'écran, elle donnait l'impression qu'on pouvait la toucher du doigt. »

Le 17 mars, Billy lui a donc envoyé une lettre, à l'appartement new-yorkais qu'elle partageait avec son mari, le dramaturge Arthur Miller. Billy la remerciait, joignant à son envoi un traitement sur deux pages qui résumait l'histoire de *Certains l'aiment chaud*. Il se montrait extrêmement persuasif.

Son courrier commençait par ces mots: « Un Arthur Miller pourra en témoigner: rien n'est plus douloureux pour un dramaturge que d'exposer le squelette nu du projet sur lequel il travaille. »

La lettre continuait ainsi:

« Toutefois, le scénario demeure inachevé, et puisque le temps semble être le nerf de la guerre, je préfère encore prendre le risque de vous envoyer ce résumé un peu figé que de vous perdre pour de bon. Vous devez me faire confiance: ce scénario, si étriqué qu'il puisse paraître sous la forme d'un simple synopsis, sera bien sûr écrit avec le plus haut degré d'exigence. Les personnages seront rendus dans toute leur complexité. Ma théorie a toujours été qu'une intrigue doit être simple et limpide, afin de se laisser assez d'espace pour explorer toutes les facettes des personnages, et développer tout le potentiel des situations. Ne vous méprenez pas: le film ne sera pas traité comme une farce – car s'il ne se dégage pas de toute cette comédie une réelle émotion, c'est que nous aurons échoué. »

Billy poursuivait en racontant l'histoire, dans laquelle Stella, chanteuse d'un orchestre de femmes, tombe amoureuse d'un saxophoniste qu'elle croyait être une fille. Billy mentionnait également Sinatra comme autre tête d'affiche probable, ainsi que, dans des rôles secondaires, Edward G. Robinson, George Raft, James Cagney et Paul Muni. Jouant sur la fibre nostalgique, il évoquait en outre les standards de l'âge d'or du jazz que Marilyn aurait l'occasion d'interpréter. Billy concluait sur un ton étonnamment direct: « Je vous en prie, ne perdez pas de vue que je meurs d'envie de retravailler avec vous. J'oubliais: nous voulons commencer le film dès l'été prochain – aux alentours du 15 juillet. »

Les Mirisch étaient prêts. Et ils ne désespéraient pas de convaincre Sinatra. Ils avaient prévu 200 000 dollars pour lui,

200 000 pour Marilyn, plus un pourcentage à négocier sur les recettes brutes. Billy attendait que Marilyn ait lu son synopsis. Il n'avait reçu aucune réponse, mais la laissait tranquille. Fin mars, il a annoncé à Arthur Krim, chez United Artists, que le tournage débuterait en juillet. Avec Sinatra, Marilyn et moi.

Des rumeurs circulaient, alors j'ai appelé Billy. Il était content de m'avoir. « Tony, tout prend forme. Il y aura toi, Frank Sinatra et Marilyn. Pour les gangsters, nous aurons Eddie Robinson et George Raft. » Après que Billy a prononcé le nom de Marilyn, je n'ai plus rien entendu. J'étais submergé par l'émotion.

6

MA MÉMOIRE est comme une immense banque de données regorgeant de trésors. Il suffit d'un rien pour l'ouvrir – un son, une chanson, un parfum, et les souvenirs resurgissent. C'est exactement ce qui s'est passé lorsque Billy a prononcé le nom de Marilyn. Une fois raccroché, je ne me trouvais plus dans ma piaule sur San Ysidro Avenue, en mars 1958. J'étais dans un jardin public de Sycamore Avenue, en 1950. Sycamore House avait été mon premier chez-moi à Hollywood. C'était une pension destinée aux aspirants acteurs, située sur Sycamore Avenue, tout près de Franklin Avenue. L'endroit était très agréable : des tas d'arbres, un jardin et une piscine, même s'il est vrai que cette dernière, jamais nettoyée, était remplie de feuilles. Mais l'atmosphère des lieux était plaisante, très différente de ce que j'avais pu connaître à New York. Cependant, il y avait un inconvénient : comme au Studio Club de Lodi Place, où vivaient les jeunes actrices, on ne pouvait inviter personne dans nos chambres. Si l'on voulait courir le jupon, il fallait s'arranger autrement...

Et moi, j'en mourais d'envie. Il y avait de jolies filles partout, surgissant des immeubles, tombant des arbres, fonçant au volant de leur décapotable. Et pas uniquement des actrices. Toutes les filles étaient jolies, même celles qui, chez Universal, se rendaient à bicyclette de plateau en plateau, de bureau en bureau, pour livrer des scénarios. Je les admirais quand elles passaient en coup de vent. Si l'une d'elles me regardait et me faisait savoir qu'elle était intéressée, je m'arrangeais pour qu'elle comprenne que c'était réciproque. J'étais encore le jeune bravache de New York, timide et complexé. Je me cherchais.

J'avais trouvé mon pseudonyme dans le seul et unique livre que j'avais lu dans la marine, l'*Anthony Adverse* d'Hervey Allen. Quelques années plus tôt, j'avais vu le film avec Fredric March. J'ai donc confié à un directeur de casting que je voulais m'appeler Anthony Adverse. « Non, a-t-il rétorqué en secouant la tête. Le film va ressortir, tu auras l'air idiot. » J'ai gardé le prénom, Anthony. L'un de mes proches s'appelait Janush Kertiz. Un type bien. Kertiz est un nom très répandu en Hongrie. Je l'ai transformé en Curtis. Je me suis dit, *Tony Curtis*... C'est parfait comme nom, avec juste ce qu'il faut de mystère.

La première fois que j'ai vu mon nouveau nom dans le journal, c'était le 28 février 1949. Un article du *Los Angeles Times*, au sujet de mon troisième film, *Graine de faubourg*. L'article expliquait que grâce à mon interprétation, Universal allait devoir m'accorder le statut de star. C'était peut-être prendre mes désirs pour des réalités, mais j'ai continué de travailler. Mon nom apparaissait de plus en plus régulièrement dans les journaux, et j'obtenais de nouveaux rôles.

La première fois qu'on m'a appelé Tony Curtis dans la presse, c'était en août 1950. Jusqu'alors, Hedda Hopper, la fameuse chroniqueuse mondaine, m'avait plusieurs fois évoqué sous le nom d'Anthony. Mais elle a soudain décidé d'utiliser le diminutif, que je préférais. Néanmoins, c'est seulement à partir de *Kansas en feu*, en novembre 1950, que le nom « Tony Curtis » a figuré sur les affiches.

J'étais bel et bien lancé. Et les filles le savaient. Je multipliais les aventures. À l'époque, on ne savait jamais ce qui allait se passer quand on sortait avec une fille. Parfois, on se bécotait. D'autres fois, la soirée terminait au lit. Moi, tout m'allait : du moment que je leur plaisais, j'étais content. J'avais rencontré une fille qui habitait une maison avec un large porche. On s'embrassait dessous à n'en plus finir, mais sans jamais aller plus loin. Rien. Peut-être que si j'avais insisté, nous aurions pu vivre une grande histoire d'amour, mais je n'étais pas prêt. Du moins, pas avec elle. Je ne voulais pas me priver de toutes les autres filles.

J'avais vingt-cinq ans, et je m'éclatais tellement que c'en était incroyable. Pour me convaincre que je ne rêvais pas, je notais tout. J'ai toujours aimé coucher mes pensées sur le papier. Il m'arrivait même d'écrire des poésies. En 1950, je me suis mis à tenir un journal codé retraçant toutes mes conquêtes. Le fait de conduire une décapotable jouait en ma faveur. J'ai dû en acheter trois avant de dénicher la bonne. La première, je l'avais dégotée chez un revendeur d'occasion sur Lankershim Boulevard. C'était une Chevrolet de 1935, carrosserie vert foncé. Le compteur était bloqué à 295 000 kilomètres, et il y avait un grand trou dans le plancher. La deuxième était une Buick vert clair, avec pneus peints en blanc avec Dynaflow Drive, marque déposée un rien pompeuse désignant un simple système de transmission automatique totalement inefficace. Avec le recul, je me rends compte à quel point cette voiture incarnait le Los Angeles d'alors. J'adorais entrer sur le parking des studios Universal et garer cette caisse bien en évidence, pour que tout le monde la voie. Un jour que je passais devant la guérite du gardien, ce dernier m'a interpellé :

« Vous avez vu cette fille ?

– Ouais, ai-je répondu. Je l'ai vue. »

Comment aurait-on pu ne pas la remarquer ? Elle était à tomber, avec son chemisier translucide qui laissait entrevoir le soutien-gorge. Tandis qu'elle longeait l'immeuble des scénaristes, des têtes se sont penchées aux fenêtres, dans des positions insensées. Sa beauté donnait l'impression qu'elle était intouchable, mais son sourire laissait entendre le contraire. Nous semblions du même âge, même si j'ai découvert plus tard qu'elle avait une année de moins. Nous étions presque nés le même jour – moi le 3 juin, elle le 1er.

« Elle n'est pas venue en voiture, m'a confié le gardien. Vous n'avez qu'à l'attendre ici dans vingt minutes. »

J'ai garé ma décapotable, à l'affût. Elle est arrivée pile à l'heure. Descendant de voiture, je suis allé à sa rencontre.

« Salut. Je m'appelle Tony.

– Moi, c'est Marilyn.

– Je descends en ville, ai-je ajouté. Je vous dépose ? »

Elle a hésité un instant, elle me dévisageait.

« D'accord. »

Nous avons rejoint la voiture, et je lui ai ouvert la portière. Je me suis installé au volant, j'ai franchi la barrière du studio avant de prendre à gauche, direction Hollywood. J'ai bougé le rétroviseur, discrètement, pour apercevoir son visage. À ma grande surprise, elle m'a fait un clin d'œil. Nous avons ri. Chouette.

De l'avoir là, dans ma voiture, c'était quelque chose... Une sensation extraordinaire. Elle dégageait une aura à la fois douce et chaleureuse. Mais tandis que nous échangions des banalités, j'ai commencé à ressentir autre chose. Le désir. Un désir sexuel. Je n'avais jamais rien éprouvé de tel.

Je me souviens parfaitement de son allure, avec sa chevelure rouquine nouée en queue-de-cheval. Elle n'était pas couverte de maquillage comme les filles de l'époque, juste une touche de rouge à lèvres et de mascara. Elle portait une robe d'été qui mettait en valeur ses courbes. Je distinguais la ligne de ses hanches, de ses reins, de ses seins. Je sais que c'est stupide mais moi, je me concentrais sur ses bras. Ils étaient parfaits.

Quand je repense à ce jour-là, dans ma décapotable, la nostalgie m'étreint. Nous étions deux gosses, alors, habités par le même espoir : devenir des stars de cinéma. J'avais réussi à percer, elle attendait son tour. Au bout d'un moment, nous sommes restés silencieux. Nous roulions sans un mot. Je l'ai déposée à son hôtel, le Beverly Carlton, qui venait d'ouvrir à l'angle d'Olympic Boulevard et de Canon Drive. Je trouvais l'endroit un peu prétentieux. Elle m'a remercié. Je lui ai demandé si je pouvais l'appeler.

« Si vous voulez », a-t-elle répondu, en notant son numéro sur un brouillon. Puis elle a ouvert sa portière, m'a souri et s'est engouffrée dans l'hôtel.

Pendant les jours qui ont suivi, je n'arrêtais pas de penser à elle, à ses bras, aux regards qu'elle m'avait lancés dans le rétroviseur. Pour tout vous dire, je ne pensais plus qu'à ça. Mais je n'osais pas l'appeler. Pas si tôt. Je ne voulais surtout pas avoir l'air désespéré, et puis une fille aussi canon était forcément déjà prise. Elle était peut-être mariée, qu'est-ce que j'en savais ? Cependant, je n'avais pas vu d'alliance. Bref, une semaine a passé. Je l'ai appelée. « Salut, c'est moi, Tony, de chez Universal. Puis-je vous inviter à dîner ? »

Quelques jours plus tard, je suis passé prendre Marilyn à l'hôtel, en début de soirée. Je crois qu'elle a apprécié le fait que je ne lui demande pas pourquoi elle vivait là. Nous sommes allés dans un restaurant du Strip, le Villa Nova. La cuisine était délicieuse, nous avons bavardé en prenant soin d'éviter les sujets intimes. Avant de la ramener chez elle, nous avons flâné le long de Sunset Boulevard. À l'époque, c'était encore une très belle rue. Nous avions passé une soirée agréable, ce qui voulait dire qu'il y aurait un autre rendez-vous. Ce fut le cas. Cette fois, nous sommes allés dans un club un peu chic, le Mocambo. Lorsque nous sommes entrés, tout le monde s'est retourné. Pas étonnant : nous formions un couple de jeunes fauves pleins de vigueur. Je portais un costume de lin blanc et Marilyn une robe à fleurs. Elle n'avait pas encore l'allure fatale qu'on lui connaît. Mais ne vous méprenez pas : elle était sublime. Nous étions en semaine, il n'y avait pas grand monde. Pourtant, Marilyn n'arrêtait pas de regarder autour d'elle, comme si elle s'attendait à voir quelqu'un – ou à être vue.

Je n'avais pas conscience, alors, des multiples relations dans lesquelles Marilyn était impliquée, déjà à l'époque. Elle était personnellement sponsorisée par Joseph Schenck – ce septuagénaire était l'un des magnats historiques d'Hollywood, qui avait fondé la Twentieth Century Fox. Elle suivait les cours particuliers d'une professeur de théâtre, Natasha Lytess, qui l'aimait sans retour. Son professeur de chant, le compositeur Fred Karger, la poursuivait également de ses ardeurs. Elle avait confié ses intérêts à l'agent Johnny Hyde, lui aussi amoureux d'elle. Tous ces gens avaient au moins vingt ans de plus qu'elle. Que cherchait-elle donc ? Un mécène ? Un protecteur ? Un parent ? C'est possible. Car plus tard, en apprenant d'où elle venait, j'ai compris que sa jeunesse avait été encore plus pourrie que la mienne.

Sa mère était une traînée, coupeuse de négatifs dans un laboratoire, à Hollywood. Ça commençait mal. Comme bon nombre de ces nanas, la mère de Marilyn était alcoolique. Incapable d'élever sa fille, elle l'avait confiée à une famille d'accueil jusqu'à l'âge de sept ans. La pauvre Marilyn pensait qu'il s'agissait de ses vrais parents, jusqu'au jour où sa mère était venue la reprendre, avant de craquer complètement et de terminer à l'asile. Marilyn avait vécu dans deux autres foyers. Le premier, c'était chez une amie de sa mère qui lui avait bourré le cerveau en lui martelant qu'elle serait la nouvelle Jean Harlow. Drôle de modèle, pour une môme apeurée. Mais Marilyn y avait cru. Après avoir épousé un jeune mec pour échapper à cette succession de familles d'accueil, Marilyn s'était engagée dans une usine qui participait à l'effort de guerre. Et c'est là que tout avait commencé. Un photographe, qui réalisait un reportage sur ces ouvrières courageuses symbolisées par le fameux personnage de « Rosie la Riveteuse », avait été frappé par la photogénie de Marilyn. Du jour au lendemain, elle était devenue mannequin. Puis la Twentieth l'avait engagée avant de la perdre aussitôt. Idem chez Columbia. C'est à partir de ce moment qu'elle s'est laissé influencer par des gens malintentionnés. Lorsque je l'ai rencontrée, elle touchait au but. Et elle le savait.

Lors de nos rendez-vous, nous parlions du milieu du cinéma. Marilyn voulait tout savoir des gens que je connaissais, comment je les avais rencontrés, comment je m'y étais pris, tout ça... Quand je lui racontais mon parcours, elle m'écoutait attentivement, mais lorsque je l'interrogeais sur le sien, elle ne répondait pas. J'étais assez malin pour ne pas insister.

Marilyn vivait sur une autre planète. Elle ne lisait pas les journaux, ne suivait pas les actualités. Elle était déconnectée de ce qui se passait dans le monde. Déjà à l'époque, tous essayaient de l'approcher. Mais il n'y avait pas moyen : elle avait fermé toutes les portes.

« Tu veux une glace, Marilyn ?

– Non.

– Tu n'aimes pas la glace ?

– Je n'aimais pas ma mère. »

Pardon ? ! Elle s'exprimait parfois sans logique apparente, elle avait son langage à elle. Pas moyen de la comprendre, pas moyen de partager son intimité, parce qu'elle ne voulait pas. Et à ce moment-là, cela m'était plutôt égal : j'étais totalement fasciné. Je n'avais pas besoin de comprendre ses mécanismes. Je voulais seulement être avec elle. Mais je ne pouvais pas l'emmener à la pension de Sycamore House, ni me rendre à son hôtel, dont le règlement intérieur était tout aussi strict que celui du Studio Club. À la fin de nos dîners, nous roulions jusqu'à la plage et, assis dans ma décapotable, nous admirions les vagues. Nous nous bécotions gentiment, mais je la ramenais toujours à son hôtel.

J'étais ami avec l'acteur Howard Duff, qui était devenu une star de la radio en jouant dans *Les Aventures de Sam Spade*, puis une star de cinéma grâce à son rôle dans *La Cité sans voiles.* Howard possédait une villa au bord de la plage, près de Malibu. C'était un type généreux. « Va chez moi, m'a-t-il proposé. Je ne viens que le week-end. » Pas besoin de me le dire deux fois. J'ai appelé Marilyn, qui a accepté cette sortie à la plage. Depuis le temps que j'attendais ça…

Je suis passé la chercher au Beverly Carlton. Nous avons pris l'autoroute de la Coast Highway, et dîné dans un drive-in qui servait non seulement des hamburgers, mais de la viande et des cocktails. Le soleil se couchait déjà. Même si je me considérais comme plutôt expérimenté, j'étais un peu nerveux. Je ne voulais pas être trop direct, et qu'elle pense que je ne l'avais emmenée à la plage que pour coucher avec elle. Cette fille-là, je ne voulais pas l'offenser. Nous avons étendu nos couvertures sur le sable. Nous étions bien. Nous avons parlé. Elle voulait me connaître mieux. Je lui ai confié qu'un de mes amis acteurs me prêtait sa maison. Elle n'était pas contre, alors nous sommes partis chez lui.

La maison d'Howard était un bungalow, petit nid douillet avec une cheminée et un minibar qui contenait des bouteilles de whisky et de vodka. Je lui ai proposé un verre, mais comme je n'y connaissais pas grand-chose en matière de cocktails, elle m'a aidé à préparer deux whisky-sodas. Nous les avons sirotés avec embarras, puis elle s'est mise à parler d'elle.

Lorsqu'elle était enfant, sa mère était tombée malade. À aucun moment, elle n'évoquait un père. Elle avait changé de nom plusieurs fois, traversé des épreuves terribles. J'étais triste pour elle. J'avais l'impression que sa vie s'était améliorée, sous certains aspects, mais qu'elle ne se sentait toujours pas épanouie. Il y avait là un grand vide, qu'elle pensait combler en devenant une star de cinéma. J'ai compris que c'était la seule chose qui comptait. Pour moi aussi, d'ailleurs. Il y a eu un moment de flottement dans la conversation. Alors nous nous sommes embrassés et caressés, longuement. Ça s'est arrêté là. Je l'ai raccompagnée chez elle, et je suis reparti vers Sycamore Avenue. Les fois suivantes, quand je l'ai appelée pour sortir, elle m'a répondu qu'elle était occupée.

J'étais déçu. Marilyn me plaisait, je me sentais bien avec elle. Elle était certes un peu étrange, mais ça ne me dérangeait pas. Moi aussi, je l'étais. Tous les deux, nous nous efforcions de paraître sûrs de nous, mais nous jouions la comédie. À l'intérieur, nous n'avions pas confiance en nous. Nous étions sans cesse soucieux de ce que les gens pensaient de nous. Nous n'avions toujours pas trouvé la paix de l'esprit, et nous ne savions pas comment nous y prendre. Nous avions peur. J'imagine que c'est toujours comme ça, quand on a vingt ou vingt-cinq ans : on a le corps d'un adulte, et on essaie de le faire fonctionner avec les émotions d'un enfant. Mais Marilyn et moi, c'était pire. Même nos émotions enfantines étaient défaillantes – on nous avait trop maltraités. J'imagine qu'elle a senti ça chez moi. C'est d'ailleurs peut-être pour cette raison que, pendant quelque temps, elle s'est éloignée. Toutefois, au bout d'un moment, elle m'a appelé.

Nous avons déjeuné ensemble à la cantine de la Twentieth Century Fox. Quand on était sous contrat avec l'un des studios, on pouvait manger à la cantine des autres studios. L'endroit que je préférais, c'était la MGM, où j'avais pris des cours de comédie. Un jour, au comptoir, j'étais tombé sur Judy Garland, tout à fait par hasard. Elle était très aimable. Quand je suis arrivé avec Marilyn, toutes les têtes se sont retournées – pourtant, dans cet endroit, il n'y avait que des gens canon. Elle avait vraiment un truc. Je me suis demandé comment elle se sentait en voyant tous les regards se braquer sur elle, où qu'elle aille…

J'ai demandé à Howard Duff si je pouvais retourner chez lui, à la plage. Pas de souci. Sur le chemin de l'hôtel de

Marilyn, j'ai acheté deux steaks. Il y avait un barbecue dans le jardin d'Howard. Je me suis épaté en parvenant à cuire la viande sans que les braises s'éteignent. C'était la première fois que je faisais ça. Marilyn m'a aidé à préparer les légumes et nous avons ouvert une bouteille de vin qui appartenait à Howard. J'en ai renversé sur Marilyn et moi, ce qui ne nous a pas empêchés de passer un repas fort plaisant. Après, nous sommes sortis pour admirer le reflet de la lune sur l'océan. Nous étions apaisés. Il y avait quelque chose dans l'air. Quelque chose entre nous, une impatience, une excitation contenue. La sensation que les jambes sont à la fois faibles et solides. J'ai compris qu'il allait se passer quelque chose. Elle aussi.

Vers deux heures du matin, nous sommes allés dans la chambre. J'ai déboutonné ma chemise, Marilyn s'est mise en culotte et en soutien-gorge. Puis elle s'est assise au bord du lit, et je l'ai admirée. Elle était superbe. Je me suis assis près d'elle. Nous nous sommes embrassés, et nous avons échangé des caresses. J'ai défait son soutien-gorge. Elle avait des seins magnifiques. Nous avons fait l'amour.

Être avec Marilyn, c'était merveilleux, absolument merveilleux. Ce n'était pas comme avec les autres filles. Elle avait quelque chose d'unique, un mélange de pouvoir et de vulnérabilité. Déjà, à cette époque de sa vie, elle possédait ce je-ne-sais-quoi, cette sensualité à part. Ce qui rendait l'amour avec cette femme absolument divin.

Après cette première nuit ensemble, nous avons continué à nous voir. Néanmoins, Marilyn avait été claire : nous ne devions pas nous montrer en public. Je la comprenais. Elle était en pleine ascension. Moi aussi, d'ailleurs, et ma vie privée ne regardait que moi, pas les gens du studio. Comme aujourd'hui, Hollywood était alors le royaume des ragots. J'ai déjà mentionné le nom d'Hedda Hopper. Elle m'aidait, certes, en mentionnant mon nom dans ses chroniques. Mais il aurait suffi que je détienne des infos sur quelqu'un sans les lui donner, et ma carrière s'arrêtait net. Les chroniqueurs mondains étaient comme ça – Hedda Hopper, Louella Parsons, Walter Winchell et Sidney Skolsky, le sale vicieux qui s'agrippait à Marilyn comme le parasite qu'il était. Bref, elle et moi, nous restions discrets. Je passais la prendre après la tombée de la nuit, je fermais le toit de ma décapotable et l'emmenais chez Howard.

Quand j'y repense, je me rends compte que Marilyn était la première femme dont je me sois senti si proche. Ma première histoire d'adulte. C'était une relation belle et précieuse. Nous avons fini par dépendre l'un de l'autre d'une étrange manière. Nos sentiments étaient réels. Malheureusement, ils n'ont pas résisté longtemps à la pression d'Hollywood. Nos vies exigeaient trop de nous. Je faisais un film après l'autre. Elle apprenait le métier et s'efforçait de trouver des contacts. Nous étions tout simplement trop jeunes pour nous lancer dans une relation sérieuse. Je me suis souvent demandé ce qui se serait passé si je l'avais rencontrée à l'usine où elle avait travaillé, quelques années plus tôt, et que j'avais été un ouvrier là-bas, moi aussi. Ça aurait peut-être marché. Mais entre deux gosses en route pour la gloire, c'était perdu d'avance. J'étais obnubilé par Universal, et Marilyn cherchait un homme plus âgé capable de remplacer le père qu'elle n'avait pas eu, et de faire d'elle une star. Aucun doute : je n'avais pas le profil. Mais durant la courte période que nous avons passée ensemble, notre histoire fut tendre et intense. Je n'oublierai jamais ces moments.

Quatre ans plus tard, je me trouvais dans une fête, à Hollywood, quand soudain, j'ai aperçu Marilyn à l'autre bout de la pièce. Nous nous sommes rejoints et voici la première chose qu'elle a dite : « Où est passée ta décapotable verte ? » J'ai éclaté de rire et, tout en riant, j'étais émerveillé par sa transformation. Cette beauté blonde, glacée, si sûre d'elle-même, était-ce bien la même fille ? Oui et non. Nous avions changé. Et, comme j'allais le découvrir sur le tournage de *Certains l'aiment chaud*, ces changements n'étaient pas faits pour apporter la paix de l'esprit…

7

J'ÉTAIS tout excité à l'idée de travailler avec Marilyn Monroe sur ce film. Et, en même temps, un peu anxieux. Nos sentiments passés allaient-ils renaître ? J'étais marié, elle aussi. Arthur Miller était l'auteur de trois pièces légendaires : *Ils étaient tous mes fils*, *Mort d'un commis voyageur* et *Les Sorcières de Salem*. Leur mariage commençait à battre de l'aile. Comme le mien, les médias le présentaient pourtant comme un conte de fées. Mais la réalité était moins idyllique. Marilyn avait cru qu'en épousant ce type brillant, ce cérébral, elle accéderait à un autre univers et prendrait ses distances avec Hollywood. Ces deux dernières années, elle avait essayé : elle avait fondé sa propre maison de production et tourné *Le Prince et la Danseuse* en Angleterre, avec Laurence Olivier. Mais le film n'avait pas trop marché, et ne lui avait pas ouvert les portes escomptées. En outre, elle devait encore plusieurs films à la Fox. Elle avait tenté de s'échapper, mais c'était impossible.

Plus tard, j'ai appris que Marilyn avait fait une fausse couche en août 1957. J'ai même entendu dire que des avortements antérieurs en étaient la cause. De simples ragots, probablement. Marilyn avait fait plusieurs grossesses extra-utérines. Elle avait subi une opération pour corriger l'anomalie, mais ne pouvait cependant pas avoir une grossesse normale. Le dernier avortement avait été le pire, et l'avait plongée dans la dépression. Elle passait ses journées au lit, incapable de trouver la force de se lever et de s'habiller. Elle restait allongée, nue, à manger n'importe quoi. Déjà à l'époque, elle avait pris l'habitude de boire des bloody mary ou du champagne dès le matin. Elle avait des insomnies terribles, et prenait des barbituriques – Amytal et Nembutal – sans respecter les doses prescrites. Au début de l'année 1953, elle avait fait deux overdoses – il avait fallu lui faire des lavages d'estomac. Fin mars, elle avait eu un accident : elle était tombée dans l'escalier et s'était coupée avec un verre cassé, qui contenait des restes d'alcool. Au même moment, elle avait commencé à s'éloigner de Miller. Il essayait en vain de la reconquérir. Miller s'enfermait dans son bureau pour se battre avec ses pages blanches.

La MGM avait proposé à Marilyn un projet avec Frank Sinatra, *Comme un torrent*. La Twentieth Century Fox, une adaptation de la comédie musicale *Can-Can*. Elle n'arrivait pas à se décider. Néanmoins, elle s'était reprise : elle consultait un psychiatre tous les matins et, l'après-midi, prenait des cours avec Lee Strasberg. Apprenant que Marilyn fréquentait l'Actors Studio, Billy Wilder avait fait ce commentaire : « Si elle veut vraiment étudier, c'est dans une école d'ingénieurs qu'elle devrait s'inscrire, pour apprendre à arriver à l'heure. »

Marlon Brando venait de l'Actors Studio. Nous avions été colocataires pendant quatre mois, dans une petite maison sur Barham Boulevard. Il m'avait parlé du *Method Acting* – la fameuse « Méthode » de l'Actors Studio. Je respectais Brando, mais je faisais peu de cas de cette méthode. Lui, c'était un grand parce qu'il était Marlon, pas grâce à la méthode – pour moi, c'était un truc bidon.

Pourquoi compliquer le métier d'acteur ? Apprenez vos répliques, travaillez le rôle. Découvrez ce que le réalisateur attend de vous. Puis présentez-vous à l'heure dite et jouez. L'idée de se remémorer la fois où votre sœur vous a piqué votre sandwich au beurre de cacahuète pour jouer la colère, c'est de la connerie. Si vous n'êtes pas capable de déclencher un tel sentiment par vous-même, alors vous n'avez rien à faire devant les caméras.

On m'a raconté que Lee Strasberg manipulait Marilyn. Elle voulait désespérément sortir du moule de la blonde écervelée, et Strasberg s'est servi de son désespoir, en lui disant que personne n'avait encore compris à quel point elle était intelligente. Sauf lui, évidemment. Elle l'a payé au prix fort : elle est devenue dépendante de Lee et de sa femme Paula. Ce sont eux qui lui ont conseillé de consulter un psychiatre – ils l'ont même choisi pour elle. Miller les méprisait, mais il n'osait rien dire. À sa manière, lui aussi manipulait Marilyn. Il y avait toujours quelqu'un pour tirer les ficelles : elle n'était pas assez forte pour tenir debout toute seule. Après une telle enfance, privée de mère et de père, comment aurait-elle pu ?

Marilyn n'était pas dénuée d'intelligence. Elle était vive d'esprit, sensible et fine psychologue. Mais uniquement avec autrui. Dès qu'il s'agissait de sa propre vie, ou de ses problèmes personnels, elle était perdue. Elle avait toujours besoin d'être rassurée. Tiraillée par le doute, elle a d'ailleurs failli ne pas signer le contrat avec Mirisch : sa première lecture du synopsis de Billy l'avait ulcérée. Elle avait quitté Hollywood parce qu'elle en avait marre de jouer les blondes idiotes, et que lui proposait-on ? L'histoire d'une blonde idiote au point de ne pas se rendre compte que ces deux femmes n'en sont pas. De rage, Marilyn avait piétiné les feuillets. Miller avait tenté de la raisonner, mais elle ne voulait rien savoir.

Et alors, à qui avait-elle demandé conseil ? À M. Strasberg, bien sûr : « Lee, j'ai un vrai problème. Je ne crois pas du tout à la situation de départ. Je suis censée me sentir à l'aise avec ces deux inconnues qui, en fait, sont des travestis. Mais comment ressentir une situation pareille ? Après tout, je sais que ces deux acteurs sont des hommes. »

Strasberg ne s'y attendait pas, à celle-là.

« Eh bien, Marilyn, ça ne devrait pas poser trop de problème… Vous savez bien que vos rapports avec les femmes ont toujours été compliqués. Elles sont jalouses de vous. Dès que vous entrez quelque part, les hommes se jettent sur vous, mais les femmes ont tendance à garder leurs distances. Vous n'avez jamais vraiment eu d'amie femme…

– C'est un peu vrai…

– Un tas d'hommes ont voulu devenir vos amis, mais vous n'avez aucune vraie copine. Et là, d'un seul coup, deux femmes débarquent, et elles veulent être vos amies ! Elles vous aiment ! Pour la première fois de votre vie, vous avez deux amies… »

Sur le coup, Marilyn s'était sentie soulagée. Mais elle ne savait toujours pas quelle décision prendre.

« Dois-je refaire un film ou bien rester à la maison et réessayer d'avoir un bébé ? écrivait-elle à son ami Norman Rosten. Je ferais probablement une mère terrible. Si j'avais un enfant, je l'aimerais à la folie. J'en veux un, mais d'un autre côté, ça me terrifie. Arthur dit qu'il veut en avoir, mais il n'est plus si enthousiaste. Il pense que je devrais faire ce film. Après tout, je suis une star de cinéma, pas vrai ? »

Fin avril, elle signait son contrat avec la Mirisch Company.

Le 25 avril, Billy lui a envoyé un télégramme, à New York :

Chère Marilyn,

Je suis vraiment ravi que vous soyez des nôtres. J'espère vous voir bientôt tous les deux à Smogsville, et j'aimerais en profiter pour parler du scénario des Désaxés.

Bien à vous,

Billy

Miller écrivait un scénario tiré de sa nouvelle, *Les Désaxés*, parue un an auparavant dans la revue *Esquire*. L'écriture du scénario ne se passait pas bien. Marilyn essayait discrètement de soutenir Miller, mais l'état d'anxiété de l'écrivain commençait à peser sur le couple.

Pendant ce temps, Billy et Izzy travaillaient d'arrache-pied à l'écriture de *Certains l'aiment chaud*. Leur bureau se trouvait en face de celui de Walter Mirisch, qui les emmenait souvent déjeuner. Évidemment, il mourait d'envie de connaître le résultat de leurs efforts. Ce travail n'avait rien d'excitant. Billy comparait volontiers leurs journées à celles de deux banquiers qui arrivent à neuf heures au bureau et s'épuisent à l'ouvrage jusqu'au soir. Mais l'écriture a ses mystères. Comment s'y prendre, surtout à deux ? Premièrement, ils se répartissaient les tâches, parce qu'ils étaient très différents. Billy ne tenait pas en place, il fallait qu'il bouge. Pas question de rester assis, il faisait les cent pas dans la pièce, réfléchissant tout haut. Izzy attrapait certaines idées au vol, les autres s'évanouissaient dans l'air. Izzy se contentait d'être assis devant la machine à écrire, comme au volant d'une voiture. Il notait tout, même les idées les plus saugrenues. Il aimait bien taper. Billy détestait ça, pour rien au monde il ne serait resté planté devant un clavier. Ça le mettait mal à l'aise, et c'était d'un ennui…

Dans un premier temps, ils élaboraient la structure d'ensemble, puis ils veillaient à ce que toutes les idées amusantes y trouvent leur place. C'est ce qui leur a permis de comprendre que les musiciens n'avaient besoin que d'un seul déguisement – c'était bien assez drôle ainsi. Mais qui sait ce qui leur passait par la tête, quelles idées fusaient dans cette pièce ? J'ai appris qu'ils jouaient eux-mêmes chaque scène pour s'assurer qu'elle fonctionnait. Billy interprétait un personnage, Izzy un autre. Chaque élément du scénario était décidé là – pas question pour Izzy de rentrer chez lui pour imaginer la suite, avant de revenir la montrer à Billy. Les deux hommes se mettaient d'accord sur la tournure que devaient prendre les événements, couchaient quelques notes sur le papier, et Izzy tapait le tout à la maison, le soir même. Le lendemain matin, Billy relisait la scène. « Mmm, grommelait-il. Bon, allez… Je suis sûr qu'on peut faire mieux. »

Ils fumaient beaucoup, s'autorisaient parfois un cocktail à l'heure du déjeuner, mais la journée se résumait pour l'essentiel à ce jeu de ping-pong intellectuel. De temps en temps, ils séchaient, et le silence durait des heures. Mais c'était rare. Une fois que ces deux-là étaient lancés, rien ne les arrêtait.

Ce qui m'intéressait également, c'est qu'ils commençaient à tourner avec un scénario inachevé. Le film prenait souvent des directions inattendues en cours de tournage – ils se laissaient toute liberté de s'adapter à l'imprévu. C'est d'ailleurs ce qui s'est passé sur *Certains l'aiment chaud.*

Tandis que le scénario prenait forme, Billy continuait de réfléchir à l'acteur qu'il fallait pour interpréter Joe, l'autre musicien. Un soir, il dînait avec son épouse Audrey chez Dominick's, sur Beverly Boulevard, dans le quartier de West Hollywood. À l'époque, c'était un restaurant très simple, avec des nappes à carreaux. En levant les yeux, Billy a aperçu Jack Lemmon, attablé plus loin avec sa petite amie, Felicia Farr. Billy lui a fait signe, et Jack est venu à sa table.

« Faites-moi plaisir, a déclaré Billy. Asseyez-vous cinq minutes. J'ai une idée de film, dans lequel j'aimerais que vous jouiez.

– Nous venons de commander, a répondu Jack. Je peux revenir un peu plus tard ?

– Nous passerons vous voir en sortant », a proposé Billy.

Jack est retourné s'asseoir, et il a attendu. On imagine son anxiété. Finalement, Billy et Audrey les ont rejoints.

« Écoutez un peu cette idée, a commencé Billy.

– Asseyez-vous donc, a offert Jack. Je veux tout savoir.

– Je n'ai pas le temps de tout vous raconter maintenant, mais je vais vous expliquer l'histoire dans ses grandes lignes. C'est l'histoire de deux hommes poursuivis par des gangsters, et qui risquent leur peau. Ils se déguisent en filles et s'engagent dans un orchestre de femmes.

– Vraiment ? Mmm…

– Ce qui veut dire que vous jouerez les travestis pendant les trois quarts du film. Au bas mot.

– Ah, ah… »

Jack fixait Billy droit dans les yeux, tout en se disant : Oh mon Dieu… Déguisés en femmes, et tout ça. Hé, mais attends un peu… Avec Billy Wilder, ça ne peut pas être de mauvais goût.

« Vous voulez le faire ? l'a interrogé Billy.

– Je le ferai si je suis libre, a répondu Jack. Et si je ne suis pas libre, je me libérerai.

– Génial ! s'est réjoui Billy. Je vous enverrai quelques pages. »

Je connaissais Jack depuis un certain temps. Il était très ami avec l'artiste Joseph Cornell, que je fréquentais. Jack était chez Columbia Pictures. Nous étions vite devenus amis, parce que nous étions deux jeunes types sous contrat avec un studio, qui gagnaient leur vie en jouant. Nous nous retrouvions dans les mêmes fêtes. Puis Jack a remporté l'Oscar pour son rôle dans *Permission jusqu'à l'aube*, qui l'a propulsé dans une autre dimension. Danny Kaye avait beau harceler Billy pour qu'il le prenne dans ce film, Billy refusait. Il m'avait, moi, et il savait qu'il lui faudrait trouver le bon acteur pour jouer mon alter ego. Peut-être Danny m'aurait-il écrasé. Peut-être, face à moi, aurait-il paru vieux… Quoi qu'il en soit, Billy lui a refusé ce rôle. « Je veux Lemmon, le gamin de la Columbia », a-t-il fini par trancher. Jack a avoué par la suite qu'il se serait enfui à toutes jambes si n'importe quel autre réalisateur lui avait proposé de jouer un travesti. « Tout le monde à Hollywood pensait que Wilder avait perdu la boule, m'a-t-il confié un jour. Comment peut-on faire jouer deux stars, déguisées en femmes, pendant presque tout un film ? Pour un sketch de deux minutes, passe encore, mais un long-métrage... » Mais la filmographie de Billy était exceptionnelle. « J'admirais ce qu'il avait fait jusque-là, expliquait Jack. Énormément. »

Après leur conversation chez Dominick's, Jack n'a plus entendu parler de Billy pendant des mois. Puis un messager est venu lui apporter un colis, chez lui, à Bel Air. L'enveloppe contenait soixante pages de scénario. Jack s'est allongé sur son canapé pour les lire. « C'étaient les soixante pages les plus géniales que j'avais jamais lues, m'a-t-il confié plus tard. Je riais tellement que je suis tombé par terre ! Littéralement ! » Il a aussitôt bondi dans sa voiture et s'est rendu aux studios Goldwyn. Il a fait irruption dans le bureau de Billy, le manuscrit en main :

« Billy ! Où est la fin ?

– Vous ne l'aurez qu'au moment du tournage », a rétorqué Billy.

Voilà comment Jack a découvert que Billy tournait ses films avec des manuscrits inachevés.

À peu près au même moment, je me trouvais chez Harold Mirisch, qui avait organisé l'une de ses projections festives. Et Billy s'est pointé :

« Je ne vais pas prendre Sinatra, m'a-t-il annoncé. Il poserait trop de problèmes.

– Quel genre de problèmes ?

– Il faudra qu'il s'habille en femme tous les jours, et je ne le vois pas faire ça. »

Soudain, je me suis demandé si j'en serais capable. Mais je me suis contenté de hocher la tête, et de l'écouter. Billy a jeté un regard circulaire, avant d'ajouter :

« Je vais prendre Jack Lemmon à la place. »

Ensuite, Billy a inversé les rôles. Au lieu d'interpréter Jerry, le contrebassiste fou, je jouerais Joe, son pote saxophoniste doublé d'un chaud lapin. Jack serait Jerry et Marilyn, la chanteuse Stella, rebaptisée Sugar. Dès lors, tout le projet tenait debout. L'équilibre général de l'histoire avait changé. Il y avait de la joie et de l'énergie dans cette combinaison. Une véritable alchimie. C'est ainsi que les films naissent. Cependant, le coup de génie de Billy, du point de vue du casting, ne s'est pas limité aux trois rôles principaux – il concernait tout autant les seconds rôles : les filles de l'orchestre, les gangsters et le millionnaire excentrique, Osgood.

Billy Wilder était un grand fan de base-ball, il ne manquait jamais le match d'ouverture de la saison. Cette année-là, l'événement était particulièrement grandiose : les Dodgers, qui venaient de déménager, inauguraient leur première saison à Los Angeles. La cérémonie d'ouverture du 18 avril comprenait une grande parade et un déjeuner de célébrités au bénéfice des orphelinats de Los Angeles. Sous les dorures de la célèbre salle de réception du Biltmore, Joe E. Brown officiait comme maître de cérémonie. Ce type savait chauffer une salle. À l'époque, les matchs de base-ball se déroulaient au Coliseum. Joe E. militait pour qu'on construise un stade juste au-dessus de Sunset Boulevard. (C'est lui qui, plus tard, serait chargé d'inaugurer le Dodger Stadium.) Du premier coup d'œil, Billy a reconnu le Joe E. des vieilles comédies de la Warner Bros, dans les années 1930. « C'est notre homme ! s'est écrié Billy. Osgood, le cinglé. Joe E. Brown – il est assez vieux pour le rôle, et assez timbré »

Billy m'a ensuite annoncé qu'il prendrait George Raft dans le rôle du gangster Spats Columbo, et Edward G. Robinson dans le rôle de Little Bonaparte, le boss de la mafia. Les deux hommes avaient joué ensemble dans un film de la Warner, réalisé par Raoul Walsh en 1941, *L'Entraîneuse fatale*. La combinaison avait plu à Billy, et il voulait les réunir de nouveau. Il y avait quand même un problème, et Billy l'avait oublié. Peut-être l'ignorait-il, d'ailleurs.

Sur le tournage de *L'Entraîneuse fatale*, Raft et Robinson avaient tous deux succombé au charme du premier rôle féminin, Marlene Dietrich. Cette rivalité avait fait régner une grande tension sur le plateau. Un jour, les deux hommes en étaient venus aux mains. Malheureusement, c'est ce jour-là que le publicitaire du studio avait choisi pour faire venir un photographe du magazine *Life* – lequel avait immortalisé la bagarre. *Life* avait publié la photo, sans que les gens de la Warner ne puissent rien y faire. S'il s'était agi des photographes du studio, ils auraient pu détruire la pellicule et payer ces deux vieilles garces d'Hedda Hopper et de Louella Parsons pour qu'elles racontent dans leurs chroniques à quel point Raft et Robinson se respectaient mutuellement. Mais la Warner n'avait aucun moyen d'acheter la bienveillance de *Life*. La photo avait donc été publiée, avec toute l'histoire. Robinson s'était alors juré de ne plus jamais travailler avec Raft.

Billy aussi avait eu une histoire avec Raft. Il lui avait proposé le rôle principal d'*Assurance sur la mort*, que Raft avait refusé – rendez-vous compte… Or, par le passé, Raft avait également refusé *La Grande Évasion*, de Walsh, *Le Faucon maltais* et *Casablanca*. Humphrey Bogart les avait acceptés, et ces films avaient fait de lui la star qu'on connaît… Alors, quand Raft a refusé *Assurance sur la mort*, Billy a déclaré à un journaliste que son film serait à coup sûr un succès – puisque Raft ne voulait pas jouer dedans ! En 1958, soit Billy ignorait la rancune qui existait entre Robinson et Raft, soit il se sentait capable de passer outre. Au moment de boucler le budget, Robinson faisait donc toujours partie du « package ». Dans l'esprit de Billy, le casting de *Certains l'aiment chaud* était bouclé.

Le 2 mai, Billy et Izzy avaient achevé la première version du scénario (hormis la fin, bien sûr), et Walter Mirisch soumettait le budget du film aux dirigeants de United Artists : il s'élevait à 2 373 490 dollars. Marilyn Monroe toucherait 200 000 dollars. Moi, 100 000, plus 5 % des recettes brutes au-delà de deux millions de dollars. Idem pour Jack Lemmon. Izzy Diamond recevrait 60 000 dollars. En tant que producteur, réalisateur et coscénariste du film, Billy Wilder se verrait accorder 200 000 dollars, plus 17,5 % des recettes brutes dès lors qu'elles atteindraient le double des sommes dépensées pour réaliser ce film. Mais si les bénéfices du film dépassaient le million de dollars, Billy toucherait 20 %. Vous comprenez maintenant pourquoi les meilleurs réalisateurs et acteurs voulaient travailler pour United Artists. Certes, Arthur Krim était un brin nerveux avec ces salaires faramineux, et la réputation qu'avait Marilyn de faire prendre du retard aux tournages. Mais il n'y avait pas vraiment de quoi s'inquiéter. La troisième semaine de juillet, on nous a convoqués au studio pour les premiers essais, préalable indispensable au tournage d'un film – surtout quand on va jouer les travestis...

TROISIÈME PARTIE

LES PRÉPARATIFS

8

C'EST À PARTIR de juin que la fièvre *Certains l'aiment chaud* s'était emparée de moi. Et si j'étais excité, vous auriez dû voir le Tout-Hollywood ! Quand les gens ont appris que Marilyn Monroe faisait son grand retour, c'était comme si un cirque avait débarqué en ville. Tout le monde, dans les médias, cherchait à devancer ses petits camarades. À ce petit jeu, Hedda Hopper a été la plus rapide. Pour damer le pion à sa grande rivale Louella, elle a pris un avion pour New York – et réussi son coup. C'était le premier article sur la participation de Marilyn au projet. Marilyn et Arthur Miller possédaient un appartement au 444, sur la East 57th Street . C'est là qu'Hedda les a interviewés. Arthur a pris la parole en premier, puis il les a laissées pour retourner à sa machine à écrire. « Je travaille sur un roman, s'est-il justifié. *The Misfits* (*Les Désaxés*). J'en fais aussi un scénario. Et j'écris une nouvelle pièce. Ne me demandez pas quand ces projets seront achevés, je n'en sais rien. Je n'écris pas vite. »

Hedda voulait connaître les sentiments de Marilyn à l'idée de jouer dans une comédie. Serait-elle capable de passer ainsi du drame à la comédie, puis de faire le chemin inverse ? Et quelle serait l'ambiance sur le plateau ? Marilyn serait-elle nerveuse ? « Je ne suis pas une élève douée, a répondu Marilyn. Je n'ai pas assez d'expérience, en tant qu'actrice, pour papoter sur le plateau avec mes partenaires et les techniciens, et puis, d'un coup, jouer une scène dramatique compliquée. Certains acteurs sont capables de discuter, de rigoler et, l'instant d'après, d'adopter une attitude grave devant la caméra. Moi, je ne peux pas. Je préfère passer directement de ma loge à la scène. À la fin de chaque scène, je rentre dans ma loge pour me concentrer sur la suivante. J'ai besoin de rester concentrée sur une chose à la fois. Je ne pense qu'à mon rôle, et à le jouer du mieux possible. »

Nous étions censés débuter les essais de maquillage et de costumes au début du mois de juillet, mais il y a eu un contretemps. Samuel Goldwyn, qui louait ses studios aux frères Mirisch et à Billy, tournait un autre film, et pas une petite production: *Porgy and Bess*, avec Sydney Poitier, Sammy Davis Jr et Dorothy Dandridge. Rouben Mamoulian, qui avait déjà mis en scène la pièce originale de DuBose Heyward et l'adaptation qu'en avait faite George Gershwin à Broadway, réaliserait aussi le film. Goldwyn avait fait monter un immense décor sur le Plateau 8 – la cité de Catfish Row. Un décor stupéfiant par sa texture et ses détails. J'adorais me balader dans les nouveaux décors et admirer le travail des techniciens. J'aimais beaucoup les tournages en studio, la magie sans pareille du cinéma, la capacité qu'avaient les décorateurs de créer un univers. Le 2 juillet, à la veille du tournage de *Porgy and Bess*, quelqu'un a oublié sur le plateau une cigarette allumée. Un incendie s'est déclaré, détruisant le décor et, avec lui, trente années d'accessoires et de costumes accumulés, dont ceux qu'Irene Sharaff avaient spécialement conçus pour le film. Les studios Goldwyn étaient en proie au chaos.

Le 8 juillet, Marilyn a pris l'avion pour Los Angeles. La rumeur courait en ville qu'elle n'était plus qu'une *has been*. Des sondages réalisés auprès des exploitants de cinémas et des fans à la fin de l'année 1957 consacraient Liz Taylor, Debbie Reynolds et Natalie Wood comme les grandes stars du box-office. Marilyn ne figurait même pas sur la liste. Je l'ai compris plus tard : les gens d'Hollywood se délectent du déclin des stars. Ils aiment vous placer sur un piédestal, mais *adorent* vous en déloger… Cela sautait aux yeux, en lisant les articles consacrés à Marilyn, pendant le tournage de *Certains l'aiment chaud*. Tout en reconnaissant son statut de star, les journalistes se moquaient d'elle.

« Hier, Marilyn Monroe a merveilleusement fait honneur à sa réputation de retardataire, écrivait ainsi Jack Smith, du *Los Angeles Times*. Elle a apparemment fait l'impossible pour embarquer avec une demi-heure de retard sur un vol de la Trans World Airlines qui, pourtant, était à l'heure. » Je suis persuadé que Marilyn a ressenti toute l'hostilité des journalistes et des photographes venus l'attendre à sa descente d'avion, à sept heures du matin. Ils ne s'en cachaient pas, d'ailleurs. « Elle est encore plus longue à descendre que l'autre ornithorynque ! » s'est exclamé un reporter, en référence à l'animal que le zoo du Bronx venait d'importer par avion.

Quand Marilyn a fini par sortir de l'avion, des murmures admiratifs ont résonné dans la foule. « Monroe est la seule star dont les fans se lèvent aussi tôt pour venir la voir », a remarqué un vigile de l'aéroport, qui peinait à contenir les badauds. Une barrière grillagée ployait sous la pression d'un autre groupe : les mécaniciens de la compagnie, qui grondaient d'excitation à la vue de la belle. « Respirant profondément et passant la langue sur ses lèvres, miss Monroe a fait battre ses longs cils noirs devant un parterre de mécanos couverts de cambouis, notait Smith. Puis, la chevelure peroxydée a tourbillonné au vent des hélices d'un autre appareil ; en jupe étroite immaculée, chaussures blanches et gants blancs, Marilyn Monroe a cligné de ses grands yeux ensommeillés. Elle a recoiffé la mèche blonde qui lui barrait le front, avant d'entamer sa descente – d'un pas lent, diabolique – jusqu'au pied de la passerelle. »

Les journalistes commentaient entre eux la nouvelle coiffure de Marilyn. Elle n'était plus blonde, mais platine. « C'est un blond blanc, a-t-elle expliqué. C'est comme ça que je l'appelle. Je me suis fait teindre la semaine dernière, pour mon nouveau film. » Les reporters vociféraient des questions au sujet de *Certains l'aiment chaud.* De quoi parlait le film ? Quel rôle y jouait-elle ? « Je n'ai pas encore lu le scénario, a-t-elle répondu. Mais j'ai une confiance absolue en Billy Wilder. » Dans son article, Smith évoquait en outre la silhouette de Marilyn. « Miss Monroe a fait un autre pas vers le bas de la passerelle, et sa jupe blanche s'est tendue à craquer sur ses hanches généreuses. » Oui, reconnaissait Marilyn, elle avait peut-être pris un peu de poids. « Mais juste aux endroits où il faut, n'est-ce pas ? », ajoutait-elle, sans prendre la peine d'expliquer que son humeur morose la clouait au lit à longueur de journée, à ingurgiter du champagne et des gâteaux au chocolat. « Je serai en pleine forme dans deux semaines. J'ai l'intention de beaucoup marcher et faire de l'exercice. » Elle a expliqué qu'Arthur Miller était resté à New York pour travailler sur sa nouvelle pièce. Prévoyait-il un rôle pour elle ? « Qui sait ? », a répondu Marilyn. Puis elle s'est engouffrée dans une limousine qui l'a déposée à l'hôtel Bel Air, où elle séjournerait pendant le tournage.

De mon côté, je me préparais à ma première apparition publique liée au film. Une « réception pour la presse » (rien à voir avec une conférence de presse...) était organisée cet après-midi-là, à dix-sept heures trente. Billy s'était adjoint les services de l'agence événementielle Rogers and Cowan, pour être sûr que le film serait présenté comme il faut ou, comme on dit de nos jours, correctement « positionné ». C'était la première fois qu'une comédie à gros budget mettait en scène des travestis – il ne fallait donc rien laisser au hasard. Cette réception était le premier passage obligé. Jack Lemmon ne serait pas des nôtres, car il se trouvait à Chester, dans le Connecticut, où il tournait un film avec Doris Day.

Billy Wilder, George Raft et moi sommes entrés dans la Rodeo Room de l'hôtel Bel Air à dix-sept heures quarante-cinq. J'entendais râler les journalistes :

« Regardez Curtis, on dirait le tromboniste de *The Music Man*, la comédie musicale...

– Je suis là depuis cinq heures. Quand Monroe va-t-elle se pointer ?

– Elle est toujours très en retard, rétorquait un autre. C'est parce qu'elle a peur. Elle doit se forcer.

– Je parie tout ce que vous voulez qu'elle ne franchira pas cette porte avant sept heures et quart, a déclaré une rédactrice en chef.

– Pari tenu », a répliqué un photographe, en sortant son portefeuille.

Billy, George et moi avons pris place derrière une table.

« Cela fait trente ans que je fais des films, a déclaré Billy. Aucun genre n'est plus ardu et périlleux que la farce. C'est comme jongler avec onze tartes meringuées en même temps. Si vous en laissez tomber une, vous êtes mort. Ce film tout entier est une farce, à la manière des années 1920. Outre Tony, Jack et Marilyn, j'ai réuni les grands gangsters de l'époque – Pat O'Brien, George Raft et, pour la scène finale, Eddie Robinson. » Un journaliste lui a demandé pourquoi il avait choisi Marilyn pour un film d'époque, elle qui était une personnalité résolument moderne. Billy a rétorqué que Marilyn pouvait jouer toutes les époques. « C'est son côté petite fille qui fait ça. Les épouses de ses admirateurs lui en veulent moins qu'à ses imitatrices. » Cette allusion claire à Jayne Mansfield et Diana Dors a provoqué murmures et ricanements.

À six heures, il y a eu de l'agitation dans le couloir. Puis un grondement. Des bruits de pas, des éclats de voix. Branle-bas de combat : Marilyn débarquait. Il m'était arrivé d'être assailli par des fans, d'avoir les vêtements déchirés. Ces choses-là pouvaient se produire. Mais de voir les représentants de la presse devenir dingues à ce point, c'était du jamais vu. On devinait leur excitation aux efforts qu'ils faisaient pour la dissimuler. Et au ton de leurs articles. « Marilyn Monroe est de retour, telle une magnifique caricature d'elle-même, écrivait par exemple Philip K. Scheuer dans le *Times*. Dans la plus pure tradition des déesses du grand écran, elle a fait son entrée dans la Rodeo Room en remuant sa poitrine légendaire – désormais plus légendaire que réelle. »

Gene Sherman se montrait tout aussi sarcastique :

« Elle portait de longs gants blancs, une robe (mais pas de soutien-gorge, a-t-elle ensuite confié à l'un de mes confrères), une gaine fourreau mais pas de bas, et des souliers noirs à talons aiguilles. Elle a marqué une pause, et elle a joué avec ses mèches platine en titubant vers l'estrade. (Terme qui ne se veut ici nullement péjoratif – elle marche bizarrement, voilà tout.) Les photographes l'ont aussitôt encerclée et se sont mis à la suivre en une masse compacte. Elle ouvrait grands les yeux et tordait étrangement ses lèvres, à l'unisson avec les flashs. Un petit cordon de jeunes hommes lui ouvrait le passage, et elle saluait les gens qu'elle connaissait, souriait aux autres. Quand elle ne souriait pas, elle jouait avec sa bouche et battait des paupières. De temps à autre, elle soulevait légèrement une jambe et frottait ses mollets l'un contre l'autre. »

Avec toute cette agitation, Marilyn m'avait à peine salué. J'étais un peu déçu. J'avais espéré quelques mots de sa part, au moins. Mais la réception était un succès. Nous avions prévenu le monde entier. À présent, il ne nous restait plus qu'à faire le film.

9

LA PHASE de préproduction a débuté le 21 juillet, une fois Jack rentré du Connecticut. Le couple qu'il formait à l'écran avec Doris Day avait bien fonctionné. Jack aurait aimé retravailler avec elle, mais cela ne s'est jamais fait. C'est comme ça, quand on est acteur : la plupart du temps, les choses ne dépendent pas de vous. Par exemple, lorsque Jack est rentré, nous avons dû aller chercher nous-mêmes nos costumes. Toutes nos mesures avaient déjà été prises ; celles de Jack dans le Connecticut, et les miennes aux studios Goldwyn. Mais quand notre garde-robe a été prête, on nous a envoyés chez Western Costume. Et nous étions censés être des stars ! Nous y sommes allés, malgré tout, prêts à affronter des regards circonspects. Car nous ne venions pas chercher des costumes masculins, mais féminins.

Même si *Certains l'aiment chaud* se voulait un film d'époque, on ne nous a pas donné des tenues des années 1920. Nos costumes donnaient l'impression d'avoir été conçus dans les années 1940 pour un film se déroulant vingt ans plus tôt. J'ignore qui les avaient portés avant nous. Eve Arden, peut-être, ou Loretta Young. Qui sait ? En tout cas, ils ne m'allaient pas. Trop larges, ils faisaient des faux plis. Je m'y connaissais, quand même. Mon père était tailleur. Je ne comprenais pas qu'on puisse tolérer cela dans un film à deux millions de dollars. Je suis retourné au studio, et j'ai frappé à la porte de Billy.

« Dites-moi, Billy, qui va dessiner les tenues de Marilyn ?

– Orry-Kelly.

– Il est vraiment bon. Pourquoi ne conçoit-il pas nos costumes, à Jack et moi ? Ces vieilles fringues, je n'en veux pas. Vous ne pourriez pas demander à Orry-Kelly de s'occuper de nous ?

– D'accord, a répondu Billy. Nous lui confierons aussi vos tenues. »

J'ai trouvé Billy très pro sur ce coup-là. Je ne sais pas, en revanche, comment Orry-Kelly a réagi en apprenant la nouvelle.

Pendant que l'on fabriquait nos costumes, Jack et moi suivions une formation spéciale. Et quand je dis « spéciale », c'est un euphémisme ! Billy s'est souvenu d'un homme qu'il avait connu en Europe, dans ses jeunes et folles années. L'homme s'appelait Barbette. Ce nom m'a aussitôt mis la puce à l'oreille. Barbette était un travesti célèbre. Originaire du Texas, il s'était fait un nom sur le Vieux Continent. L'idée de Billy, c'était que Barbette nous enseigne, à Jack et moi, l'art – à moins qu'il ne s'agisse d'une science – du travestissement. Consciencieux, nous avons donc suivi les cours de Barbette sur l'un des plateaux de la Goldwyn. Billy avait précisé à Barbette qu'il ne devait pas faire de nous des travestis trop convaincants : les deux types, dans l'histoire, ne se travestissent pas par goût, mais par nécessité. Billy voulait que nous ayons l'air de faire de notre mieux pour passer pour des femmes, mais sans y parvenir vraiment. Ce qui nous attirerait la sympathie et les rires du public. Si, au contraire, nous faisions trop vite illusion, au lieu d'être drôles, nous deviendrions suspects.

En 1958, j’étais le plus heureux des hommes. J’étais une star de cinéma, j’enchaînais les succès. Que demander de plus ? J’avais mon idée là-dessus…

J'avais envie de tourner dans un grand film. L'occasion s'est présentée, sous la forme d'une invitation adressée par Billy Wilder. Il m'a demandé de jouer dans *Certains l'aiment chaud*, avant d'engager le talentueux Jack Lemmon.

Même si *Certains l'aiment chaud* était un film indépendant produit après l'ère des grands studios, la Mirisch Company nous a fait tourner dans l'un des sites les plus spectaculaires de l'époque : le studio Samuel Goldwyn.

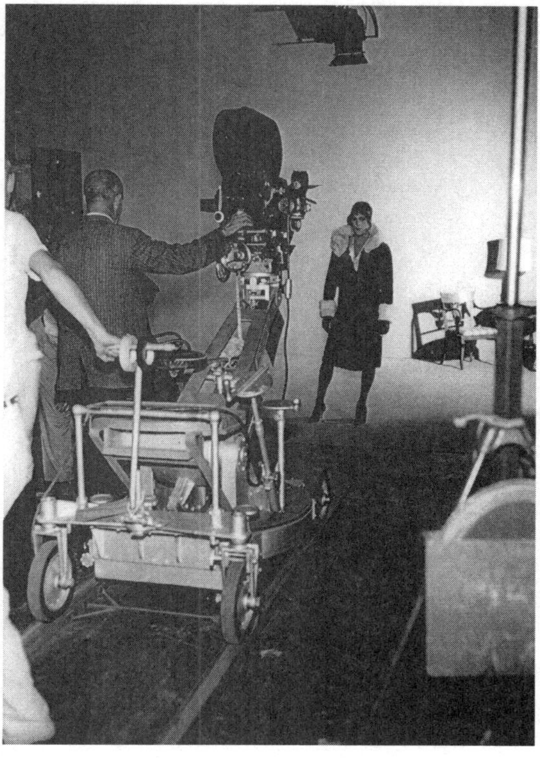

J'ai commencé à entrer dans mon personnage de Joséphine dès les premiers essais de maquillage et de costumes. Puis Billy et moi avons décidé que la femme que j'incarnais devait être raffinée et distante. Soit…

Jack Lemmon et moi – ou devrais-je dire Daphné et Joséphine – avons posé pour de nombreuses photos de ce genre…

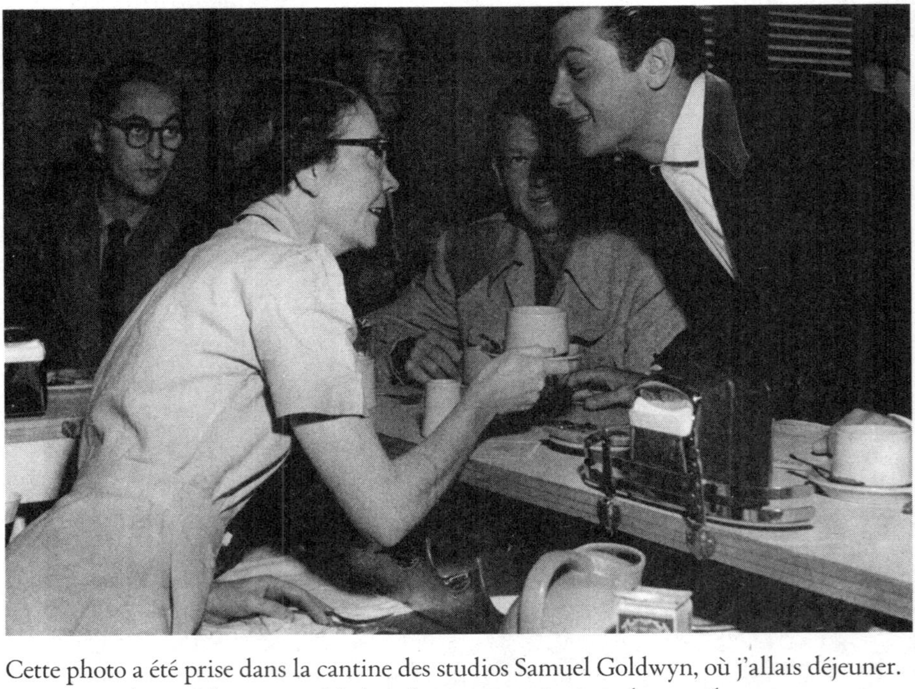

Cette photo a été prise dans la cantine des studios Samuel Goldwyn, où j'allais déjeuner. Ici, je me présente à la responsable lors de mon premier jour de travail. Je prenais généralement le petit déjeuner avec Jack au Formosa Café.

Barbette nous a enseigné des choses que nous n'avions jamais remarquées. Ni même imaginées. Pourtant, nous avions une solide expérience d'acteurs. Bien sûr, dans la marine, on m'avait appris à serrer les fesses, mais je n'avais jamais entendu qu'il fallait toujours tourner les paumes de ses mains vers le bas quand on s'asseyait, pour éviter que les biceps ne se contractent. Et puis, il y avait cette façon de marcher en croisant légèrement les jambes à chaque pas. « Ramenez toujours le pied un peu devant l'autre, conseillait Barbette. Ça imprime un mouvement spécial à vos hanches. » De fait, on aurait pu y coller une enseigne au néon : « Regardez par ici ! »

« Quand vous avancez, insistait Barbette, croisez un pied devant l'autre, et vous marcherez comme une femme. Vos hanches se dandineront. C'est très féminin. »

Je m'en sortais bien, parce que c'était un peu comme de la danse, comme un exercice sportif. Et dans ce domaine, je savais tout faire. Mais Jack, lui, n'y arrivait pas. À vrai dire, il résistait. « Je ne veux pas faire ça, disait-il. Personne ne marche ainsi, homme *ou* femme. D'ailleurs, Jerry et Joe devraient imiter les femmes chacun à leur manière. Vous voulez nous faire faire exactement la même chose, comme dans un défilé. » Jack refusait de se plier au programme établi, ce qui contrariait Barbette.

Un après-midi, Jack et moi nous sommes présentés au studio pour notre leçon quotidienne, mais Barbette était introuvable. Nous avons attendu. Le visage de Jack s'est soudain éclairé, et il a proposé d'aller voir Billy. Quand nous sommes entrés dans son bureau, Billy nous a jeté un regard narquois.

« Où est passé Barbette ? ai-je demandé.

– Je lui ai payé un billet retour à bord de l'*Île de France*.

– Quoi ? !

– Il est venu me voir, et il m'a dit : "Tony est merveilleux. Il sera parfait. Mais ce Lemmon, alors ! Il est totalement *impossible.* Il refuse de faire ce que je lui demande. Je m'en lave les mains." Et il est parti. »

Jack a défendu son point de vue. « Billy, vous ne voulez pas que nous jouions tous les deux le même truc. Le personnage de Tony doit ressembler à Tony – un type talentueux, doué pour l'imitation. Moi, je suis maladroit. Ces talons me tuent, je n'arrête pas de me tordre les chevilles. J'ai une trouille bleue. Tony, lui, s'en sort très bien. Il redresse la tête en marchant, lèvres en avant. »

Désormais, nos personnages avaient leurs noms de femme. Mon Joe deviendrait Joséphine, et Jerry se serait appelé Géraldine si, dans un élan d'inspiration particulièrement génial, Billy et Izzy n'avaient imaginé une scène où Jerry se laisse emporter par son propre personnage : quand on lui demande son nom, au lieu de répondre mécaniquement « Géraldine », version féminine la plus évidente de son prénom, il laisse échapper : « Je m'appelle Daphné ! » Dès lors, il n'est plus seulement un homme qui se fait passer pour une femme, mais devient carrément une autre personne. Ce qui, pour 1958, était assez révolutionnaire...

Le projet dans son ensemble était tellement extraordinaire que j'ai commencé à avoir peur. Notamment à cause de tout ce qu'il fallait faire pour se transformer. Nous devions nous faire épiler les jambes et le torse, ainsi que les sourcils. On devait nous mettre de faux seins, bien sûr, et certaines parties du corps devaient être escamotées. Nos maquilleurs étaient deux professionnels reconnus, Emile LaVigne et Harry Ray. Ils avaient participé à tous les grands films, du *Magicien d'Oz* à *La Loi du Seigneur.* Des types merveilleux, d'une patience rare. Ils nous ont soumis à toute une batterie de tests : perruques, faux cils, rouge à lèvres, fond de teint. La première fois qu'ils m'ont tout appliqué ensemble, j'ai été surpris par ma propre réaction. Je me sentais mal à l'aise. Gêné. Complexé. Jack, lui, s'est soudain pris au jeu, il riait aux éclats, faisait son numéro.

Quand Billy est entré dans la salle de maquillage, je suis resté figé.

« Qu'est-ce qui t'arrive, Tony ?

– Je ne sortirai pas d'ici.

– Allons, allons… »

Mais j'étais vraiment pétrifié. C'était peut-être lié à toutes ces années où j'avais dû faire face à des mecs qui m'abordaient pour me balancer des insultes. Ou aux relations étranges que j'avais eues avec ma mère. Je ne sais pas. J'avais l'impression que ma virilité se trouvait profondément remise en cause. Ce fut difficile, mais je suis fier d'avoir réussi à surmonter ce blocage. J'ai pris une grande bouffée d'air, et j'ai repensé à tous les défis que j'avais su relever dans les rues de New York, à l'armée, et dans le milieu du cinéma. À côté, ce n'était pas grand-chose. J'ai empoigné mon sac à main, et j'ai franchi la porte.

Il y avait bien cinquante personnes à attendre, debout, dans l'allée du studio, pour voir à quoi je ressemblais en Joséphine. Mon Dieu… J'ai rougi sous mon maquillage, mais l'acteur en moi a repris le dessus. J'ai enclenché ma petite routine. J'ai joué les vierges effarouchées en me cachant derrière ma main – c'était l'une des postures que Barbette m'avait enseignées.

Jack est sorti à son tour, il en faisait des tonnes : il jouait à fond son rôle de Daphné. Il a bondi dehors, tournoyant et virevoltant. Il dansait, poussait des cris perçants en sautillant sur place. J'étais épaté. Putain, mais comment faisait-il ? J'étais jaloux – pour la première et la dernière fois. J'adorais ce type.

Le lendemain, de retour dans la salle de maquillage, une idée m'est venue. Je me suis tourné vers Jack : « Écoute, Jack. Je suis désolé de te le dire, mais tu ne fais pas une très jolie femme. » Je ne voulais pas le vexer, mais il fallait qu'il sache : en femme, il était moche. J'étais plus belle – question de génétique, j'imagine. En outre, nous nous regardions l'un l'autre avec des yeux de mec. C'est alors que j'ai eu une idée.

« Sur le plateau, on fera peut-être illusion. Ou peut-être pas. Mais dans la vraie vie ?

– Tu veux dire, dehors ? Pas en face des caméras ? Je ne sais pas...

– Pourquoi ne pas faire un test ? ai-je suggéré.

– Un test ? Où ça ?

– Allons dans les toilettes pour dames.

– Je ne suis pas sûr que ce soit une bonne idée...

– Allez, viens, ai-je insisté en me levant, et je l'ai pris par le bras. Faisons juste un essai. »

Nous sommes sortis de la salle de maquillage et avons remonté l'allée. Adoptant un pas résolu, nous avons dépassé la cantine du studio et poussé la porte des toilettes pour dames. Là, nous nous sommes plantés devant le grand miroir, où deux femmes se remaquillaient. J'ai sorti mon rouge à lèvres. Des filles entraient, d'autres sortaient des toilettes, elles s'approchaient de nous, se lavaient les mains et retouchaient leur maquillage face au miroir, juste à côté. Je trouvais ça étrange: pas une ne nous regardait de travers. Au bout d'un moment, nous avons échangé un signe de la tête, et nous sommes ressortis.

« On a réussi ! s'est exclamé Jack.

– Non, ai-je rétorqué, en secouant la tête. Ce n'est pas ça. C'est parce que nous sommes tellement laides qu'elles ne nous *voient* même pas.

– Non ! »

Nous sommes retournés voir Emile et Harry.

« Les gars, ai-je déclaré. Il faut nous rendre un peu plus jolies. Trouvez quelque chose. »

Alors ils ont essayé de mettre davantage de mascara et de fard à paupières. Des faux seins plus volumineux. Des talons de huit centimètres au lieu de cinq. Des gaines plus serrées. Nous sommes retournés dans les toilettes pour dames. Sur le seuil, une fille s'est arrêtée pour me dévisager.

« Salut Tony ! s'est-elle écriée.

– Tirons-nous, ai-je marmonné, en m'adressant à Jack. Le maquillage « plus belles » était donc une mauvaise idée. Mais Billy pensait autrement : en nous voyant, il a été enchanté. Il savait que nous avions trouvé le truc.

« Voilà, s'est-il exclamé. Parfait ! On ne change plus rien ! Boum ! »

C'est ce que nous avons fait. J'envisageais ma Joséphine comme un mélange de Dolores Costello, la sublime actrice du cinéma muet, de l'élégante Grace Kelly et, *last but not least*, de ma mère. Il s'est passé une chose amusante lorsque la mère de Jack est venue le voir sur le plateau, alors qu'il était déguisé en Daphné. Ils ont fait une photo ensemble. En voyant le cliché, Jack s'est rendu compte qu'on aurait dit deux sœurs. C'était bizarre, et en même temps, rassurant. On n'échappe pas à ses racines.

10

LES RACINES, tout part de là. Jack avait eu une enfance plutôt heureuse. Il avait connu le respect et les encouragements. Moi pas. J'avais dû me battre pour tout, que ce soit chez moi ou dans la rue. Mes racines étaient toutes tordues. Il m'avait fallu partir loin et me démener pour me sortir de ce fouillis. Mais au moins, j'avais des racines. Alors que Marilyn… Je ne voudrais pas avoir l'air d'un psychologue en chambre, mais je pense que tous ses problèmes venaient du fait qu'elle était privée de racines. Les articles de l'époque évoquaient son « grand retour à la maison ». Quelle maison ? Elle n'en avait pas. Nulle part elle ne se sentait chez elle. Elle essayait sans cesse de survivre dans l'espace des autres. Elle n'avait pas d'espace à elle.

Elle vivait avec Arthur Miller dans un appartement près de Sutton Place, à New York, mais avait l'impression de louer un minuscule recoin de son monde à lui. Elle avait beau être riche et célèbre, rien de tout cela ne lui appartenait. Elle se sentait impuissante. À la merci des autres. Voilà pourquoi elle éprouvait le besoin de se retirer du monde, de temps à autre, afin de retrouver son identité propre. Voilà pourquoi elle se terrait dans sa loge. Elle tentait simplement de prendre racine quelque part, n'importe où, pour y trouver un semblant de sécurité, même éphémère. Bref, ce prétendu « retour » dont tout le monde parlait signifiait simplement qu'elle habitait de nouveau à Los Angeles – dans un endroit où elle n'avait jamais vécu : le temps du tournage de *Certains l'aiment chaud*, Marilyn prendrait ses quartiers dans une suite de l'hôtel Bel Air.

C'était une suite moderne et spacieuse, mais pas très chaleureuse. Elle coûtait soixante-cinq dollars par jour et se composait d'une salle à manger, un salon, une cuisine équipée, un patio et une immense chambre à coucher. On avait installé un piano au séjour, car Marilyn devait apprendre ses chansons pour le film. Elle acheta une perruche peu après son arrivée, car le chien qu'elle avait laissé à New York lui manquait – un énorme beagle, qui s'appelait Hugo. En lui rendant visite à son hôtel, avec Billy, j'ai tout de suite senti combien elle se sentait seule. Elle était obligée d'entrer et de sortir en douce, par une porte dérobée. Elle recevait peu de visites, et n'acceptait que les appels de Billy ou d'Arthur Miller. C'était une prison de luxe.

Marilyn n'avait pas d'amies, mais elle était toujours accompagnée d'une autre femme. Lors de ce séjour en Californie, il s'agissait de May Reis, une dame agréable, la cinquantaine, que Marilyn avait embauchée comme secrétaire trois ans plus tôt – rôle qu'elle avait déjà tenu auprès d'Elia Kazan puis d'Arthur Miller. Marilyn avait besoin d'une compagnie permanente pour la soutenir, j'imagine, mais, de temps à autre, elle se rebellait.

Mon couple, à l'époque, battait de l'aile. Depuis un bon moment déjà. Être marié, ce n'est pas facile. Mais on ne fait pas toujours ce que l'on veut dans la vie, n'est-ce pas ? Je n'aime pas décevoir les gens. J'ai toujours senti que ce que je voulais par-dessus tout, c'était que les gens m'aiment. C'était la chose qui comptait le plus. Je m'efforçais toujours de dire les mots qui poussaient les gens à m'aimer. Mais ce que vous dites peut se retourner contre vous. Surtout à Hollywood, où tout le monde est toujours à la recherche du prochain contrat. Quand on aide quelqu'un à réaliser ce but, il fait semblant de vous aimer. Dès que vous ne faites plus partie de l'équation, les gens ne vous connaissent plus. C'est une vie extrêmement stressante. Anxiogène. Et, si l'on n'est pas très sûr de soi, de son identité, c'est une vie dangereuse – essayer d'être aimé, et dans le même temps se frayer un chemin dans ce milieu ultra-compétitif. Et le plus grand péril, c'est votre vie de famille qui le court.

Rien ne m'avait préparé au mariage et au rôle de père. Quoi d'étonnant ? Mes parents se comportaient comme si chaque jour avait porté le châtiment de leur mariage. Ils menaient une vie misérable, toujours à se reprocher mutuellement tout et n'importe quoi – ils n'avaient aucun sens des responsabilités, et se contentaient de blâmer l'autre de tout ce qui les chagrinait. Ils avaient même fini par prétendre que le fait d'avoir émigré aux États-Unis était la cause de tous leurs maux. Mais en Hongrie, auraient-ils été plus heureux ? Quelle bêtise, quel aveuglement, quelle mesquinerie... C'était horrible. Rien d'étonnant à ce que j'aie passé mes journées dans la rue, à chercher les ennuis. C'était la seule manière de m'en tirer intact. On parle souvent du rôle que jouent les modèles dans la vie. Moi, je n'en avais aucun. Je n'avais jamais rencontré de couple heureux. Comment espérer, dès lors, vivre heureux avec Janet Leigh ?

Janet était une femme douce, éduquée, cultivée. Elle se souciait des autres. Mais nous étions jeunes, alors, et ambitieux. On ne peut pas monter aussi haut, aussi vite, sans avoir de l'ambition. Elle était à Hollywood depuis bien plus longtemps que moi, et elle avait rapidement gravi les échelons. Être une star de cinéma, cela signifie qu'on porte tout le poids d'un film. Le public est là pour vous voir, vous, et pas les rôles secondaires ni les figurants. Sacrée responsabilité, croyez-moi. Lorsque j'ai épousé Janet en 1951, je commençais juste à endosser ce poids. Janet, en revanche, était dans le milieu depuis 1947 et on lui proposait souvent des rôles importants. Certes, elle n'était pas encore une star, mais je ne voyais pas les choses comme ça. À mes yeux, Janet était une star de la MGM – le summum, à l'époque. La MGM, c'était le Tiffany's des studios hollywoodiens. Et même si j'étais en passe de la rattraper, je restais en admiration devant elle. Je me considérais comme un étranger à Hollywood, un type mal dégrossi, à mille lieues de la gloire. Notre mariage a changé la donne. L'explosion de publicité qui l'a accompagné nous a propulsés vers des sommets que nous n'aurions jamais atteints si vite chacun de notre côté.

Nous avons joué ensemble dans un film de la Paramount, *Houdini, le grand magicien*, qui a connu un beau succès. Aussitôt, Universal a pris conscience de ma valeur. De son côté, Janet s'est vu proposer de meilleurs rôles, notamment celui de *Ma sœur est du tonnerre*, où elle avait même une scène de chant. Mais Hollywood ne récompense pas ses acteurs en fonction de leur polyvalence et de leur talent : la seule chose qui compte, c'est de jouer dans des films qui rapportent, encore et encore. Pas question de s'y opposer. On me proposait donc un tas de rôles de jeune premier à l'accent new-yorkais – précisément ce dont je ne voulais plus. Janet m'a finalement convaincu d'accepter ces propositions. Lew Wasserman aussi. Souvent, quand je disais oui, c'était pour ne pas contrarier mes proches. Or, Janet se mettait en colère dès que je refusais de suivre la voie qu'on me traçait. Bon, en colère, pas exactement. Elle se montrait plutôt froide et distante. Comme j'avais désespérément besoin qu'on m'aime, je finissais par céder. Mais à force d'aller contre ma propre volonté, je me préparais des lendemains cruels.

Janet tenait à ce que nous nous rendions à toutes les fêtes. Je savais bien que c'était important, mais bon Dieu, *toutes* les fêtes ? Elle me forçait à sortir, certains soirs, alors que j'avais travaillé comme un chien toute la journée, sur un tournage physiquement exigeant. Enchaîner trente-six mille émotions et autres bagarres pendant douze heures non-stop n'est pas de tout repos, même quand on est en forme. Je rentrais chez moi épuisé. Janet, elle, était prête à sortir. Même si je ne pouvais pas filer directement au lit, j'aurais au moins aimé passer un peu de temps avec elle. Mais non : il fallait que nous allions chez les Feldman, les Goetze, ou quelque autre fête de la liste A. Je savais que ces soirées avaient leur importance, mais n'y en avait-il pas de plus importantes que d'autres ? Et devions-nous rentrer si tard, après avoir bu tant d'alcool, alors que je devais me lever tôt le lendemain pour jouer devant les caméras ?

Peu à peu, cette activité frénétique nous éloignait l'un de l'autre. Certes, je l'accompagnais dans les fêtes, mais je n'étais pas vraiment *avec* elle. Nous nous trouvions dans la même salle, mais nous parlions à des personnes différentes. Je discutais dans un coin avec Gene Kelly, tandis que Janet buvait un verre au bar avec Debbie Reynolds. Nous aurions très bien pu sortir chacun de notre côté. Parfois, je m'asseyais tout seul, et j'observais les gens en sirotant mon verre. Cary Grant, Clark Gable, Errol Flynn, je les entendais discuter à l'autre bout de la pièce, parfois même ils me saluaient. Je prenais soin de ne pas importuner les stars – je n'avais pas envie qu'on me dise d'aller voir ailleurs. Mais cela n'arrivait jamais. Ces hommes étaient des gentlemen. Et en les écoutant se plaindre de leurs problèmes d'agents, de contrats, ou de la difficulté qu'ils avaient à obtenir le bon rôle, je me suis rendu compte qu'ils étaient humains, après tout. Comme nous tous. Malgré tout ce que les agences publicitaires des studios pouvaient écrire, en dépit des photographies magnifiées qu'elles publiaient, nous n'étions tous que de simples mortels. Et nous en avions conscience. Voilà pourquoi j'ai cessé de fantasmer sur les acteurs célèbres – et sur le fait d'être marié à une star de cinéma.

Dans mon histoire avec Janet, je n'avais presque aucune vie privée. Bien sûr, Hollywood interdisait à ses stars d'avoir une vie privée, mais j'aurais aimé un peu d'intimité. Et j'avais l'impression que Janet était trop occupée et trop organisée pour s'autoriser spontanément quelque chose d'aussi imprévu que faire l'amour. Or, c'était précisément pour cela que nous nous étions mariés : nous étions collés l'un à l'autre, pleins de désir, inséparables. C'était une sensation merveilleuse, même si elle n'avait pas grand-chose à voir avec l'éprouvante réalité d'une carrière à façonner dans un environnement hostile. Mais l'amour n'est pas censé obéir à la réalité. Et la réalité, en 1958, c'est que nous avions un enfant et en attendions un second, mais que nous menions nos vies chacun de notre côté. Nous n'avions presque plus d'intimité. Moi, j'avais encore des besoins. Alors j'ai commencé à chercher hors de ma maison le moyen de les satisfaire.

Nicky Blair, qui tenait un restaurant, m'a filé l'adresse d'une fille qui vivait sur les hauteurs de la ville. Je m'y rendais régulièrement, prenant soin de garer ma voiture pour qu'elle ne dévale pas la pente, et j'allais chez elle. Sa petite maison se trouvait à Los Angeles, mais assez haut sur les collines pour qu'on se sente ailleurs. Je passais des heures avec elle. C'était différent. C'était comme grimper au paradis. Je ne venais pas simplement pour le sexe. Je me sentais plutôt comme le personnage que j'avais incarné dans *Le Voleur de Tanger* et dans *Le Fils d'Ali Baba.* C'était exotique, dépaysant. Et pendant un moment, cela a comblé mes besoins. Mais au bout du compte, cependant, je me suis senti coupable. J'ai commencé à avoir honte.

Évidemment, impossible d'en parler à Janet et de la confronter à notre aliénation. Elle n'était pas responsable de ma frustration, même si, à l'époque, c'est ce que je croyais. J'ignorais ce qu'elle ressentait. Je pensais que, peut-être, elle était jalouse de ma progression. J'avais gagné du terrain avec des films tels que *Les Diables au soleil. Le Grand Chantage*, en revanche, n'avait pas été un succès – trop caustique, j'imagine, pour le spectateur lambda. Mais j'avais eu droit à des critiques sensationnelles. Bien sûr, Janet s'en tirait bien, elle aussi, et nous n'avions aucune raison de nous sentir en concurrence, mais je ressentais cela chez elle. Quand je rentrais à la maison, il y avait de la tension dans l'air. Janet était étrangement irritable, et ça me mettait à cran. Je ne supportais plus ce silence embarrassé. Puis, juste au moment où je me préparais à m'enfuir, j'entendais les glaçons tomber dans le verre à cocktail. Janet m'appelait, elle m'offrait un verre. Soucieux de ne pas la contrarier, j'acceptais. La boisson apaisait les choses. Du moins, pour un moment. Ensuite, nous prenions le dîner, mais dès que nous abordions le sujet d'un film que je ne voulais pas faire, l'alcool faisait son effet. Nous nous disputions, si bien que je finissais quand même par m'en aller, hors de moi. J'allais chez Frank Sinatra, ou bien dans un bar-restaurant. Là, il y avait toujours une jolie femme assise seule à sa table, ce qui voulait dire qu'il s'agissait d'une entraîneuse, ou même d'une pute. Je m'en fichais. Je partais avec elle, du moment qu'elle était gentille avec moi. Puis je rentrais chez moi en me sentant coupable. Et le cycle recommençait. Pas étonnant que j'aie dépensé 30 000 dollars chez le psy en quatre ans.

Il y eut une fête où Janet et moi fûmes forcés d'aller, même si cette idée me rendait nerveux. Elle se déroula une semaine avant le début du tournage. Comme Arthur Miller avait pris l'avion pour Los Angeles afin de passer du temps avec Marilyn, Harold Mirisch s'était dit qu'il serait bon d'organiser un grand dîner pour que tout le monde fasse connaissance. J'y suis allé avec Janet. Walter Mirisch et sa femme Pat étaient là, eux aussi, de même qu'Izzy et Barbara Diamond, Billy et Audrey, et quelques autres. Les cocktails seraient servis à sept heures, le dîner à huit heures. Nous n'avons pris place à table qu'à neuf heures passées. Marilyn et Arthur Miller n'étaient toujours pas arrivés. Nous avons mangé, bu quelques digestifs, papoté, et attendu.

Enfin, à onze heures vingt, nous avons entendu la sonnette d'entrée, à l'autre bout de la maison. Et ça n'a pas manqué: Marilyn et Arthur Miller. Oh, ils étaient vraiment désolés de leur retard. Bla-bla-bla... Tout le monde a fait comme si de rien n'était. Mais là, Miller s'est planté derrière Billy et Izzy, il a posé une main sur l'épaule de chacun des deux hommes, puis il s'est mis à faire des commentaires sur leur scénario: « Vous savez, a-t-il déclaré, la différence entre comédie et tragédie, c'est que... » Croyez-moi, autour de la salle, les regards étaient perplexes. Billy et Izzy, eux, sont restés de marbre, à écouter toutes ces conneries. Au bout d'un moment, Billy a roulé de gros yeux en se dandinant d'un pied sur l'autre. Miller s'est éloigné. Marilyn se tenait à l'écart et observait la scène, visiblement gênée. Elle savait que son mari s'était ridiculisé, et avait insulté la finesse d'esprit de Billy. Ce n'était pas une scène plaisante – et certainement pas la manière idéale de commencer un film...

11

J'AI COMPRIS que le tournage de *Certains l'aiment chaud* devenait imminent le jour où nos loges préfabriquées ont été installées au premier étage du bâtiment des acteurs, aux studios Goldwyn. D'abord celle de Billy, qui portait une pancarte : « Offerte par Rouben Mamoulian ». Mamoulian tournait *Porgy and Bess* sur le plateau voisin. Enfant, j'avais vu bon nombre de ses films : *Le Signe de Zorro, Arènes sanglantes, Golden Boy*… La pièce dont ce dernier film avait été tiré occupe d'ailleurs une place particulière dans ma carrière, puisque j'en ai joué le rôle principal juste après la guerre. Mamoulian faisait partie des géants d'Hollywood, et pourtant, il a fallu qu'on cloue une pancarte sur la loge de Billy, pour bien montrer que c'était Mamoulian qui l'avait payée de sa poche… À Hollywood, personne ne vous fait de cadeau. Mamoulian était dans le milieu depuis trente ans, il connaissait la musique. Du moins, c'est ce qu'il croyait… Car le 23 juillet, Sam Goldwyn l'a viré du tournage de *Porgy and Bess.* Après le départ de Mamoulian, Billy a laissé la pancarte bien en évidence. Et quand Goldwyn a décrété l'interdiction de fumer dans toute l'enceinte des studios, Billy a installé un panneau à l'entrée de notre plateau : « Venez fumer comme des pompiers sur le plateau de Billy Wilder. » Billy Wilder adorait fumer. Je ne crois pas, en revanche, qu'il adorait Sam Goldwyn. Le vieux n'arrêtait pas d'augmenter le loyer.

La deuxième loge était celle de Jack Lemmon. Puis venait celle de Marilyn, et enfin la mienne. Je m'y suis rendu pour une séance d'essayages avec George Orry-Kelly – encore un homme de grand talent, qui avait conçu les costumes de tous les grands westerns de la Warner. Bette Davis lui devait beaucoup. J'ai appris qu'il était un grand ami de Cary Grant, depuis qu'ils avaient partagé une piaule à New York, au début des années 1930. Cary Grant, je l'idolâtrais purement et simplement. Orry-Kelly passait son temps au téléphone avec une fille – moi qui le croyais gay, ça ne collait pas... Plus tard, j'ai appris qu'il s'agissait de l'actrice Gracie Allen. Ces deux-là s'entendaient comme larrons en foire. Gracie avait pris sa retraite, mais voulait qu'on la tienne au courant des ragots.

En faisant ses retouches, Orry-Kelly a été surpris par ma musculature. Craignant qu'il ne me prenne pour un débile passant ses journées à faire de la gonflette, j'ai parlé de mon père. Je lui ai confié qu'il était tailleur, ce qui a éveillé sa curiosité. Orry-Kelly ne manquait lui-même pas d'allure, avec son impeccable complet à fines rayures, sa chemise de soirée et sa cravate Sulka. Il portait dans sa poche poitrine le même mètre de couturier que mon père – jaune et blanc, enroulé, avec un embout métallique. Quand il le tirait de sa poche, Orry-Kelly en faisait toute une cérémonie, déroulant le ruban d'un grand geste du bras, dans un bruissement d'air. Puis il prenait mes mesures : 40, 86, 110, 45, 48, 45. Un assistant courtaud l'accompagnait, dont le boulot consistait à noter ces mesures. À Hollywood, on délègue toujours tout.

Ensuite, Orry-Kelly s'est rendu dans la loge de Marilyn, qui l'attendait. Elle lisait des livres, apparemment, d'auteurs aussi inattendus que Walt Whitman et Rainer Maria Rilke. En apercevant Orry-Kelly, elle s'est levée pour l'accueillir. Elle portait un chemisier blanc, une culotte et des talons aiguilles de huit centimètres. Orry-Kelly l'a saluée, puis il a entrepris de vérifier quelques mesures, ici et là. 94, 61. En mesurant son tour de hanches, il n'a pu s'empêcher de glousser : « Tony a un plus joli cul que toi. »

Marilyn a fait volte-face et déboutonné son chemisier, avant de rétorquer : « Oui, mais il n'a pas des seins comme ça. » C'était vrai, bien sûr. Elle avait une poitrine sublime. C'était la fille la mieux faite que j'aie jamais vue.

Marilyn a un peu abusé du temps d'Orry-Kelly. Une fois les robes retouchées, non seulement celles de Marilyn, mais celles de Jack et moi, on les a emportées vers le centre du plateau, afin que nous puissions commencer les bouts d'essai en costumes. J'ai remarqué que Marilyn marchait à côté des portants, visiblement intriguée. Quelques instants plus tard, Jack s'est engouffré dans ma loge, l'air furibard.

« Tony ! s'est-il écrié. Tu ne vas pas me croire...

– Qu'y a-t-il ?

– Marilyn m'a piqué ma robe.

– Comment ça, elle a pris ta robe ?

– Elle l'a volée. La robe noire qu'Orry-Kelly m'avait faite. Elle l'a aperçue sur le portant et elle a fait à la responsable des costumes : "Ooh, ce qu'elle est belle... Laissez-moi l'essayer !" Ensuite, elle a décidé de la garder. Orry-Kelly est venu me voir en hurlant : "Elle a pris ta robe ! Cette salope t'a fauché ta robe ! " Et ils vont la laisser faire ! »

Ce n'était pas le premier caprice de Marilyn, loin s'en faut. Durant la préproduction, elle n'a pas cessé de se plaindre de son maquillage, de sa coiffure. Loin de son image de femme rêveuse et sexy, elle se montrait grincheuse et intransigeante. Un jour, je me suis présenté à treize heures trente au studio, pour tourner des bouts d'essai avec Billy et elle. À dix-sept heures trente, Marilyn n'était toujours pas arrivée. Elle n'avait même pas daigné appeler. Billy a quitté le studio, et il est rentré chez lui. J'étais encore là, alors les bouts d'essai ont quand même eu lieu, sans que Billy ne soit présent. Comme les essais avaient été réalisés au-delà des horaires normaux, Mirisch a dû payer les techniciens en heures supplémentaires, soit deux fois plus que le salaire habituel. Il n'a pas apprécié.

Cette même semaine, Marilyn devait enregistrer ses chansons. (Comme vous le savez sans doute, les séquences musicales sont toujours filmées en play-back, sur un air enregistré au préalable en studio.) Sa séance d'enregistrement était programmée à deux heures de l'après-midi. L'assistant réalisateur ne voulant prendre aucun risque, il l'avait appelée à six heures trente du matin, ce qui ne l'a pas empêchée d'être en retard de quinze minutes. Rien de surprenant, vu la cour dont elle s'entourait : il y avait là May Reis, Paula Strasberg et, bien qu'aucune prise de vues ni séance photos n'aient été au programme, elle avait amené Jack Cole, son professeur de danse, et Sydney Guilaroff, son « designer coiffure ». Tout le monde était là, à part la perruche.

Si le rôle de ces gens consistait à lui apporter un soutien moral, ce fut une réussite. La session s'est si bien déroulée que Marilyn a terminé avec une heure d'avance. Incroyable ! Oh, mais pas si vite : deux jours plus tard, Marilyn a décidé que le résultat ne lui plaisait pas. Elle voulait réenregistrer les trois chansons. Elle s'est donc présentée de nouveau au studio. Le plus stupéfiant, c'est qu'elle est arrivée à l'heure, et n'a pas demandé à être rémunérée pour ces heures de travail supplémentaires. Elle s'est contentée de sourire modestement, en déclarant : « Pour être bon, un film doit être génial. » Personne n'a jugé bon de demander ce qu'elle entendait par là.

Billy a reçu une note d'Arthur P. Jacobs, le publicitaire de l'agence Rogers and Cowan (il produirait plus tard *La Planète des singes*) : « J'aimerais attirer votre attention sur le fait qu'il n'existe aucune photographie de miss Monroe susceptible d'être utilisée dans un but promotionnel. Son dernier portrait officiel remonte à deux ans. Outre qu'elle a un faible pour

Richard Avedon, nous avons le sentiment qu'Avedon saurait saisir à la perfection l'esprit des années 1920. » Marilyn avait récemment posé pour Avedon, une série de portraits où elle réinterprétait à sa manière diverses stars du passé : Lillian Russell, Theda Bara, Clara Bow, Marlene Dietrich et Jean Harlow. *Life* devait publier ces photos à l'automne, et Arthur Miller était en train de rédiger un texte d'accompagnement.

United Artists a proposé de faire venir Avedon depuis New York, mais celui-ci était trop occupé. Jacobs a donc engagé le photographe Dick Miller, de l'agence Globe Photos. À l'heure où la séance était censée commencer, Marilyn a débarqué sur le plateau dans une chemise de flanelle pour homme nouée au niveau de la taille, et un jean Levi's. Elle ne s'était pas maquillée, et avait l'air ailleurs. Dick Miller ouvrait la bouche quand elle lui a fait signe de se taire : « Pas de photos aujourd'hui », c'est tout ce qu'elle a dit avant de disparaître.

Deux jours plus tard, elle s'est soumise de bonne grâce à tout ce que Miller demandait, comme au bon vieux temps : elle m'avait confié un jour que rien ne lui plaisait plus que de poser pour les photographes. Mais seulement, j'imagine, lorsqu'elle était d'humeur. Ce jour-là, elle l'était. Elle est restée une heure de plus que ce qu'avait prévu Miller. Elle était magnifique. Du moins, c'est ce que pensaient les autres – pas Marilyn, qui a gardé les épreuves pendant près de deux semaines avant d'autoriser la publication d'une poignée de clichés à peine. Elle se trouvait grosse. J'imagine qu'elle avait lu certains des articles sournois que j'évoquais plus haut. Elle était anxieuse. Comment ne pas l'être, au moment de se lancer dans un projet à deux millions de dollars ?

Cela aurait valu la peine de poser à Marilyn la question suivante : Si tu as peur et que tu n'es pas heureuse de faire ce film, pourquoi insister ? Tu n'as pas besoin d'argent. Fais comme Garbo, retire-toi. Mais personne ne lui a posé la question, et nul ne connaissait la vérité : de fait, elle avait besoin d'argent. La compagnie qu'elle avait fondée avec le photographe Milton Greene battait de l'aile. Elle s'était brouillée avec lui. Elle dépensait des fortunes chez les psys, et finançait tout le travail de Lee Strasberg. Quant à Arthur Miller, il ne roulait pas sur l'or. Ses écrits ne lui rapportaient pas autant qu'on aurait pu le croire, et il se ruinait en frais d'avocat. En mai 1957, il avait été condamné pour outrage à la cour, pour avoir refusé de fournir à la Commission de la Chambre sur les activités antiaméricaines (HUAC) les noms des écrivains communistes présumés avec lesquels il avait participé à cinq ou six réunions à New York, en 1947. Le procès était en appel. En outre, Miller n'était pas heureux avec Marilyn. Pourquoi ? Parce qu'il avait conscience qu'elle était la principale attraction du couple, et qu'elle le soutenait financièrement. Pauvre Marilyn. Sa vie était un chaos. Et elle avait vraiment besoin d'argent.

Fin juillet, Lew Wasserman a fait savoir à Walter Mirisch qu'il pouvait utiliser le titre *Some Like It Hot*. Au moment où il se préparait à lancer ce tournage éprouvant, Billy Wilder a croisé un collègue producteur, David O. Selznick, célèbre pour avoir chapeauté *Autant en emporte le vent*. Incapable de s'adapter au nouvel Hollywood, Selznick traversait une période difficile. Son dernier projet, *L'Adieu aux armes*, n'avait pas bien marché. J'avais souvent rencontré M. Selznick au cours des soirées d'Hollywood. C'était un homme complexe, brillant, intimidant. Il parlait à cent à l'heure, sautant d'un sujet à l'autre, et il avait une opinion sur tout. Billy s'est assis avec lui en ce début d'été, et lui a raconté l'intrigue de *Certains l'aiment chaud*.

« Vous en pensez quoi ? lui a-t-il alors demandé.

– Mon Dieu ! s'est étouffé Selznick. Vous commencez par cette scène sanglante ? Et ensuite vous enchaînez par des hommes déguisés en femmes ? Oh, non... On ne peut pas avoir à la fois des mitraillettes, et puis des perruques et des gags – pas dans un même film. On ne peut pas mélanger les genres. Ça ne marchera pas. Le public, les gens, ils vont quitter la salle. Ça va être un désastre. Vous n'y arriverez pas.

– Dave, j'apprécie vos objections. Mais je vais quand même essayer. »

QUATRIÈME PARTIE

LE TOURNAGE

12

LE TOURNAGE de *Certains l'aiment chaud* a débuté le lundi 4 août 1958. Ce jour-là, nous ne tournions pas aux studios Goldwyn, car notre première scène se déroulait dans une gare. Les studios Goldwyn n'étaient pas assez grands pour abriter un décor permanent de ce type, mais la MGM en possédait un, si bien que ce lundi matin, nous avions rendez-vous à Culver City. Dans cette scène, Joe et Jerry se rendent à la gare de Chicago pour rejoindre l'orchestre féminin Sweet Sue et ses Society Syncopators, en partance pour la Californie. Bien que cette scène n'intervienne qu'à la vingtième minute du film, elle a une importance cruciale, et pour plusieurs raisons. En effet, c'est la scène où l'on découvre l'orchestre féminin. La première scène où l'on voit Joe en Joséphine et Jerry en Daphné. Enfin, et surtout, c'est la scène où Marilyn fait son apparition.

Le décor de gare des studios MGM m'a semblé étrangement familier. Rien d'étonnant à cela: je l'avais déjà aperçu dans *Ninotchka*, avec Greta Garbo, et *L'Horloge*, avec Judy Garland. Là, il était neuf heures du matin, et toutes les fenêtres étaient occultées pour reproduire un quai de gare, la nuit, à Chicago. Billy nous a expliqué que notre entrée serait un véritable choc pour les spectateurs. Sans blague... Mais ce n'est pas tout, a-t-il ajouté. Contrairement à *Fanfare d'amour*, notre film ne montrait pas comment les deux musiciens « devenaient » des femmes en se rasant le torse, en s'épilant les sourcils, et tout le reste. D'un seul coup, nous voici à la gare, habillés en femmes – et essayant d'« être » des femmes. D'ailleurs, Billy ne filmerait même pas notre entrée en scène. Non : la scène débutait par un travelling, et la caméra montée sur un chariot nous suivait, en plan serré sur nos jambes, tandis que nous nous efforcions tant bien que mal de marcher normalement avec nos chaussures à talons. Puis Billy nous laissait nous éloigner un peu avant d'enchaîner brusquement par un plan de face. Voilà ce qui faisait de Billy Wilder un immense cinéaste : il montrait au public ce qu'il ne s'attendait pas à voir, en ne dévoilant toujours que le strict nécessaire. Pas de gavage à la petite cuillère, mais une manière de procéder autrement plus nourrissante.

Jack et moi nous étions entraînés à marcher avec des talons hauts, mais nous avions encore du mal. Ce n'était pas pour déranger Billy. « Vous ne devez pas faire ça trop bien, disait-il. Il faut que ça reste un peu maladroit pour que le public apprécie le côté comique de la scène, et qu'il se marre vraiment. » Par la suite, Billy a d'ailleurs expliqué qu'il avait rallongé au montage cette séquence où nous marchons, afin de laisser le temps aux spectateurs de se remettre de leurs premiers éclats de rire. Si vous observez attentivement la scène, vous le remarquerez. La MGM n'avait fourni que trois wagons. Ni loco ni wagon de queue. Billy nous a donc fait marcher le long du wagon du milieu, encore et encore.

C'était notre première journée de travail avec Charles Lang Jr, le directeur de la photographie. Il était dans le métier depuis longtemps et, comme tout le monde, j'avais vu certains de ses films : *L'Aventure de Madame Muir*, *Sabrina*, *Tables séparées*... Cet homme distingué plissait sans cesse les yeux en vous parlant, comme s'il avait été en train de scruter l'horizon. Cela ne me dérangeait pas : il me rendait beau à l'écran, que ce soit en homme ou en femme.

Nous avons tourné tous nos plans puis – roulement de tambour – ce fut au tour de Marilyn d'entrer en piste. Il devait être onze heures du matin. Étonnamment, elle était là. À vrai dire, elle était même arrivée en avance. « Je veux que le monde sache que Marilyn est non seulement ponctuelle, mais qu'elle arrive avec trois heures d'avance », a déclaré Billy à Bob Thomas, de l'agence Associated Press. Marilyn était assise sur son fauteuil au bord du plateau. Elle portait une robe noire bordée de fourrure de singe et un chapeau à plumes. Elle me souriait. Non, ce n'est pas ma tenue qui la faisait sourire, car en tournant les bouts d'essai, elle s'y était habituée. Billy m'avait d'ailleurs raconté qu'elle avait piqué une crise en se découvrant à l'écran.

« Je suis terriblement déçue, lui avait-elle confié dans la salle de projection. Je croyais que le film serait en Technicolor. Je rends beaucoup mieux en couleur.

– Eh bien, Marilyn, avait-il expliqué, la couleur était une mauvaise idée. J'ai essayé, mais ça ne marchait pas. Vous comprenez, nous avons ces deux hommes maquillés en femmes… Si nous les filmions en couleurs, il faudrait une tonne de maquillage pour qu'on ne voie plus leur barbe. Ce serait un vrai problème. Nous sommes donc obligés de le faire en noir et blanc. » Évidemment, le fait que Charles Lang soit un grand maître de la lumière, et qu'il ait obtenu de très belles images d'elle lors des bouts d'essai, aida à convaincre Marilyn. Mais Billy Wilder a avoué un jour qu'il l'avait embobinée. Jack et moi aurions été tout aussi photogéniques : nous n'avions ni le teint verdâtre ni criard sur les bouts d'essai en couleurs… Simplement, Billy n'aimait pas la couleurs. « C'est comme filmer à l'intérieur d'un juke-box, expliquait-il. Tout le monde a l'air bleu ou rouge. Même les dialogues sonnent faux dans un film en couleurs. »

Juste derrière Marilyn était assise une petite femme entre deux âges, solidement charpentée, vêtue de noir, un parapluie à la main : Paula Strasberg. Tout le monde savait qui elle était : la « conseillère dramatique » de Marilyn. Mais son rôle ne s'arrêtait pas là. Lee Strasberg tenait à maintenir l'influence qu'il exerçait sur Marilyn, si bien qu'avec Paula, ils avaient pris l'avion pour Los Angeles et louaient une maison à Santa Monica. Paula accompagnait Marilyn sur le plateau, où elle passait son temps à couver la star. Littéralement. Penchée au-dessus d'elle avec son parapluie. Un nouveau venu sur le plateau a murmuré à l'oreille d'un confrère :

« Qui est-ce ?

– *The Bat* – la Chauve-souris », a chuchoté l'autre en réponse.

Surnom qui faisait référence à celui que lui avait donné Laurence Olivier, ulcéré de la voir interférer avec ses instructions de mise en scène sur le tournage du *Prince et la Danseuse* : *The Beast* – la Bête. Des murmures et autres gloussements ont résonné sur le plateau, que Paula faisait semblant de ne pas entendre. De temps en temps, elle déployait son parapluie sur le plateau. Elle ne se rendait pas compte à quel point c'était extravagant, et ridicule, de suivre ainsi Marilyn avec ce parapluie – à l'intérieur d'un bâtiment ! Les apparences sont parfois trompeuses. United Artists payait en effet Paula 1 500 dollars par semaine. À quel titre ? Décryptage du scénario ? Soutien moral ? Protection de la star contre les rayons du soleil ? Nous n'avons pas tardé à découvrir la vérité.

Le premier plan de Marilyn/Sugar était un travelling semblable à celui que Jack et moi avions tourné. Un plan simple et direct, sans aucun dialogue, qui la montre en train de marcher le long des wagons, son étui d'ukulélé à la main, à la recherche de Sue et de son orchestre. Puis elle nous double, Jack et moi, et la caméra s'attarde sur nos visages ébahis tandis qu'elle poursuit son chemin. Comme nous avions déjà tourné notre scène sur le quai, les réglages lumière étaient faits – ils n'avaient nul besoin d'être modifiés pour elle. Et les rails du travelling étaient déjà en place.

Billy a fait répéter Marilyn. Elle avait l'air nerveuse, et jetait sans arrêt de brefs coups d'œil sur le côté. Je me suis demandé ce qu'elle pouvait bien regarder. Puis j'ai compris. Paula se tenait debout, en retrait, six mètres derrière Billy. Marilyn l'apercevait par-dessus l'épaule du réalisateur. Il est vite devenu évident que, tout en répétant sa séquence de marche, Marilyn guettait derrière Billy l'approbation de Paula. Il n'y avait d'ailleurs pas grand-chose à approuver : tout ce que Marilyn devait faire, c'était marcher en regardant droit devant elle. Pendant les essais caméra, Marilyn a reproduit ce petit manège : elle a remonté le quai, nous a dépassés, puis elle s'est retournée vers Paula, qui se tenait assise, à l'écart, avec sur son visage l'expression de celle qui sait.

C'est Paula qui va diriger ce film, voilà ce que j'ai pensé. Elle va prendre le pouvoir. Marilyn ne travaillera que si Paula lui en donne l'ordre. Elle ne fera que ce que Paula voudra bien. Eh bien, ça promet...

Billy était prêt pour la première prise. « Action. » Il a reculé pour laisser les techniciens déplacer la caméra tandis que Marilyn marchait au milieu des figurants en costume. « Coupez. » Marilyn s'était arrêtée avant le repère marquant l'endroit qu'elle devait atteindre à la fin du plan. Billy l'a dévisagée pendant quelques secondes. « Bon... On la refait. » J'avais entendu dire que Billy se transformait parfois en dictateur insensible sur les plateaux de tournage. Ce n'est pas ce que je voyais. À l'évidence, quelque chose lui résistait, mais son visage ne trahissait aucune émotion. Il se concentrait sur les composantes spatiales de son plan. Un détail l'importunait. « Action. » Marilyn s'est remise en marche. « Coupez ! » s'est exclamé Billy. Voilà, il avait compris ce qui clochait. Il a pris à part l'assistant réalisateur et lui a expliqué le problème. « Je ne veux pas la voir, disait-il en désignant une figurante, traverser le champ devant Marilyn avant qu'elle n'ait atteint ce point. C'est son premier plan du film. On doit la voir d'un bout à l'autre. » Il a marqué une pause et s'est tourné vers Lang. « Bon. Caméra ? Allons-y. Encore une, Marilyn, s'il vous plaît. »

Marilyn a remonté le quai, le cou légèrement tendu. Arrivée au repère final, elle s'est arrêtée. « Coupez », a ordonné Billy. Une nouvelle fois, Marilyn a regardé par-dessus son épaule, en direction de Paula. Cette fois, Billy l'a vue. Et cette fois, il n'allait pas laisser passer. Faisant volte-face, il a regardé Paula droit dans les yeux et lui a demandé d'une voix posée : « Qu'est-ce que vous en dites, Paula ? »

Tout le monde est resté pétrifié. Silence de mort. Paula s'est redressée sur sa chaise, elle s'est éclairci la voix et a répondu : « C'était très bien, Billy. » Billy a pivoté sur ses talons et a enchaîné avec le plan suivant. Il avait remis Paula à sa place, et ça l'a refroidie. Prétextant une urgence, elle s'est aussitôt éclipsée. Il s'est écoulé un bon moment avant qu'elle ne réapparaisse. Alors, elle est allée s'asseoir à un endroit où Marilyn ne pouvait la chercher du regard. Il l'avait bien calmée. Comment lui en vouloir ? Billy avait coécrit le scénario, il était le réalisateur de ce film, et non pas un quelconque poseur. Il mettait sa carrière en jeu. À compter de ce jour, Marilyn a décidé qu'il valait mieux obéir à ses règles à lui. Et Paula n'a plus interféré.

Billy Wilder n'était pas du genre à se laisser marcher sur les pieds. C'était un esprit brillant, et il possédait l'ego qui allait avec. Contrairement à bien des artistes, c'était en outre un homme d'affaires avisé. Il n'était pas né de la dernière pluie. La première semaine du tournage, j'ai commis une erreur : j'ai débarqué sur le plateau pendant qu'il tournait des raccords de plans avec les filles. J'avais une question à lui poser au sujet des affiches et du générique. J'ai eu le tort d'insister, alors qu'il était occupé. Finalement, j'ai profité d'une pause pour lui demander quelle serait la taille de mon nom par rapport à ceux de Marilyn et Jack. Il m'a examiné de la tête aux pieds.

« Jeune homme, a-t-il rétorqué, vous avez une sacrée allure, ce matin. C'est votre pantalon qui est trop petit, ou quoi ? On dirait que vous avez trempé jusqu'à la taille dans de l'encre de Chine. » Tout en feignant de prendre sa blague avec humour, j'ai insisté avec cette histoire de noms. Ça ne lui a pas plu. Il a pris une longue bouffée d'air, puis il m'a regardé. « Le problème avec vous, Tony, c'est que vous êtes obsédé. C'est cela, obsédé. Par les pantalons trop petits, et les noms en grosses, grosses lettres… »

Je me suis efforcé de rire. Par la suite, j'ai laissé Lew Wasserman s'occuper de tout ça.

13

LE DEUXIÈME jour de tournage aux studios MGM, j'ai joué mes scènes avec Sweet Sue, qui était interprétée par Joan Shawlee. Depuis des années, elle était abonnée aux seconds rôles, mais elle jouissait en ville d'une certaine notoriété. À l'époque où le terme de « stand-up » n'existait pas encore, Joan possédait son propre club sur Ventura Boulevard, le Joani Presents, spécialisé dans les spectacles de divertissement « pour adultes » – dans lesquels des comédiennes talentueuses habillées en smoking, avec les cheveux en pétard, monologuaient sur le fait que les femmes n'avaient aucun besoin des hommes. Vous voyez le tableau. Le concept de « gay » n'existait pas non plus, à l'époque, en dehors, et c'est triste à dire, de quelques expressions péjoratives. Joan était une femme bourrée de talent, dotée d'un sens de l'humour redoutable. En apprenant qu'elle devait jouer les scènes où son personnage s'adressait à Jack ou moi, en travestis, elle a déclaré : « Tant que je n'ai pas de scène avec des enfants ou des animaux, ça va. » Mais non, ça n'allait pas. Marilyn a interpellé Wilder. Elle avait croisé Joan, et il y avait un problème. « Mes cheveux avaient la même couleur que ceux de Marilyn », se souviendrait plus tard Joan.

« Je ne veux pas d'autre blonde, se plaignait Marilyn. Je suis l'unique blonde de ce film. » Billy fut contraint de céder – Marilyn s'y connaissait en photogénie. « Entre la caméra et elle, c'était une vraie histoire d'amour, a déclaré un jour Billy. Elle crevait l'écran, et elle le savait. »

Dans sa première scène avec Marilyn, Joan portait un chapeau, si bien qu'il n'y a pas eu besoin de faire une nouvelle prise. Mais aussitôt après, Joan s'est rendue en salle de maquillage pour régler cette question de couleur de cheveux. « Ils les ont complètement transformés, expliquerait-elle par la suite. Après neuf décolorations et quatre teintures différentes, j'avais perdu presque tous mes cheveux. Ils faisaient quasiment vingt centimètres de long quand je suis arrivée, et à peine quatre en ressortant. Il s'en est fallu de peu pour que je devienne la Yul Brynner au féminin ! » Résultat, dans la plupart des scènes où elle apparaît, Joan porte une perruque...

Ce jour-là, dans l'après-midi, Marilyn s'est rendue aux studios Goldwyn pour visionner les rushes du premier jour de tournage. Elle s'est assise à côté de Billy. Lorsque les lumières se sont rallumées, elle a réfléchi pendant quelques minutes, avant de s'adresser au réalisateur : « Billy, il faut que vous rajoutiez quelque chose. La scène ne fonctionne pas : je marche, c'est tout. Ce n'est pas une vraie entrée en scène. » Ce qu'elle entendait par là, évidemment, c'est qu'une *star* comme elle méritait une entrée plus spectaculaire. Billy lui a promis une nouvelle prise. Marilyn a regagné sa loge, et je l'ai entendue hurler sur quelqu'un. « Je ne retournerai pas sur ce putain de plateau s'il ne refilme pas mon entrée ! Quand Marilyn apparaît, les gens ne doivent pas regarder Tony Curtis en train de jouer les Joan Crawford ! C'est moi qu'ils doivent regarder ! Moi, Marilyn Monroe ! »

Les remarques de Marilyn sont remontées jusqu'aux oreilles de Billy. Ce soir-là, Izzy Diamond et lui se sont donné rendez-vous à leur bureau, pour revoir l'entrée en scène de Marilyn. Izzy a évoqué l'image désormais célèbre de *Sept ans de réflexion*, où un souffle d'air chaud jailli d'une bouche d'aération du métro soulève la jupe de Marilyn. Cette réunion marquait le début d'une nouvelle phase d'écriture. Même s'ils passaient toutes leurs journées sur le plateau, de sept heures trente du matin à sept heures trente du soir, Billy et Izzy se sont mis à retravailler chaque soir le scénario. Il y avait une bonne raison à cela : l'aspect résolument novateur de ce que nous étions en train de faire. C'était un territoire vierge que ce film mettant en scène, d'un bout à l'autre, deux travestis. Le scénario devait donc rester souple, et adaptable. Le projet évoluerait au fil du tournage : Billy et Izzy avaient donc bien besoin de ces sessions en soirée pour ajuster scènes et dialogues. Sans compter, d'ailleurs, que le scénario demeurait inachevé. Et que Marilyn avait besoin d'une entrée digne d'elle. « Cette nuit-là, reconnaîtrait plus tard Billy, je n'ai pas pu dormir. »

Le mercredi matin, retour aux studios MGM. Billy a fait marcher Marilyn le long du quai. Au moment où elle passait entre deux wagons, un jet de vapeur la faisait sursauter en lui frôlant les fesses. Le coup de la vapeur était une belle trouvaille, même si, en toute logique, elle aurait dû venir de la locomotive. Dans une comédie, on prend toujours ce genre de liberté, en espérant que personne ne s'en rendra compte. En tout cas, ce jet de vapeur soulignait l'entrée de la star…

Le jeudi 7 août, Marilyn ne s'est pas présentée aux studios MGM. Elle se trouvait dans sa loge, chez Goldwyn, où elle prenait des cours d'ukulélé, quand elle a reçu un appel de New York : son agent voulait qu'elle appelle Arthur Miller pour lui annoncer que la Cour d'appel des États-Unis avait rejeté par neuf voix contre une sa condamnation pour outrage au Congrès. Il ne serait donc pas condamné à trente jours de prison avec sursis, et n'aurait pas à payer l'amende de 500 dollars. La Cour avait en effet décidé que lors de l'audience en question, les membres de la Commission avaient omis de prévenir Miller qu'en refusant de répondre à leur question, il s'exposerait à de telles poursuites. Plus exactement, ils avaient décrété une suspension d'audience au moment où Miller déclarait qu'il répondrait à cette question – mais plus tard. On ne l'avait jamais reconvoqué, mais on l'avait inculpé. J'ai entendu dire que la Commission lui avait ainsi fait payer la pièce qu'il avait écrite, *Les Sorcières de Salem*, allégorie à peine voilée de la chasse aux sorcières menée par le Congrès. Qui sait ? Quoi qu'il en soit, après avoir passé une demi-heure au téléphone avec Miller, Marilyn était tellement soulagée qu'elle a célébré la nouvelle par un petit déjeuner au champagne, toute seule, dans sa loge.

Le vendredi, Marilyn a invité la presse au studio, pour commenter l'acquittement de Miller. Des dizaines de photographes se sont entassés dans sa loge, tandis qu'elle déclarait : « À aucun moment, ni moi ni mon mari n'avons douté de l'issue de ce procès. » Tout en développant son point de vue, elle changeait de pose pour satisfaire les photographes. « Moi, en particulier, je n'ai jamais douté parce que j'étudie Thomas Jefferson depuis des années et que, selon Thomas Jefferson, le verdict devait être celui-là. » Ses explications ont été interrompues par des journalistes impatients, qui voulaient savoir quand Miller allait la rejoindre. « Il m'a dit qu'il viendrait sans doute avant la fin du tournage, a-t-elle répondu. Je ne sais jamais quand l'attendre, c'est toujours une surprise. Peut-être même viendra-t-il cette semaine... Je ne sais pas. » Puis elle a pris congé des reporters et, empoignant son ukulélé, a repris sa leçon.

Ceux qui connaissaient les grandes lignes du scénario me demandaient ce que Janet pensait en me voyant jouer avec un sex-symbol tel que Marilyn. Janet n'était pas inquiète. Elle était enceinte de notre deuxième enfant, Marilyn s'entourait d'une cohorte de femmes grassouillettes et son mari allait bientôt débarquer. Comment aurait-il pu se passer quoi que ce soit entre elle et moi ? Certes, tout le monde savait que j'avais souvent eu des aventures avec les actrices qui jouaient les premiers rôles de mes films. Pas toutes, bien sûr, mais presque ! C'était même devenu un sujet de plaisanterie : « Ça figure dans ton contrat, Tony, ou quoi ? » Très drôle. Pourtant, quand je partais pour l'Italie tourner avec Gina Lollobrigida, Janet ne me demandait pas ce que je comptais faire de mes soirées : elle voulait savoir si le pourcentage que je touchais était calculé sur les recettes brutes ou nettes... Elle ne perdait jamais le nord, Janet. Si elle avait joué le rôle de Sugar dans *Certains l'aiment chaud*, l'expérience aurait été totalement différente.

14

LA DEUXIÈME semaine du tournage de *Certains l'aiment chaud* se déroulait aux studios Goldwyn. J'avais adopté une routine : lever sept heures, sous la douche, dans la Rolls, remontée du canyon vers Beverly Hills, à gauche sur Santa Monica, à droite sur Formosa, parking. Puis je traversais la rue pour me rendre au Formosa Café, où je prenais le petit déjeuner avec Jack Lemmon. Les œufs y étaient savoureux, et ce repas était l'occasion de discuter du film. « Tu sais, me confiait Jack, j'ai repensé à cette scène. J'ai une idée... » Commençait alors un passionnant jeu de ping-pong. L'endroit était tranquille, comparé au studio. Il y avait deux ou trois scénaristes à la table d'à côté. Et parfois, quelques journalistes au comptoir. Sachant qu'ils nous écoutaient en douce, dans l'espoir d'apprendre quelque chose sur Marilyn, nous ne disions jamais rien de compromettant. Après le petit déjeuner, nous retraversions la rue, direction la salle de maquillage. Et à neuf heures trente, nous étions en costume, parés à tourner.

Cette semaine-là, nous n'avions que des scènes habillés en travestis. En enfilant mon costume pour les bouts d'essai, j'avais découvert une chose : ces habits moulants ne cachaient pas grand-chose. Puisque vous voulez tout savoir, j'avais une bosse entre les jambes, qu'il fallait bien dissimuler. Les costumiers m'ont donc fourni une coquille en acier. Et ça a marché.

Je ressemblais à l'une de ces poupées à l'anatomie incomplète. Pas de bosse, pas de renflement, rien. Il y avait tout de même un problème: je devais porter ce truc sous ma robe à longueur de journée. Quand j'allais aux toilettes, enlever ce machin prenait un temps fou. Je ne me voyais pas faire ça plusieurs fois par jour. Alors j'ai réfléchi: quelle solution mécanique pouvait-on apporter à ce problème ?

J'ai mis ma casquette d'ingénieur, et j'ai bricolé quelque chose avec un entonnoir et un tuyau, lequel remontait le long de ma cuisse, caché sous le bas de soie. Je déroulais le tuyau le temps de faire mon petit besoin, puis je le remettais en place. Je n'avais même pas besoin de m'asseoir. Ce n'était pas très confortable, mais ça fonctionnait. J'aurais dû breveter l'invention. Personne ne s'en est rendu compte. « Ce Tony, alors ! s'exclamaient les gens autour de moi. Comment fait-il ? Il est déguisé toute la journée, emballé comme une vraie momie, et il ne se plaint jamais. Il ne va jamais aux toilettes. Quel self-control ! Tony, il assure... »

Un jour, Jack m'a surpris dans les toilettes pour hommes, en train d'ajuster mon appareil.

« Putain, mais qu'est-ce que tu fais ? s'est-il exclamé.

– T'inquiète, ai-je répondu. J'invente un truc. »

Je ne lui ai rien dit, de peur qu'il ne me juge. À sa manière, Jack était très conservateur.

Nous avons tourné notre première scène aux studios Goldwyn le lundi 11 août. Le décor était installé sur le plateau 3 : les toilettes pour dames, dans le train. Marilyn était à l'heure, et connaissait son texte. Billy a d'abord tourné la scène dans son ensemble, en plan séquence, puis il nous a filmés en gros plans, Jack et moi, avant de nous libérer pour faire différentes prises de vues avec Marilyn seule. Comme Wilder ne filmait aucun plan par-dessus l'épaule de Marilyn, en caméra subjective, je n'ai pas eu l'occasion de l'approcher ce jour-là. Les autres non plus, d'ailleurs: alors que Marilyn en terminait avec la scène, une limousine est venue se garer devant le studio. Miller en est descendu, en tenue décontractée, sans veste ni cravate : un simple polo noir, ce qui, pour l'époque, était assez inhabituel. Il est entré dans le studio sans parler à personne. Il se tenait debout près de la porte, attendant que Marilyn termine. Alors, au lieu de se joindre à nous pour aller déjeuner, il l'a emmenée illico et ils ont disparu dans leur limousine.

Une heure plus tard, nous étions de nouveau à pied d'œuvre. Une grande effervescence régnait sur le plateau, tout le monde papotait. L'ambiance était chaleureuse. Les larges portes du Studio 3 étaient ouvertes, il faisait chaud ce jour-là, dans mon souvenir. Soudain, la limousine est arrivée. Un chauffeur a bondi dehors, et il a ouvert la portière de Marilyn. Miller est resté à l'intérieur. Et quand Marilyn est entrée, l'atmosphère a changé. Toutes les personnes présentes se sont mises à trembler. Elle avait une telle réputation... Déjà, à cette époque, on ne savait jamais ce qu'elle ferait l'instant d'après. Nous avions même du mal à croire qu'elle jouait vraiment dans le film.

Peu après, Miller nous a rejoints, et j'ai pu l'observer. Drôle de type. Il ressemblait à Abraham Lincoln. Comme tous les maris de Marilyn, d'ailleurs. J'imagine que, dans son esprit, ces hommes connaissaient un tas de choses qu'elle ignorait. Mais Miller est resté silencieux ce jour-là. Presque lugubre. Le plateau tout entier était silencieux.

Le lendemain, ce fut une autre histoire. La moitié de la planète avait appris que Marilyn se trouvait aux studios Goldwyn. Mon Dieu... C'était comme la ruée vers les terres de l'Oklahoma, au XIXe siècle : premiers arrivés, premiers servis ! J'ai eu du mal à trouver une place pour me garer. Le Formosa Café était plein, dès huit heures du matin. Le Studio 3 et ses environs, pris d'assaut toute la journée. Nous tournions dans un décor plus grand – le compartiment, à bord du train – si bien que les badauds ont eu tout loisir d'admirer Marilyn en train de chanter « Runnin' Wild » en play-back. Je crois qu'ils la rendaient nerveuse, car elle avait du mal à synchroniser les mouvements de ses lèvres avec la version qu'elle avait enregistrée quelques semaines plus tôt. Mais elle n'a pas demandé qu'on évacue les curieux. Il m'est arrivé de la voir faire ça, les fois où elle n'en pouvait vraiment plus. Mais pas ce jour-là. Comme je l'ai déjà dit, avec Marilyn, on ne savait jamais à quoi s'attendre.

J'ai aperçu Maureen Stapleton aux abords du plateau. Elle était en train de tourner un film intitulé *Cœurs brisés*, dans un studio voisin. « Je passerais mes journées à regarder Marilyn, a-t-elle soupiré. Elle est merveilleuse... » Montgomery Clift figurait également à l'affiche de ce film, et lui aussi est passé nous voir. Il a murmuré à l'oreille de son voisin : « Je veux juste jeter un œil. » Il est resté une heure. Un journaliste du nom de Joe Hyams discutait avec Marilyn entre deux prises. Comme la plupart de ses confrères, il avait cette idée selon laquelle Marilyn faisait son grand come-back. Mais enfin, qu'est-ce qu'ils croyaient tous ? Marilyn n'était tout de même pas Gloria Swanson, l'ex-star du muet, retirée du monde, de *Boulevard du crépuscule*... À entendre ces gens, on avait l'impression que Marilyn datait d'un autre siècle ! Bon Dieu, elle avait à peine trente-deux ans, et n'était devenue une star que quatre années auparavant ! Je suis sûr que son dernier film passait encore dans certains cinémas. Et pourtant, j'ai entendu ce type l'interroger sur ce qui la distinguait des « nouvelles stars d'aujourd'hui ». Pour un peu, il lui aurait demandé ses souvenirs de tournage à l'époque du cinéma muet... « Je crois que nous sommes faits d'un tas de choses, a répondu Marilyn. Dès qu'on commence à mettre des étiquettes, on ne va nulle part. » À question idiote, réponse idiote.

La première semaine de tournage s'est déroulée dans un décor de gare, de l'autre côté de la ville, aux studios Metro-Goldwyn-Mayer. Cette scène nous met aux prises, Jack et moi, avec un acteur anonyme et Dave Barry, qui joue le personnage de Beinstock, manager de l'orchestre féminin.

Nos scènes à bord du train ont été tournées dans un décor escamotable, aux studios Goldwyn.

Jack, moi et quelques filles de l'orchestre.

On m'a souvent demandé si je m'étais senti en concurrence avec Jack Lemmon devant la caméra…

Une photo rare de Billy Wilder : il est assis ! Billy était toujours en mouvement : marchant, fulminant, gesticulant, fumant. Jamais au repos.

C'était un bonheur de jouer avec Jack. J'adorais son travail. Il s'autorisait toutes les audaces, sans crainte du ridicule.

Avec Billy Wilder, comme souvent avec les réalisateurs, je cherchais une figure paternelle...

La scène que Marilyn a eu tant de mal à enchaîner, et où elle chante « Runnin'Wild » en play-back, sur une version enregistrée quelques semaines plus tôt...

Jack et moi tournions de nombreuses scènes en talons hauts, et devions patienter debout pendant que Marilyn plantait ses répliques. « Tony et moi avons souffert le martyre », avoua Jack Lemmon.

Entre les prises, nous enfilions des chaussons…

Marilyn, elle, s'enfermait dans sa loge ou consultait son mari, le dramaturge Arthur Miller.

Puis Hyams s'est dirigé vers le fauteuil de toile dans lequel était assise Paula Strasberg, et il s'est accroupi près d'elle. Ah ça, elle jubilait, Paula, elle a écarquillé les yeux en apercevant le journaliste. Il l'a interrogée sur le genre d'aide qu'elle apportait à Marilyn, mais Paula, ayant remarqué que Billy l'écoutait d'une oreille, se contentait d'enfiler les banalités. « Marilyn est une femme extraordinaire », déclarait-elle, et le reporter s'empressait de noter en opinant du chef. « Je sais que des gens exceptionnels, il y en a beaucoup, récitait Paula. Mais Marilyn a quelque chose en plus : c'est une star. Et l'une des actrices les plus douées de la planète. » Le type continuait de noter. « Comme le dit ma sœur Susan : "Dieu a posé son doigt sur Marilyn." » Dieu ou pas, il a fallu presque deux jours pour tourner cette courte scène. Marilyn commençait à avoir des problèmes.

À la fin de sa chanson, elle était censée laisser tomber, par inadvertance, sa fiole d'alcool. Dans le scénario, l'incident provoquait la colère de Sue et la poussait à menacer Sugar de la renvoyer, jusqu'à ce que Daphné intervienne, en prétendant que la fiole lui appartenait. Billy avait prévu de filmer Marilyn en plan serré, de telle manière que la flasque heurte le sol tout en bas du cadre. Il pourrait couper aussitôt après car, au montage, on enchaînait sur un plan en contrechamp de Sue. Bref, ce que Marilyn devait faire pour clore ce plan n'avait rien de sorcier, mais cela exigeait un timing parfait.

Marilyn devait terminer sa chanson avec les bras levés. Laisser tomber la fiole de sous son aisselle, pour qu'elle s'écrase à ses pieds. Puis elle devait baisser les yeux sur le récipient. Et enfin, jeter un regard coupable à ses collègues. Pour une pro telle que Marilyn, tout cela aurait dû être un jeu d'enfant. Elle maîtrisait parfaitement l'aspect physique du jeu : mouvement, équilibre, sens du rythme n'avaient plus de secrets pour elle. Malheureusement, elle manquait de coordination.

Dans *La Joyeuse Parade*, déjà, elle avait eu toutes les peines du monde à descendre l'escalier en rythme avec les autres stars du film. Ce n'était pas qu'elle n'essayait pas ou qu'elle s'en fichait, non : elle n'arrivait pas à faire coopérer ses membres.

Au lieu d'expédier en douceur cette histoire de fiole – un, deux, trois, quatre –, Marilyn n'arrêtait pas de planter la séquence. Dans une prise, elle oubliait de lever les bras à la fin de la chanson. Dans celle d'après, elle jetait un regard alentour avant de baisser les yeux vers la fiole, ce qui ne voulait plus rien dire. Dans une autre, elle baissait les yeux avant d'avoir laissé tomber la flasque, ce qui ruinait la chute. Prise suivante : elle perdait l'équilibre au moment de terminer sa chanson, et s'interrompait avant même la chute de la fiole et sa propre réaction. Elle semblait incapable de maîtriser en même temps les quatre éléments de ce plan. Sans compter qu'elle chantait, la plupart du temps, à côté du play-back... C'était quelque peu déroutant.

Sans jamais perdre son sang-froid, Billy travaillait avec elle, s'efforçant de la rassurer. Marilyn réessayait, encore et encore.

« Vous n'êtes pas assez surprise, Marilyn », commentait-il.

Marilyn rejouait la scène en marquant davantage sa surprise, mais elle oubliait de jeter un regard aux autres.

« Coupez. Ce n'est pas encore ça, ma chère. »

Marilyn cherchait désespérément Paula du regard, sans la trouver.

« Ne forcez pas la chose, conseillait Billy. Il s'agit d'une réaction très simple. »

Laissant échapper une sorte de grommellement, Marilyn est sortie du feu des projecteurs pour se diriger vers le bord du plateau, où se trouvait Paula, en compagnie d'Arthur Miller. Marilyn s'est penchée à l'oreille de Paula. Billy, de son côté, s'est entretenu avec la scripte, puis avec Charles Lang. Marilyn ne revenait toujours pas, elle poursuivait sa discussion avec Paula. Cinq minutes se sont éternisées pour en faire dix, puis quinze. Miller semblait mal à l'aise, et il y avait de quoi. Cette situation était embarrassante. Miller en personne le reconnaissait : « C'était une épreuve terrible pour Wilder. Comme tout réalisateur, il est l'autorité ultime sur un plateau. Il est la loi. Le faire attendre debout, pendant une demi-heure, c'est une véritable humiliation. »

Enfin, Marilyn a repris sa place. La prise suivante a débuté et – évidemment –, elle est passée complètement à côté. Une autre – rebelote. Jack et moi n'étions pas encore totalement habitués aux talons hauts. Or, dans cette scène, nous nous tenions debout – y compris, donc, entre deux prises... Pas question de retourner nous asseoir dans nos fauteuils de cinéma : nous devions être prêts dès que Marilyn le serait. Nous étions coincés. Au bout d'un moment, j'ai commencé à avoir des crampes aux mollets. Je me suis appuyé contre un banc. Pour Jack, c'était la même chose : « Tony et moi avons souffert le martyre avec ces chaussures à talons », avouait-il. Et nous avons dû écouter et réécouter cette maudite chanson. Pendant des semaines, j'ai entendu « Runnin' Wild » jusque dans mon sommeil ! Que voulez-vous, ce sont les aléas du métier...

À vrai dire, Marilyn n'est jamais parvenue à enchaîner les quatre éléments d'affilée dans une même prise. Constatant que tout le monde, sur le plateau, était sur le point de craquer, Billy a pensé qu'il pourrait toujours rattraper le coup au montage, ou tourner cette scène plus tard, même s'il s'agissait en principe de notre dernier jour de tournage dans ce décor-là. Bref, il a annoncé qu'il n'y aurait pas d'autre prise pour cette séquence-là. Alors, Marilyn a réagi : « Billy, pourrions-nous réessayer une dernière fois ? »

Personne n'a osé broncher, et pourtant, croyez-moi, ce n'est pas l'envie qui nous manquait... Nous avons donc recommencé ce plan pour la énième fois. Et Marilyn s'est encore plantée. Cependant, Billy en a profité pour assurer ses arrières, en prévision du montage : il a filmé la flasque en gros plan au moment où elle heurtait le sol. Puis il nous a libérés.

15

LES TROISIÈME et quatrième semaines de tournage se dérouleraient sans Marilyn. Jack et moi devions tourner les scènes d'ouverture du film : celle du tripot clandestin, celle dans les bureaux de l'agence artistique, et les séquences avec Pat O'Brien et George Raft. Travailler avec des hommes tels qu'O'Brien et Raft fut pour moi une expérience inoubliable. Ces types étaient de vrais seigneurs, ils incarnaient à eux seuls tout un pan de l'histoire du cinéma. Mais ils avaient les pieds sur terre. Des types bien, vraiment.

Peu à peu, j'apprenais à connaître Jack. Le jeu d'acteur est affaire de mouvement – un mouvement perpétuel. Le tempo de Jack était plus élevé que celui des autres acteurs. C'était une vraie pile électrique, comme s'il avait eu peur qu'on le rattrape. Il parlait à toute vitesse puis, d'un seul coup, changeait de rythme. Ou s'arrêtait. C'était un moyen formidable de souligner tel ou tel élément d'une scène. Ce trait distinctif, si inhabituel, est devenu sa marque de fabrique, il lui a valu de grands rôles et une immense popularité. Il n'y a qu'à regarder les femmes avec lesquelles il a joué : Judy Holliday, Betty Grable, Rita Hayworth… Autant d'actrices capables, justement, d'enclencher cette vitesse supplémentaire qui les rendait si captivantes, si puissantes à l'écran. Quand on travaillait avec elles, il fallait être prêt à bouger à leur rythme. Exactement comme Jack Lemmon dans *Certains l'aiment chaud* – un projet doté d'une telle énergie qu'elle générait chez les acteurs un tempo totalement nouveau. Jack avait coutume de prononcer toujours la même phrase au moment de jouer une scène. Il s'exclamait : « Voici venu le temps de la magie ! » C'était son mantra, j'imagine. Billy ne prenait pas ces mots à la légère. Il était impressionné par le fait que Jack puisse ainsi capturer, en si peu de mots, l'essence même de cette industrie de l'illusion qu'est le cinéma.

Jack ne s'est pas tout de suite entendu avec Billy. Au bout de deux semaines, Felicia Farr lui a demandé comment se déroulait le tournage, et ce qu'il pensait de Billy. Dans un haussement d'épaules, Jack a grommelé : « Ça va... » À l'inverse, à l'occasion d'une de leurs sessions d'écriture en nocturne, Billy avait confié à Izzy combien il était impressionné par l'inventivité de Jack. Billy voulait travailler de nouveau avec Jack, entendez par là qu'il voulait créer un projet spécialement pour lui. Et c'est ainsi qu'est né *La Garçonnière*. Billy adorait le jeu de Jack. Je me souviens de cette réception où Billy a déclaré que Jack avait certes un physique ordinaire, mais que c'était là, précisément, sa principale qualité : être capable d'incarner l'ordinaire d'une manière extraordinaire. Un jour, il a affirmé que Jack était un artiste qui savait peindre Monsieur Tout-le-monde... Venant d'un collectionneur de tableaux tel que Billy, c'était un sacré compliment.

Jack m'a aidé à progresser dans mon métier. De même, évidemment, que Billy Wilder. J'apprenais vite. Je n'aimais pas faire mes devoirs au dernier moment mais, à cause de ma vie nocturne chaotique, j'étais parfois obligé. Dans ces cas-là, je débarquais sur le plateau en répétant mes répliques jusqu'à ce que ma séquence débute. Chaque fois que je jouais ma scène sans me tromper, j'éprouvais un grand soulagement. Certains acteurs oubliaient leurs répliques, mais moi, jamais. Pourtant,

Billy n'arrêtait pas de me bousculer. Il avait une attitude, un style particuliers. Je n'appellerais pas cela du harcèlement. De la provocation, plutôt. Il balançait des piques. Par exemple, quand Jack et moi répétions une scène avec lui, Jack laissait son scénario dans sa loge, tandis que moi, je m'agrippais au mien. Pourquoi, je n'en sais rien. Et Billy me taquinait. Au moins, il ne m'a jamais ignoré.

Billy ne jouait jamais une scène pour vous comme le font certains réalisateurs. Mais il ne vous laissait pas non plus vous débrouiller tout seul comme la plupart de ses collègues, dont le rôle se limitait souvent à celui d'un agent de police en charge de la circulation: « Rentre par cette porte. Dis ta réplique. Sors par cette porte. » Et c'était tout. Ils se souciaient peu de savoir comment vous alliez vous y prendre, du moment que tout était fait comme il faut, en temps et en heure. Billy, lui, était différent. Il vous donnait suffisamment d'instructions pour que vous compreniez l'importance et le rôle particuliers de chaque scène. Cette scène, c'étaient Izzy et lui qui l'avaient écrite: dès lors, avec son aide, comment pouvait-on passer à côté ? *Certains l'aiment chaud* a joué un rôle crucial dans mon apprentissage du métier d'acteur. Jouer les beaux gosses, fût-ce le plus beau gosse d'Hollywood, ne me suffisait pas. Apprendre mes répliques et faire acte de présence, non plus. Côtoyer des artistes tels que Jack, Billy et Marilyn m'a ouvert les yeux. Je voulais en apprendre davantage, puiser à la source de l'art. Je voulais savoir comment créer cette magie, celle des stars que j'avais vues au cinéma, tout gosse. Mais comment obtenir la formule magique ?

J'ai souvent entendu dire que George Raft n'avait jamais su réciter un dialogue de manière convaincante. Peut-être. Peut-être pas. Mais les gens voulaient le voir à l'écran, et c'est cela qui faisait de lui une star. Tout ce que je peux dire, c'est que Raft a fait preuve d'une grande gentillesse pendant tout le tournage. Billy et Izzy avaient glissé dans leur scénario un clin d'œil amusant : Edward G. Robinson Jr joue avec une pièce sous le nez de George Raft qui déclare : « Alors, tu m'imites ? » La blague, c'est que le premier grand rôle de George Raft avait été celui de *Scarface*, où il interprétait un gangster qui avait précisément la manie de jouer avec une pièce. Ce rôle l'avait rendu célèbre. Cependant, le clin d'œil avait une autre dimension.

Howard Hawks, le réalisateur de *Scarface*, avait eu l'idée de ce tic de la pièce de monnaie en observant le grand producteur de la MGM, Irving G. Thalberg, qui avait la manie de jouer ainsi, sans y penser, quand il réfléchissait à des projets de films. L'épouse de Hawks s'appelait Athole et sa sœur, Norma Shearer, s'était mariée avec Thalberg. Après la mort prématurée de ce dernier, Norma, pourtant jeune encore, était longtemps restée célibataire. Puis elle était tombée folle amoureuse de George Raft. Louis B. Mayer, le directeur des studios MGM, qui connaissait les relations de Raft avec le milieu de la pègre, avait forcé Norma à le quitter. Bien des années plus tard, Norma, alors retraitée, avait aperçu la photo d'une jolie jeune femme dans un chalet, au ski, et avait organisé pour elle un bout d'essai à la MGM. La jeune fille, c'était Janet Leigh. Je n'ai jamais rencontré Norma, mais à en croire Janet, c'était une femme d'une grande gentillesse. Toutes ces péripéties hollywoodiennes allaient, au bout du compte, me conduire sur un plateau de cinéma pour jouer dans un film que Billy lui-même décrivait comme un mélange de *Scarface* et de *La Tante de Charley*.

Un jour, George Raft n'arrivait pas à jouer une scène comme Billy le lui demandait. Un vieil acteur de genre du nom de George E. Stone gisait sur le sol, un cure-dents à la bouche. C'était la scène, inspirée du massacre de la Saint-Valentin, où George Raft le fait liquider par ses sbires. Billy voulait que Raft éjecte d'un coup de pied le cure-dents de la bouche de George E. Stone. Mais George E. était un homme fluet et, c'est triste à dire, il ne voyait plus guère, si bien que

Raft était réticent à l'idée de lui donner ce coup de pied. Il ne trouvait pas ça nécessaire, ni drôle. Un geste aussi vil contrariait sa nature. Mais Billy n'en démordait pas. « S'il vous plaît, George, s'il vous plaît ! Tapez dans le cure-dents ! » À tel point que George a fini par quitter le plateau. Alors, Billy a enfilé un pantalon semblable à celui de Raft, et s'est lui-même chargé de donner ce coup de pied à George E. Il a frappé trop près de la tête, et trop fort – il a fallu appeler une ambulance.

Les scènes à l'extérieur du tripot clandestin, et dans les rues de Chicago, nous les avons tournées dans les décors fixes de la MGM. Après avoir terminé, nous sommes rentrés aux studios Goldwyn pour répéter celles qui se déroulent dans le wagon-couchettes, avec Marilyn et les filles. J'étais assis dans un fauteuil, à admirer toutes ces blondes, quand Marilyn s'est approchée de moi, l'air coquin. Visiblement, elle m'avait surpris en train de regarder les filles. À l'époque, j'étais un sacré numéro, et elle avait entendu parler de mes exploits.

« Tu veux laquelle ? me demanda-t-elle.

– Marilyn, je t'en prie…

– Allez, insista-t-elle. Choisis-en une.

– Je ne veux pas en choisir une.

– Il n'y en a aucune qui te plaît ?

– Bon, ai-je reconnu, il y en a bien une ou deux qui sont très jolies. Écoute, Marilyn. Tu sais bien que tu es la seule femme que j'aime. »

Elle a ri, mais elle n'a pas arrêté de m'embêter avec ça pendant tout le tournage. C'est devenu une blague entre nous. Mais ça n'a débouché sur rien, même si les filles respectaient Marilyn. À vrai dire, elles la craignaient un peu. J'imagine qu'elles tenaient à garder leur boulot. Marilyn était douce avec elles. Elle n'avait jamais eu beaucoup d'amies – May ou Paula n'étaient pas, à proprement parler, des *amies.* Mais Marilyn faisait des efforts pour mettre à l'aise ses partenaires.

Je les apercevais souvent, rassemblées au bord du plateau, en train de papoter, entre deux éclats de rire.

Certaines filles amenaient leur petit copain sur le tournage. En les observant, j'ai remarqué qu'elles étaient inquiètes et surveillaient Marilyn du coin de l'œil. « Regarde, elle s'est approchée. » Ou éloignée. Elles pensaient sans doute que Marilyn risquait d'éloigner leurs amoureux, par la seule force de son magnétisme animal. À tel point que le moindre de ses gestes était aussitôt décortiqué, analysé. N'en déplaise aux journalistes et aux instituts de sondage, Marilyn était bien la plus grande star de son temps.

16

LE LUNDI 1er septembre, c'était la fête du Travail : jour de relâche sur le plateau. Le mardi et le mercredi, nous avons tourné les scènes du wagon-couchettes. J'occupais la couchette du bas. La petite fête avec Jack, Marilyn et les filles se déroulait sur celle du haut. Le décor était conçu de telle manière que tel ou tel élément pouvait se détacher au besoin, et il était un peu plus large qu'un vrai wagon, afin de pouvoir y installer les lumières et tout le reste. Billy a d'abord filmé les plans où je figurais, mais je suis resté sur le plateau pour regarder jouer les autres. Je n'étais d'ailleurs pas le seul : un tas de gens étaient venus des plateaux voisins pour observer Marilyn. Arthur Miller était rentré à New York, mais Paula Strasberg restait fidèle au poste. Il y avait aussi des journalistes. L'un d'eux a demandé à Paula ce qu'elle pensait du film.

« Tout y est de bon goût, a-t-elle déclaré. C'est de la pureté naïve. »

Je crois qu'elle ignorait qu'il existait un bureau au deuxième étage de l'immeuble Rexall Drug, au croisement de La Ciénega et de Beverly, où des gens travaillaient cinq jours par semaine pour s'assurer que les films étaient de « bon goût » : la Production Code Administration. Si ces types n'avaient pas approuvé le scénario, nous n'aurions pas pu tourner. Mais Paula était une dilettante. Elle ne connaissait rien à rien.

Le même journaliste s'est approché de moi, et m'a interrogé à son sujet. « J'ignore pourquoi Marilyn et elle font toutes ces messes basses, ai-je répondu. J'imagine qu'elle aide Marilyn à apprendre ses répliques, ou quelque chose comme ça. Je n'ai jamais vu aucun acteur amener son professeur sur les plateaux. »

Marilyn assurait, cette semaine-là. Elle arrivait à l'heure et connaissait ses textes. Quand je la regardais, elle me souriait. Et lorsque je rentrais dans ma loge et qu'elle se trouvait dans la sienne, je frappais à la porte. « Salut Marilyn, c'est moi. » Elle me répondait, et je demandais :

« Je peux entrer un instant ? J'aimerais juste m'asseoir tranquillement avec toi avant qu'ils nous appellent.

– Bien sûr, répondait-elle. Je t'en prie, assieds-toi. Pose tes pieds sur le coussin. »

Je me détendais pendant dix ou quinze minutes, tandis qu'elle étudiait son script. Parfois – mais c'était rare –, nous répétions nos dialogues ensemble. En général, elle le faisait avec Paula. Je me contentais le plus souvent de rester assis sans rien dire, et c'était tout. Puis Billy sonnait le rappel et nous regagnions le plateau. J'aimais beaucoup ces moments de calme avec Marilyn. Ils me faisaient du bien. Visiblement, Marilyn les appréciait tout autant que moi.

Lorsque Marilyn et moi avons tourné la scène des toilettes pour dames, j'ai senti qu'elle cherchait mon soutien. Dès qu'elle était en difficulté, elle comptait sur moi pour la protéger. Ses problèmes devenaient les miens. Quand l'agitation s'emparait du plateau, elle se tournait vers moi et je donnais de la voix : « Hé, les gars, vous pourriez baisser le ton ? On essaie de travailler nos dialogues, ici. » Parfois, elle me regardait droit dans les yeux au beau milieu d'une scène :

« Mon maquillage, ça va ?

– Pour moi, il est parfait. »

Ces échanges, bien sûr, ne figuraient pas dans le scénario. Puis elle reprenait ses répliques. Parfois, en arrivant sur le plateau, je la trouvais assise dans le fauteuil de cinéma avec son nom écrit au dos. Nos regards se croisaient aussitôt, et ne se lâchaient plus. Il y avait une telle émotion qui passait entre nous, dans ces moments-là, que j'avais l'impression de vivre une histoire d'amour avec Marilyn, avant même de m'asseoir près d'elle.

Le mercredi, Billy a débuté la journée par un plan large de Jack et Marilyn sur la couchette du haut. C'était une scène assez longue. Marilyn et Jack connaissaient parfaitement leur texte.

« Coupez ! » s'est exclamé Billy.

Il s'est tourné vers Charles Lang.

« La caméra, c'est bon ?

– Ouais.

– Le son, c'est bon ? a-t-il demandé en s'adressant à l'ingénieur du son.

– Ouais.

– Parfait, a déclaré Billy. C'est bon, on la garde. Scène suivante.

– Mon Dieu, a soupiré Marilyn, incrédule.

– Vous êtes sérieux ? s'est étonné Jack. Tout était bon ?

– Oui, a rétorqué Billy.

– Pas d'autres prises ? Pas d'autres plans ?

– Non. Vous étiez formidables, tous les deux. C'était impeccable. »

Marilyn s'est éclipsée pendant que Billy tournait un plan avec Jack. « Billy m'a filmé en gros plan, penché au bord de la couchette du haut, se souviendrait Jack. Je matais les filles entre mes doigts ouverts, les mains sur le visage. Jusque-là, Billy avait laissé planer volontairement une certaine ambiguïté. Ce gros plan était là pour rappeler au public qu'en dépit de son accoutrement féminin, mon personnage était décidément un homme. »

Grace Lee Whitney jouait l'une des musiciennes de l'orchestre. Elle est devenue célèbre, ensuite, pour son rôle dans la série *Star Trek*.

Une photo de moi avec les filles qui interprétaient les membres de l'orchestre. J'en ai gardé d'excellents souvenirs.

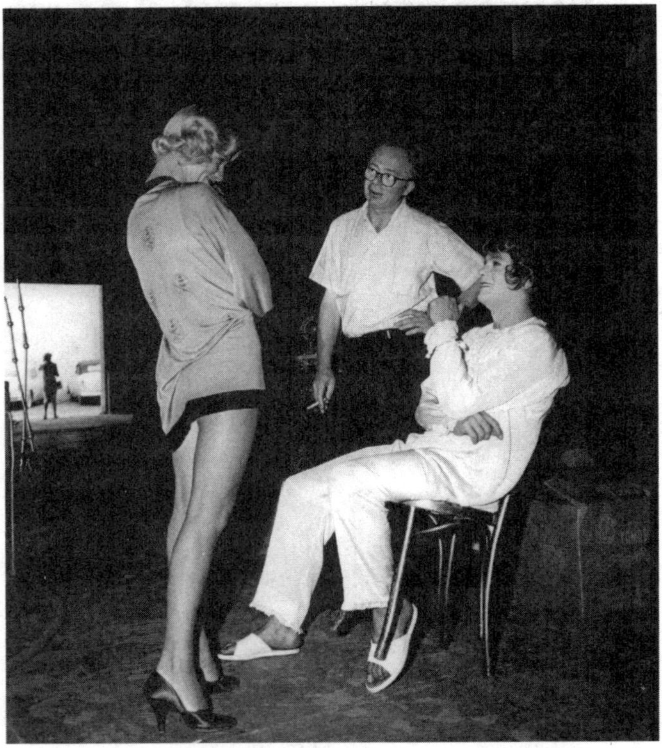

Billy et moi en train de parler avec Grace, de base-ball probablement : les Dodgers jouaient leur première saison à Los Angeles...

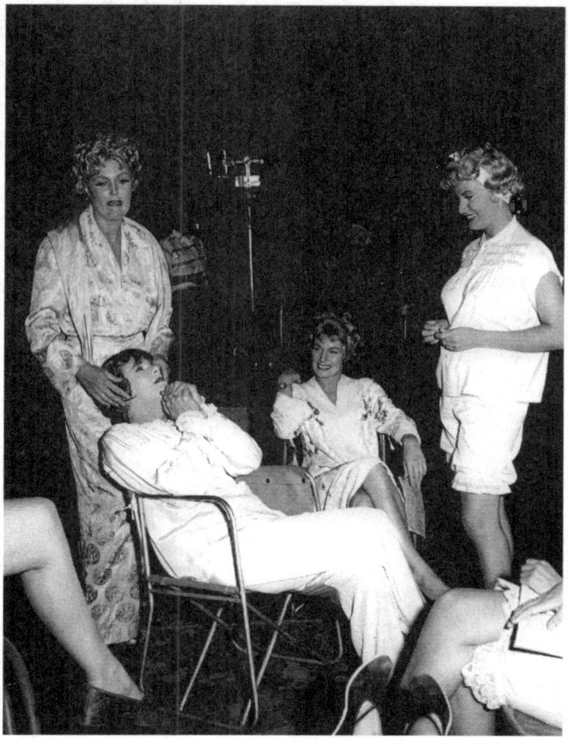

Sur cette photo, je me fais masser le cou par Joan Shawlee, qui joue la chef d'orchestre. Joan possédait son propre café-théâtre dans la San Fernando Valley.

C'est ce qu'on appelle une « photo-gag » ! Le photographe officiel – ici, Floyd McCarty – devait en prendre un certain nombre au cours du tournage. Les journaux en raffolaient.

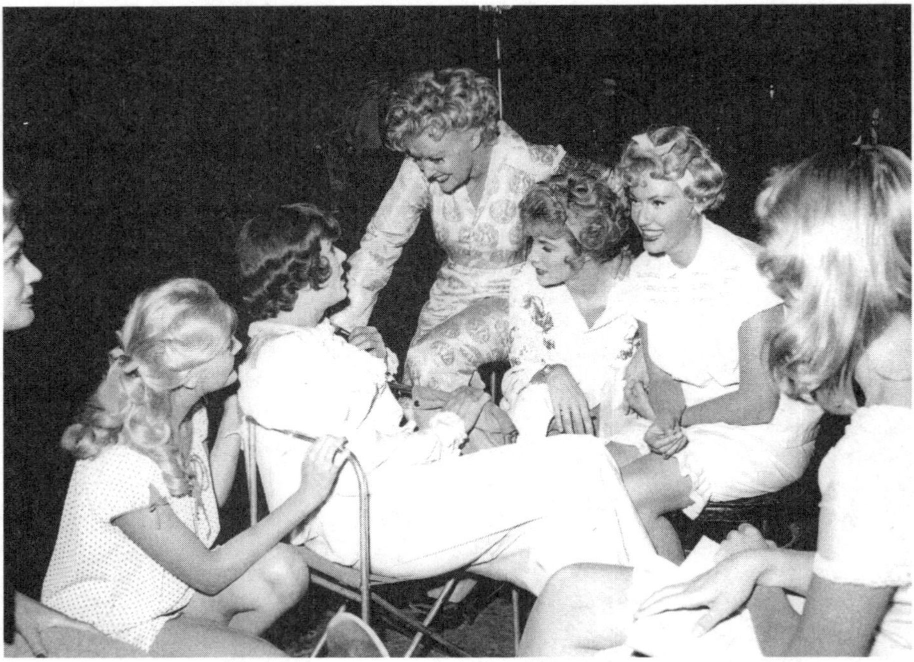

J'aimerais vraiment me rappeler de ce que me disait Joan quand Floyd a pris cette photo. Je suis sûr que c'était très drôle – et salace !

Jack en train de tourner un gros plan crucial, celui qui rappelle au public qu'il est bel et bien un homme !

Encore une photo-gag de moi en tenue de ville et Jack en travesti. Plus étrange : Walter Mirisch, notre producteur, y figure également…

Dans la vraie vie, Jack et moi n'avions nul besoin qu'on nous rappelle que nous étions des hommes. Pas en si belle compagnie…

La réalisation d'un film implique de longs moments d'attente. On s'en accommode au mieux. Ici, partie de cartes avec George Raft et Billy Wilder.

La scène du tripot clandestin. Au premier plan, Pat O'Brien. On nous aperçoit, Jack et moi, derrière les filles du chœur…

Jack et moi formions une grande équipe. Il ne jouait jamais les divas.

Nous croisions chaque jour sur le plateau un homme grand et mince, élégant. Billy nous l'a présenté : Doane Harrison, son producteur associé. Il avait travaillé avec Billy sur son premier film, mais comme monteur. « Il m'a beaucoup aidé, confiait Billy. Sur mes premiers tournages, il m'a montré où je devais placer la caméra, comment la déplacer, à quel moment couper… » Billy gagnait beaucoup de temps en ne tournant pas de plans qui disparaîtraient au montage. Et cela épargnait des peines inutiles à ses deux travestis.

Dans la séquence suivante, les filles s'agglutinaient sur la couchette du haut, pour se joindre à la fête impromptue initiée par Jack et Marilyn. Pour une fois, Marilyn n'est pas retournée dans sa loge pendant que l'on installait les lumières. Elle est restée assise sur le rebord de la couchette, les jambes dans le vide. Un journaliste du *Los Angeles Times* s'est approché d'elle, un type d'un certain âge qui s'appelait Philip Scheuer. Je le croisais sur les plateaux depuis des années. Marilyn se livrait à un rituel étrange, qui a immédiatement capté son attention. Bras tendus devant elle, les poignets relâchés, elle s'est mise à remuer les mains. Puis elle a posé son pouce dans le creux de son autre main, et l'a pétrie délicatement. Enfin, elle a secoué ses deux mains, énergiquement.

« Vous avez un problème ? s'est étonné Scheuer.

– Oh non, a répondu Marilyn. Ça fait partie de la Méthode. Ça me détend avant de me lancer dans une scène.

– Je vois. »

Scheuer s'est éloigné, et Marilyn a recommencé l'exercice, avec plus de vigueur encore. Mais elle était perchée au bord de la couchette, en équilibre instable, si bien que lorsqu'elle a fermé les yeux en agitant violemment les mains, elle a basculé. Par chance, l'un des techniciens l'a rattrapée au vol.

J'intervenais brièvement dans cette scène, en pointant mon nez hors de la couchette du bas, pour essayer de voir ce qui pouvait bien se passer au-dessus. Tout ce que je voyais, c'était une forêt de jambes émergeant du rideau. Billy m'a fait répéter, et j'ai improvisé. Au lieu de repousser une paire de jambes sur le côté pour tenter d'apercevoir Jack, j'ai écarté les jambes de la fille. Je ne me souviens plus qui c'était, Sandy Warner peut-être. Je trouvais ça marrant. Pas Billy, qui m'a châtié d'un ton cinglant: « Et si elle n'avait pas porté de culotte ? Pour filmer le désordre, il faut faire preuve de discipline. » Je l'avais bien cherché.

Ma scène suivante, avec Marilyn, était celle où Sugar brise un pain de glace dans les toilettes pour dames. Dans cette séquence, Sugar se confie à Joséphine (Joe), ce qui lui attire la sympathie du public. Sous ses dehors de blonde écervelée, Sugar est une jeune femme naïve et vulnérable. Billy a tourné le plan d'ensemble, puis un plan serré de nous deux. Comme Marilyn commençait à trébucher sur ses répliques, Billy m'a demandé de couper deux ou trois des courtes reparties de Joséphine, afin de lui faciliter la tâche. Cinq prises ont suffi. Ensuite, nous avons tourné mes gros plans, pendant que Marilyn se réfugiait dans sa loge. En regagnant la mienne, j'ai croisé Paula qui sortait de chez elle. Puisqu'elle ne pouvait pas diriger Marilyn sous les yeux de Billy, elle le ferait depuis la loge de l'actrice. Au bout d'un moment, Marilyn a regagné le plateau pour tourner ses gros plans.

Je sentais bien que Marilyn était écartelée entre Paula et Billy. La seule manière pour elle de gérer ce conflit, c'était de jouer. Évidemment, me direz-vous... Elle était actrice, après tout. Eh bien, croyez-moi, il y a plusieurs façons de jouer, et je sais de quoi je parle. Marilyn, elle, se livrait à un véritable jeu de rôles. Elle se sentait obligée de donner toujours à chacun ce qu'il ou elle attendait d'elle. Elle n'était pas assez forte pour dire: Voilà ce que je suis, un point c'est tout. Non. Malgré sa gloire et son pouvoir, elle n'était pas suffisamment forte pour s'imposer ainsi. Alors elle jouait les cloches fêlées devant Paula, et faisait la diva devant Billy. Marilyn fonctionnait comme ça. Je sais que ce n'était pas par caprice qu'elle posait des problèmes à Billy. Elle faisait vraiment de son mieux. Mais Billy représentait à ses yeux une figure paternelle, et ce n'était pas simple. Elle avait besoin de son approbation, et, dans le même temps, elle s'en voulait d'en avoir besoin. À ce petit jeu-là, ni Billy ni Marilyn n'avaient la moindre chance de sortir vainqueur. Et pourtant, Dieu sait qu'ils ont essayé…

Le talent de Marilyn sautait aux yeux. C'était une actrice de tout premier plan. Dans la scène que nous tournions ce jour-là, la manière qu'elle avait de s'interrompre pour faire de petites mimiques renforçait l'impact de ses répliques. Cette fille parle d'elle-même en s'excusant presque d'être si bête. Elle se croit stupide, et pourtant l'humour et l'honnêteté dont elle fait preuve nous font comprendre le contraire. Et la manière dont elle brise ce pain de glace témoigne de la force qui l'habite. Marilyn donne l'impression qu'elle est vraiment cette personne-là, et on croit deviner toute une vie derrière ses gestes et ses paroles. C'était émouvant de la voir jouer ses scènes. Encore une fois, il y a de la magie dans un tournage de cinéma. Regarder Marilyn en faisait partie.

17

LA SIXIÈME semaine de tournage se déroulait en extérieur. Le scénario décrivait un hôtel du bord de mer, en Floride, le Seminole-Ritz. Mais en 1958, la plupart des hôtels coloniaux de Floride avaient disparu. Billy a donc été contraint de se rabattre sur le sud de la Californie. Il avait choisi l'Hotel del Coronado, un édifice victorien ouvert en 1888. L'établissement se trouvait dans la ville de Coronado, à trois heures de route au sud d'Hollywood, sur une péninsule située de l'autre côté de la baie de San Diego. Ce palace de la fin du XIXe siècle était tel qu'on pouvait l'imaginer : grandiose. Grâce à la science de la lumière du grand Charles Lang, cette immense masse blanche étincelait dans l'air marin. Mais nous ne l'utilisions que pour les plans en extérieur, car la Goldwyn avait fait construire des décors représentant l'intérieur de l'hôtel. Le lundi 8 septembre, nous avons donc envahi la grande plage de Coronado. Dans la première scène, Marilyn et les filles étaient censées batifoler dans les rouleaux du Pacifique.

La nouvelle du tournage s'était répandue dans les rues de Coronado et jusqu'à San Diego, si bien que Billy a engagé des gardes du corps pour veiller sur Marilyn, et des videurs pour repousser les badauds hors du champ de la caméra. Ils étaient venus par centaines, excités à l'idée de pouvoir apercevoir trois stars en action sur la plage. Les journalistes aussi étaient nombreux.

Marilyn a couru vers l'océan avec les filles. Quand elle est ressortie de l'eau, toute dégoulinante, son maillot de bain noir, pourtant taillé très large, épousait ses courbes rebondies. Des remarques ont fusé, dont l'une de la bouche de Billy, qui a demandé à Marilyn si elle consentirait à perdre quelques kilos.

« Vous voulez que votre public puisse me différencier de Tony et de Jack, oui ou non ? a-t-elle répliqué. Par ailleurs, mon mari me préfère bien en chair. »

Lang a tendu sur un cadre un filet noir et fin, pour que la lumière du soleil ne surexpose pas la chevelure de Marilyn, dont la couleur flirtait désormais avec le blond platine. Ce « canevas » improvisé fonctionnait à merveille, et il éloignait les badauds. Au moment d'enregistrer les dialogues, Marilyn s'est tournée vers la foule, elle a levé les bras au ciel et a exigé le silence – on aurait dit Eleanor Roosevelt ! Aussitôt, les badauds se sont tus. Alors, elle a entamé son petit rituel Actors Studio. Elle s'est tournée vers Paula, qui était assise sur le sable, toujours vêtue de noir, son inévitable parapluie à la main. Marilyn a fermé les yeux, détendu ses poignets et secoué les mains pendant quelques minutes. À la fin de la scène, les curieux ont échangé des commentaires à voix basse.

« On dirait qu'elle veut s'arracher les mains...

– Elle a l'air morte de trouille, comme si c'était son premier film.

– Elle a beaucoup grossi. Elle est peut-être enceinte ? »

Marilyn s'est approchée une première fois de Paula, pour lui demander son avis. Au bout de quelques minutes, elle a recommencé. Puis une troisième fois. « Pourquoi parle-t-elle à son professeur après chaque réplique ? s'est étonné un spectateur. Toutes les actrices font ça ? » Paula faisait sentir son influence, tout en prenant soin de rester hors de portée du regard de Billy – dont elle cherchait d'ailleurs à se faire bien voir. « J'ai demandé à Marilyn de ne pas me parler sur le plateau, prétendait-elle. Si je suis là, c'est qu'elle ne se sent pas en confiance. » À en juger d'après leurs conciliabules incessants, Marilyn devait vraiment avoir perdu toute assurance.

Les plans où Jack joue au ballon avec Marilyn et les filles ont occupé pratiquement tout le premier jour de tournage. Le mardi, mon tour était venu de m'aventurer sur la plage. Contrairement à Jack, je n'étais pas déguisé en femme dans cette scène. Je portais un nouveau costume, car je jouais un nouveau personnage. Dans *Certains l'aiment chaud*, Joe revêt trois identités distinctes. Joe le saxophoniste est un jeune coq vaniteux – un séducteur opportuniste, accro au jeu. Joséphine, le travesti, est une grande dame – une femme raffinée, timide, effrayée par les hommes. Enfin, M. Shell Oil Jr, le personnage qu'il incarne dans l'espoir de séduire Sugar, est un millionnaire – un type privilégié, coupé des réalités, sans volonté. Jouer ces différents personnages exigeait que je me divise en trois. Je devais puiser dans ma propre expérience les caractéristiques propres à chacun d'eux. C'était un vrai défi, mais je l'ai relevé, et l'expérience s'est avérée extrêmement gratifiante.

Durant les répétitions, Billy m'a aiguillé :

« Quand tu te déguises en millionnaire et que tu commences à séduire Marilyn, il faut que tu t'exprimes différemment. Tu ne dois plus parler comme un musicien de Brooklyn. Quel genre d'accent sais-tu imiter ? Tu peux prendre l'accent de Boston ? Où des grandes villes du Nord-Est ? »

La remarque de Billy m'a déstabilisé. Elle n'aurait pas dû, puisque Billy parlait du personnage et non pas de moi, mais il avait touché un point faible. Au bout de dix années à Hollywood, j'avais toujours honte de mon accent new-yorkais, qui m'avait souvent valu des commentaires désobligeants. Dans l'un de mes premiers grands succès, *Le Fils d'Ali*

Baba, j'avais la réplique suivante : « *Yonder in the valley of the sun is my father's castle.* » Certains idiots avaient sauté sur l'occasion, prétendant que j'avais prononcé ces mots avec un accent caricatural : « *Yondah lies the castle of my faddah.* » Sur ce sujet-là, à savoir le fait que je venais de New York et que j'étais juif, j'étais très sensible. En riant de mon prétendu accent caricatural, non seulement les gens me dénigraient, moi, mais aussi mes frères et sœurs juifs. Un acteur britannique diplômé de l'université d'Eton peut jouer un empereur romain ou un aristocrate américain, sans que personne ne s'en offusque. Mais un New-Yorkais diplômé de l'école primaire P.S. 82 ne peut pas jouer un personnage distingué. C'est fou jusqu'où l'intolérance peut s'immiscer. Et triste, surtout.

J'ai réfléchi à la question de Billy. Comment Joe se représenterait-il la manière dont son nouvel avatar doit s'exprimer ? Et moi, de quel accent étais-je admiratif ? Celui de Cary Grant. C'est après l'avoir vu interpréter le rôle d'un commandant de sous-marin dans *Destination Tokyo* que je m'étais engagé comme sous-marinier. Si j'étais capable d'imiter l'accent de Cary Grant ? Mais je l'avais toujours fait, depuis l'adolescence.

La scène avec Sugar se déroule sur la plage. Je porte une casquette, les lunettes et le blazer que j'ai volés à M. Beinstock, le directeur de l'orchestre. Je chasse un pauvre gamin de son transat et de sa collection de coquillages. Au moment où Sugar passe devant moi, je lui fais un croc-en-jambe. Qui prétendra encore que la comédie n'est pas fondamentalement méchante ? Sugar se relève, je lui demande pardon et, alors, elle entend ma voix. Une voix si différente de celle de Joséphine – et Joe – qu'elle ne me reconnaît pas. Personne ne m'aurait reconnu, d'ailleurs.

J'ai commencé par un accent à la Cary Grant, puis j'en ai rajouté. J'ai adopté un timbre de voix plus aigu et une modulation plus snob, en jouant avec la fin des mots. Je les étirais, en remplaçant par exemple *longer* par *longaaaah.* Je n'avalais pas les « g », comme l'aurait fait un Britannique, car je m'étais dit que ce type n'était pas mielleux à ce point. Mais il en rajoutait sur le « gaaaa » final. Son accent n'était pas exactement celui des grandes villes du nord-est des États-Unis, mais un mélange de tous les accents de la côte Est. Un accent de charlatan – j'en avais rencontré tout un tas, dans le genre, dans le milieu du cinéma. De ceux qui lâchent toujours le nom d'une personne connue au détour d'une phrase, et qui essaient toujours de vous vendre quelque chose. Ces types, je les connaissais bien. Bref, j'ai dit ma réplique. Avec l'accent.

« Coupez.

– Ça allait, Billy ?

– Formidable.

– Et l'accent ?

– Quel accent ?

– Voyons, Billy, j'imitais un peu Cary Grant.

– Si j'avais voulu Cary Grant pour jouer ce rôle, j'aurais pris Cary Grant. »

C'était tout Billy, ça : il ne pouvait pas valider une idée qu'il n'avait pas trouvée lui-même. Mais il ne m'a pas demandé d'arrêter. J'aurais aimé qu'il m'encourage un peu. Mais ce n'était pas dans sa nature, et ça me déstabilisait.

Sugar rencontre donc le millionnaire et, quand elle part, dans le scénario, j'étais censé dire : « Adieu ! ». J'ai suggéré à Billy qu'il était plus vraisemblable, étant donné le tempérament de Joe, que son Junior s'exclame : « Ciao ! » Cela aurait été plus en phase avec la manière dont il se représente un homme riche. À ma grande surprise, Billy m'a autorisé à changer ma réplique. Lui qui vénérait son scénario comme une Bible ! Personne n'avait le droit d'en modifier la moindre virgule. Je me souviens par exemple de la scène qui se déroule dans le bureau de Poliakoff, l'agent auprès duquel Jack et moi quémandons du boulot. Emporté par son enthousiasme, après avoir conclu une longue tirade d'un « *Now you're talking !* » (Tu y viens enfin !), Jack avait répété l'expression une seconde fois. Outré, Billy s'était raidi : « Ce n'est pas ce qui est écrit. » Jack avait plaidé sa cause : il trouvait qu'en répétant deux fois cette expression, ça sonnait mieux. Billy s'était dirigé vers Izzy, assis à l'écart. Les deux hommes s'étaient entretenus à voix basse pendant près d'une demi-heure. Enfin, Billy était revenu vers nous : « D'accord, vous pouvez le répéter deux fois », avait-il déclaré d'un ton solennel.

Billy n'avait rien contre Jack en particulier : il ne s'autorisait pas *lui-même* à modifier le scénario. Izzy et lui suaient sang et eau sur la moindre réplique, le rythme de chaque phrase, la plus infime nuance. Il n'était pas rare de voir Izzy ajouter un mot au début d'une phrase – le mot « et », pour que la réplique sonne mieux, qu'elle soit plus équilibrée. C'est ce travail d'orfèvre qui fait la beauté de leurs films.

La scène de la plage était composée de séquences assez longues. Or, des avions de chasse décollaient toutes les dix minutes environ d'une base voisine, faisant un raffut du tonnerre. Billy avait donc besoin que nous tournions nos scènes de trois minutes de telle manière qu'elles puissent tenir dans ces intervalles de dix minutes. Sans interruption. Vous l'aurez compris, Marilyn n'était pas habituée à respecter de tels impératifs... Toute fragile qu'elle était, elle avait l'habitude qu'on lui passe ses caprices. Mais Marilyn ou pas, ces avions de chasse décollaient toutes les dix minutes, et il allait bien falloir qu'elle s'adapte aux circonstances. Les circonstances n'allaient pas s'adapter à elle.

Après une brève répétition, Billy a tourné la scène. Marilyn a enchaîné toutes ses répliques sans une erreur, dès la première prise. Billy s'est exclamé : « Coupez ! C'est dans la boîte. » Vous auriez dû voir l'expression de surprise sur le visage de Marilyn. Elle n'arrivait pas à le croire. L'espace d'une seconde, j'ai bien cru qu'elle allait s'évanouir. Mais non. Elle a secoué la tête et a gambadé vers Paula, qui l'a aussitôt abritée sous son parapluie. Il ne faisait pas très chaud, ce jour-là, mais le soleil était éblouissant. Sous son maquillage, Marilyn avait le teint pâle. Ce n'était pas le moment de prendre un coup de soleil.

Le soleil commençait à descendre. Charles Lang voulait tourner les gros plans de Marilyn, en contre-jour, mais avant que le soleil soit trop bas et vienne frapper son objectif. C'était trop tard : Billy nous a donné rendez-vous le lendemain. Nous avons regagné l'hôtel. Marilyn marchait avec Paula, sous la protection de deux énormes gardes du corps. Les fans applaudissaient sur son passage, et elle leur souriait. Moi aussi, j'ai eu droit à ma part d'attention. J'adorais ça. Et ça me plaît toujours autant, d'ailleurs.

Au départ, je n'aurais jamais envisagé le métier d'acteur comme la manière idéale de gagner sa vie. Mais par la force des choses, c'est devenu cela. Je me suis retrouvé pris dans le tourbillon de l'ambition. Je voulais devenir une star. Je désirais la gloire et tout ce qui allait avec. Mais j'ai découvert, au passage, que le statut de star ne se limitait pas à cela. J'ai compris que les gens obtenaient de moi quelque chose qu'ils ne pouvaient trouver ailleurs. Peut-être y avait-il un manque à combler dans leurs vies. Je ne sais pas. Mais je sentais leur affection, leur chaleur. Partout où j'allais, je suscitais cet enthousiasme. Et c'est encore vrai aujourd'hui, lorsque j'apparais en public. C'est un bonheur indescriptible de sentir que j'ai apporté quelque chose à ces gens. Mais quoi, au juste ? Cette qualité particulière qui m'a été donnée. Je suis né avec, j'imagine, et elle m'a mené jusqu'à Hollywood. Mais cette qualité, c'est grâce à mes efforts que j'en ai fait quelque chose. C'est à force d'étudier, de pratiquer, de répéter et de travailler encore que je l'ai peaufinée, et que j'ai pu transmettre cette qualité à travers l'objectif des caméras. C'est bien là toute la question : cette chose que je transmettais, de quoi s'agissait-il au juste ?

Était-ce tout simplement moi ? Ou bien quelque chose que j'avais appris ? Un élément magique s'exprimait-il à travers moi ? Je l'ignore. C'est sans doute l'essence même de cette profession. Voire celle de l'existence humaine.

18

LE MERCREDI, Marilyn et moi tournions la fin de la scène à la plage, notamment le passage où Jack rapplique et me reconnaît. J'aimais beaucoup cette concurrence qui s'installait entre nos deux personnages, avec comme toile de fond leur amitié et le contraste qui existait entre leurs personnalités respectives. L'histoire était si bien écrite, et ces personnages si clairement définis... On m'a souvent demandé, depuis, si un esprit de compétition régnait sur le tournage entre Jack et moi.

J'ai adoré travailler avec Jack. C'était un chic type. Il n'y a jamais eu de concurrence entre nous. Jamais. Certains acteurs jouent avec la caméra, forcent leur voix, feraient n'importe quoi pour en imposer à l'écran – aux dépens de leurs partenaires. Mais pas Jack. Il n'a jamais joué les divas. Avec lui, c'était toujours un travail d'équipe. Il avait une immense culture, et une intelligence hors norme, mais jamais il ne vous balançait ses diplômes d'Harvard à la figure. C'était un bel orateur, mais il ne passait pas des heures à raconter des anecdotes sur le plateau, pendant que les autres s'efforçaient de se mettre dans la peau de leur personnage. Il respectait la démarche des autres acteurs, et il avait la sienne propre, d'ailleurs. Il était très critique à l'égard de lui-même, et ne semblait jamais satisfait de son travail. Parfois, il devenait si calme et silencieux qu'on se demandait ce qui lui arrivait. Puis soudain, il se métamorphosait en son personnage. C'était fascinant.

Après en avoir terminé avec les plans de Jack, Billy s'est attaqué à mes gros plans. Puis il a appelé Marilyn, pour qu'elle tourne les siens. Je l'ai observée pendant un bon moment. De temps à autre, je la surprenais en train de me regarder en souriant. Elle s'en tirait bien, sans trop d'erreurs. Je me suis mis à lui souffler ses répliques et, entre chaque prise, nous discutions. C'était agréable d'être assis là, sur le banc, au soleil de l'après-midi. Elle avait l'air détendue. J'ai jeté un coup d'œil derrière moi : Paula n'était pas là. J'ai demandé à Marilyn si l'hôtel lui plaisait. Oui, elle aimait l'endroit. Alors, elle s'est penchée vers moi et, baissant la voix, elle m'a dit : « Passe me voir ce soir. »

Rien de plus. Pas besoin de grandes phrases. Ce n'était pas du genre : « Tu me plais bien, pourquoi on ne passerait pas du bon temps ensemble ? Quel est ton numéro de chambre ? » Voilà ce que je m'attendais à entendre, mais non. Tout simplement : « Passe me voir ce soir. »

Ne l'apercevant pas au dîner, j'ai pensé qu'elle était peut-être partie. Mais je n'avais aucun moyen de le savoir sans me trahir. Je ne connaissais pas son numéro de chambre. Et à l'époque, quand on tournait en extérieur, l'endroit où chacun dormait était tenu secret. Il a donc fallu que je le découvre par moi-même. J'ai réussi. Du moins, c'est ce que je croyais, car il était difficile de trouver une chambre à l'Hotel del Coronado. Les numéros étaient déroutants, certains semblaient fraîchement repeints. Il devait être dix heures du soir quand je suis parti à la recherche de sa chambre. Je suis monté jusqu'à l'étage où je pensais la trouver, j'ai arpenté le long couloir. J'avais l'impression d'être dans un vieux film muet. Je me suis approché de la porte à pas de loup. Je crois que c'était la H43. J'ai frappé, on m'a ouvert. Mais ce n'était pas Marilyn : c'était une actrice qui jouait l'une des musiciennes de l'orchestre. J'ai articulé : « Salut. » Qu'aurais-je bien pu dire d'autre ?

Jack s'est jeté à l'eau pour les scènes de plage à Coronado. Pas moi.

J'avais trente-trois ans quand j'ai posé pour cette série de portraits pendant que Billy tournait des plans de Marilyn et Jack.

Au départ, je n'aurais jamais envisagé le métier d'acteur comme la manière idéale de gagner sa vie. Mais par la force des choses, c'est devenu cela, et bien davantage. J'ai compris que les gens obtenaient de moi quelque chose qu'ils ne pouvaient trouver ailleurs.

Ma femme, Janet, et notre fille, Kelly, sont venues me rendre visite à Coronado. Janet était enceinte de Jamie Lee, et refusait d'être prise en photo.

Sur ces photos, Coronado semble idyllique. En réalité, l'hôtel n'était qu'un nid de ragots en tout genre. Et j'étais concerné.

Kelly avait deux ans à l'époque.

« Salut Tony, a répondu la fille. Tu entres ?

– Hem, non. Je voulais juste savoir si tu avais compris à quelle heure on commence, demain.

– Huit heures. Tu es sûr que tu ne veux pas entrer ?

– Hem, d'accord. Mais attends-moi, je reviens. Ok ?

– Ok. »

J'étais dans le pétrin. Je savais qu'elle raconterait l'histoire à tout le monde le lendemain matin, et je me voyais déjà en pleine cérémonie nuptiale, remontant l'allée centrale au bras de cette fille. Mais j'ai préféré oublier tout cela, pour repartir à la recherche de la chambre de Marilyn. Procédant par élimination, j'ai fini par la trouver.

Marilyn a entrouvert la porte, et je me suis glissé à l'intérieur. Nous nous sommes assis côte à côte, nous avons papoté en buvant un verre. Elle voulait discuter du film. Elle s'inquiétait de la manière dont Billy et Izzy faisaient évoluer son personnage. J'étais un peu surpris qu'elle évoque ce sujet, mais j'ai vite compris pourquoi : Paula ne se trouvait pas là pour en parler, et Arthur Miller était en voyage. Marilyn s'était dit qu'elle pourrait aborder la question avec moi. Elle m'a expliqué qu'elle voulait davantage de scènes entre elle et moi, qu'une relation se développe entre nos deux personnages. Elle était inquiète. Marilyn était une femme étrange. Elle n'avait aucune raison de se faire du souci : Billy avait tout prévu dans son scénario. Mais elle était comme ça, Marilyn. Je l'ai rassurée en lui affirmant que les choix de Billy étaient dans son intérêt à elle. Elle a semblé l'accepter. Alors je me suis rapproché d'elle, et nous nous sommes détendus.

Bien sûr, j'étais sorti avec elle bien des années auparavant. À présent, cette nuit-là, dans cette chambre d'hôtel, nous nous sentions comme deux êtres qui s'apprécient mutuellement. Et qui décident de passer la nuit ensemble. Ce n'était pas plus compliqué que ça. Je n'ai pas eu besoin de me torturer l'esprit – Marilyn rendait les choses simples. Elle aurait pu tout aussi

Tourner *Certains l'aiment chaud* sur la plage de l'Hotel del Coronado, avec Jack Lemmon et Marilyn Monroe, fut une expérience formidable. Bien plus que cela, le grand tournant de ma jeune carrière. Je jouais dans un film de Billy Wilder !

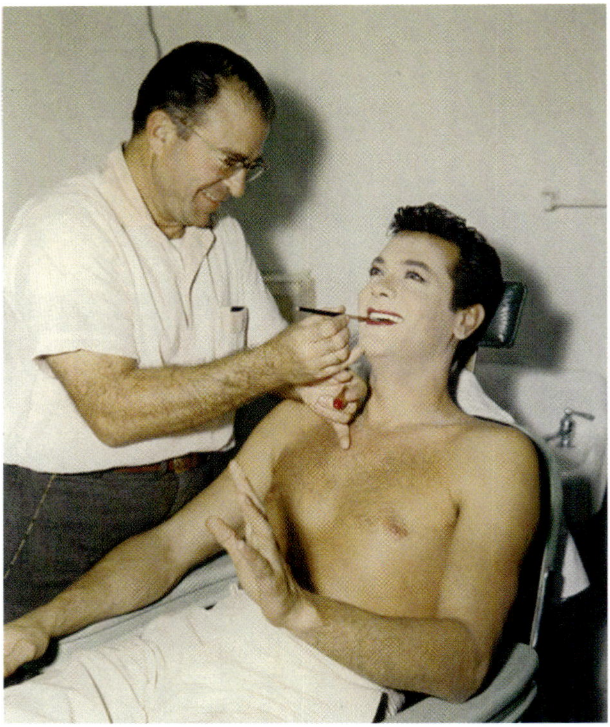

Emile LaVigne,
l'un des deux maquilleurs
qui a fait du jeune premier
viril que j'étais
une tout autre personne…

Ce cliché me rappelle
combien je me suis d'abord
senti mal à l'aise en travesti.
Je n'osais pas sortir de la
salle de maquillage, alors
que Jack Lemmon
(ici sans sa perruque)
n'avait absolument
aucune inhibition…

Jack et moi marchant
de la salle de maquillage
au studio où ont été tournés
les premiers essais.
Billy voulait filmer
en noir et blanc, et il a fait
des essais en couleurs pour
montrer qu'il avait raison.

Cette photo de Jack et moi
a été prise lors de
la première semaine
du tournage.
On nous voit entrer dans
la peau de nos personnages,
deux potes qui passent
leur temps à se chamailler.

La scène où Jack improvise une fête sur sa couchette, dans le train. Quelle chance nous avions. Billy Wilder m'a réprimandé, ce jour-là, pour avoir taquiné l'une des filles assises au-dessus de moi.

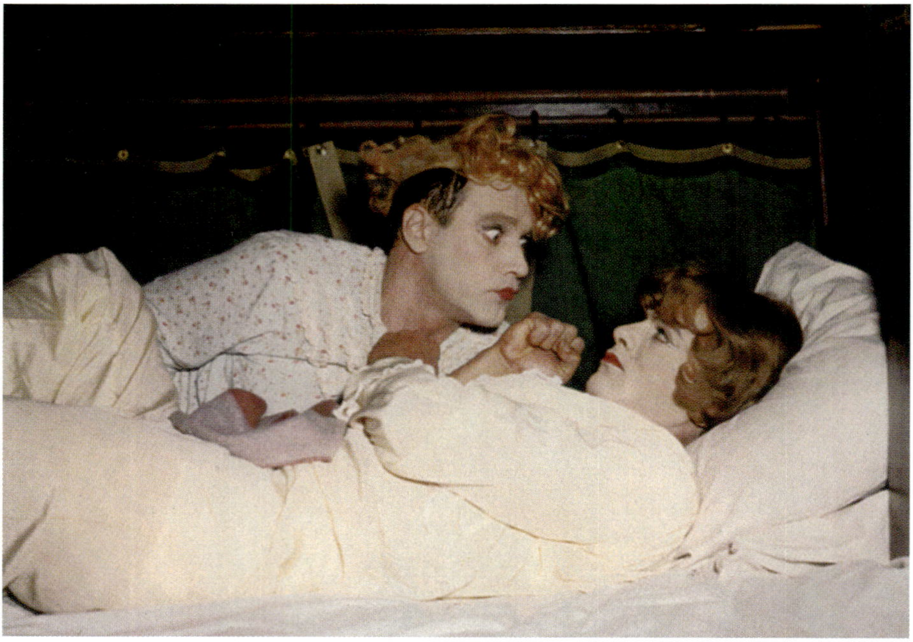

Voici la scène que Billy a coupé suite à l'avant-première de *Certains l'aiment chaud*. Elle était drôle, certes, mais n'avait pas sa place dans la longue séquence du train.

Marilyn était en pleine forme quand nous avons tourné les scènes du train.
Elle réussissait en une prise les plans les plus compliqués, et sa présence sur le plateau était enchanteresse…

Wilder a dit un jour que jamais, au cours de sa carrière, il n'avait obtenu de rires aussi longs et soutenus qu'avec cette scène entre Jack et moi.

J'attends le signal de Billy. Je me souviens tout à coup que je porte les boucles d'oreille de mon autre personnage... Je les enlève avant que Marilyn ne les voie.

En septembre, à Coronado, la température n'a jamais dépassé les vingt-six degrés, bien loin des quarante évoqués plus tard par ceux qui voulaient imputer à Wilder la fausse couche de Marilyn…

Durant notre première semaine à Coronado, Marilyn s'est montrée particulièrement affectueuse. Un jour, à ma grande surprise, elle m'a demandé de la rejoindre dans sa chambre.

Ce cliché en dit long sur ma relation avec Marilyn, que Billy décrivait comme un insoluble casse-tête. Pour moi, elle était unique. Faire l'amour avec elle – à l'écran comme dans la vie – fut une expérience extraordinaire, inoubliable.

bien me repousser en disant : « Écoute, ne t'approche pas de moi. Tu connais ma situation. » Elle en était capable, et je l'aurais compris. Mais elle n'en a rien fait. Tout au contraire.

En couchant avec Marilyn, on ne savait jamais au juste où son esprit se trouvait, ni avant, ni pendant, ni même après. C'était une actrice, elle savait jouer un rôle. Elle savait s'adapter à ce qu'un homme voulait voir en elle. Elle ne m'a jamais fait sentir ça, sans doute parce que je ne posais pas de questions. Je n'exigeais rien de plus que ce qu'elle me donnait. J'ai vécu avec elle une expérience inoubliable.

Nous avons passé la nuit ensemble, ou plutôt, une partie de la nuit : je devais me lever à quatre heures trente, et rentrer dans ma chambre avant que quelqu'un puisse me surprendre en train de quitter la sienne. Mais nous avons partagé son lit pendant un long moment. Il y avait une grande tendresse entre nous, je lui caressais les cheveux, et mes mains couraient sur son corps. Toucher cette femme, toucher n'importe quelle partie de son corps, ne m'a jamais paru obscène, ou vulgaire. Avec elle, je n'aurais pas pu être vulgaire. J'ignore comment elle aurait réagi. Mais où commence la vulgarité ? Je n'en savais rien, et c'était le problème que j'avais avec Marilyn. J'ignorais sincèrement ce qu'elle voulait, et ce qu'elle ne voulait pas. Probablement parce qu'elle ne se connaissait pas elle-même. Et c'était là son drame, sur ce tournage. Elle se laissait porter, elle avait toujours besoin que quelqu'un lui dise qui elle était et ce qu'elle était. Elle avait le charme, et l'immaturité, d'une femme enfant.

Toute sa vie, Marilyn est restée une enfant. C'était la seule manière qu'elle avait trouvée de pouvoir vivre avec les gens : ce comportement lui permettait de se faire respecter. J'en ai fait l'expérience, mais pas assez pour en sortir blessé. Elle était comme ça, Marilyn, elle agissait ainsi. Comme une petite fille dans un corps de rêve. De rêve, je vous le confirme. Elle avait tout ce dont un homme peut rêver. Des hanches de lavandière polonaise – pas au point de paraître lourdaude, bien sûr, mais le contraste entre ses hanches et son dos était étourdissant. Elle avait un dos d'une finesse exquise, une poitrine charnue. Et un long cou gracieux. Elle avait un corps incroyable, à nul autre pareil. Et elle le savait. Sa sexualité était une arme.

Je n'ai jamais compris pourquoi elle avait épousé un type comme Arthur Miller. Intellectuellement, elle ne faisait pas le poids. La seule explication, selon moi, c'est qu'il s'agissait pour elle d'un jeu. J'étais très ami avec Milton Greene, qui avait passé pas mal de temps avec Marilyn, à la photographier et parfois même à produire ses films. Elle jouait avec lui. Je l'ai croisé un jour qu'il revenait de New York, où il était allé la voir, et ça n'allait pas fort. Il voulait être avec Marilyn, et il était prêt à tout plaquer pour elle – sa famille, son métier de photographe, tout...

Tout un tas de mecs, qui voulaient se servir d'elle, tournaient autour de Marilyn. Elle était la plus grande star du cinéma, mais elle ne s'en rendait pas vraiment compte. Son pouvoir était gigantesque, elle aurait pu l'utiliser comme bon lui semblait, et atteindre les sommets. Un tas de gens la détestaient, tout particulièrement la presse. De tous les articles publiés au sujet du film, aucun ne témoignait d'une sympathie sans réserve à son égard. Ce qui irritait les journalistes, c'était le pouvoir qu'elle avait. Pour l'essentiel, *Certains l'aiment chaud* reposait sur ses seules épaules. Si seulement elle avait su utiliser ce pouvoir pour reprendre confiance en elle... Tout au contraire, au moment même où elle livrait cette interprétation miraculeuse, elle était en train de perdre toute conscience d'elle-même. Et les choses ont commencé à mal tourner...

19

LE JEUDI, je devais jouer d'autres scènes sur la plage en compagnie de Marilyn. Il n'y avait aucune gêne entre nous. En fait, elle s'est comportée comme s'il ne s'était rien passé. Ce qui tombait bien : je venais d'apprendre que Janet allait me rendre visite sur le tournage avec notre fille Kelly. La photographe Eve Arnold était également présente ce jour-là, pour faire des portraits de Marilyn sur la plage. Bref, Janet et Kelly sont arrivées dans l'après-midi. Comme j'en avais terminé avec mes plans, je me suis extirpé de mon costume pour leur faire visiter les lieux. Je m'étais dit qu'il aurait été un peu discourtois de m'éclipser avec femme et enfant sans les avoir présentées au reste de la troupe. Néanmoins, je sentais Marilyn nerveuse. Pensait-elle que Janet allait se douter de quelque chose ? Je l'ignore, mais ça s'annonçait mal, si bien qu'après avoir traîné quelques instants aux abords du plateau, et posé pour Floyd McCarty, le photographe officiel du studio, j'ai filé à l'hôtel avec Janet et Kelly.

Je n'ai pas revu Marilyn ce soir-là. Je suis rentré à Los Angeles avec Janet. J'ai appris par la suite que Marilyn n'allait pas fort, et qu'elle s'était cloîtrée dans sa chambre d'hôtel. Elle avait fait taper par May Reis une lettre adressée à son ami Norman Rosten, qui était depuis des années un proche d'Arthur Miller. Elle avait sans doute bu quand elle avait dicté cette lettre et, à l'évidence, elle était contrariée.

« On n'abandonne pas un navire au moment où il coule, écrivait-elle. J'ai l'impression que ce bateau n'arrivera jamais à bon port. Nous traversons le Détroit du Désespoir. La mer est agitée, mais pourquoi m'inquiéter ? Je n'ai pas de symbole phallique à perdre. Marilyn. » En bas de page, un post-scriptum griffonné : « J'aurais voulu écrire à la main, mais elle tremble. »

Que pouvait bien signifier cette allusion au « symbole phallique » ? Faisait-elle référence au fait que Jack et moi jouions deux femmes ? Pensait-elle que c'était pour ça que je m'étais rendu dans sa chambre la veille ? Je n'étais pas sur place le vendredi 12, mais on m'a tout raconté. Marilyn est arrivée avec deux heures de retard. Le soleil était trop haut, désormais, pour tourner, et ils ont dû attendre l'après-midi. Après le déjeuner, il a fallu une nouvelle fois l'arracher à sa chambre, elle a pris tout son temps. Lorsqu'elle a fini par se présenter sur le plateau, le soleil était si bas qu'ils n'ont pu tourner que des gros plans. Jack lui soufflait ses répliques. Pour citer ce dernier :

« Il m'a fallu deux semaines pour la comprendre, pour m'habituer à elle. Au début, elle me désarçonnait. On tournait une scène, devant la caméra, et elle s'arrêtait d'un seul coup. Sans prévenir. Qu'il reste une page entière, ou une seule réplique. Elle stoppait net et soupirait : « Désolée. » Alors Billy n'avait d'autre choix que de dire : « Coupez. » Il n'aimait pas ça. Personne, d'ailleurs. Mais nous avons fini par comprendre qu'elle avait un baromètre intégré qui sentait immédiatement si une scène fonctionnait ou pas. Quand elle ne la sentait pas, elle était incapable de se forcer à continuer. » Une semaine plus tôt, nous avions vu les premiers rushes, aux studios Goldwyn. « Dès qu'elle est devant la caméra, constatait Jack, il se passe quelque chose entre elle et l'objectif. Ce n'est pas quelque chose qu'on peut voir. Quand je suis à côté d'elle sur le plateau, et que je la regarde droit dans les yeux, je ne distingue rien de spécial. Mais dès que je m'assois dans la salle de projection pour visionner les rushes et qu'elle apparaît sur l'écran, ça me saute aux yeux. C'est un magnétisme, une pure magie. »

C'était la vérité : Marilyn n'avait pas son pareil pour créer de la magie. Elle n'avait aucun sens, non plus, de la courtoisie, des responsabilités, de la générosité, bref, de tout ce qu'on est en droit d'attendre d'une professionnelle. Elle avait simplement une scène idéale qui défilait sous son crâne, et il fallait qu'elle sorte. Billy avait déjà eu l'occasion de travailler avec elle, il savait donc à quoi s'attendre. Mais sur ce tournage, c'était pire encore. Je voyais bien qu'il était tendu. Cette tension, c'est dans le dos qu'il la portait. Certaines personnes la portent dans leur poitrine, ou au niveau de la nuque, que sais-je... Chez Billy, c'était le dos, on le devinait à sa manière de se tenir. Pourtant, je me souviens de l'avoir entendu déclarer à Doane : « Avec cette fille, je fais beaucoup plus de prises que d'habitude. Mais quand elle finit par réussir une scène, eh bien, ça vaut vraiment la peine. »

Arthur Miller s'était retiré à Roxbury, dans le Connecticut. Marilyn et lui avaient acheté une ferme là-bas (la seconde, pour Miller), et ils la rénovaient. Marilyn lui téléphonait tous les deux jours. Le vendredi soir, ils ont discuté de l'article de *Life*, avec les portraits de Marilyn réalisés par Avedon en hommage aux anciennes stars. Marilyn venait de lire la première version du texte de Miller, qui ne lui plaisait pas. Elle était tellement mécontente, d'ailleurs, qu'après avoir raccroché, Miller lui a écrit une lettre pour tenter de se justifier. Il lui expliquait qu'il était suivi par un psychiatre, et lui demandait de bien vouloir comprendre son état de confusion mentale.

Marilyn ne trouvait pas le sommeil. Elle a pris des somnifères. Peut-être ne voyait-elle plus clair, assommée par l'alcool. En tout cas, elle a dépassé la dose, et son corps a mal réagi.

Elle s'est mise à vomir. Elle a appelé Paula et May. Comme Marilyn continuait de vomir, celles-ci ont fait venir un docteur, qui a contacté un spécialiste. Le samedi, ils l'ont conduite à l'hôpital Cedars of Lebanon, à Hollywood. Ce n'est que le dimanche que la presse a appris son hospitalisation. Officiellement, Marilyn devait subir des examens consécutifs à une maladie attrapée à San Diego. Miller a aussitôt pris l'avion pour la rejoindre. Le tournage était suspendu.

20

TOUT le programme prévu pour la semaine du 15 septembre a dû être annulé, car aucune des scènes restantes, à l'Hotel del Coronado, ne pouvait être tournée sans Marilyn. La troupe a donc été rapatriée à Los Angeles et placée en stand-by, le temps que Billy détermine quels décors pourraient être mis en place à la MGM pour qu'il puisse y tourner avec le reste des acteurs. Il s'est entretenu avec Arthur Krim, Walter Mirisch et Izzy Diamond. La possibilité de remplacer Marilyn a même été évoquée. Même si le premier tiers du film était déjà tourné, Krim a demandé à Billy s'il était envisageable de tout recommencer, en cherchant une autre actrice pour jouer le rôle de Sugar. Dans l'industrie du cinéma, on met toujours de côté un « fonds de prévoyance », c'est-à-dire un certain pourcentage du budget de chaque film qui est l'équivalent du réservoir de secours d'une automobile. Si des circonstances imprévues viennent mettre en péril le tournage, ce fonds spécial permet de se maintenir à flot en attendant l'intervention des compagnies d'assurance. Cette semaine-là, j'ai croisé Billy et lui ai demandé ce qui allait se passer. Il m'a répondu qu'il lui fallait envisager des solutions de rechange, et nous avons passé en revue plusieurs actrices susceptibles de remplacer Marilyn en cas de besoin : Natalie Wood, Carroll Baker, Mitzi Gaynor… Toutes auraient très bien pu jouer ce rôle, mais Marilyn avait quelque chose de spécial, d'unique même. Néanmoins, Billy m'a confié qu'il avait envie de la virer. « Ce n'est pas l'histoire de Sugar Cane, soulignait-il. C'est l'histoire de deux musiciens qui doivent se déguiser en femmes, et l'un d'eux tombe amoureux de la chanteuse, une fille sublime… »

Billy a travaillé comme un dingue pour préparer une série de scènes à tourner cette semaine-là. La production téléphonait à tout le monde, et les gens étaient surpris : d'habitude, quand la production vous appelle, c'est pour vous annoncer que vous n'allez finalement pas tourner cette semaine, qu'il va falloir attendre encore. Jamais on ne reçoit d'appel annonçant qu'une scène prévue pour plus tard a été avancée… Le mardi, tandis que Billy entamait les répétitions aux studios Goldwyn, Marilyn se trouvait toujours à l'hôpital. Billy a donc appelé Lew Wasserman, et lui a demandé de contacter Marilyn et Arthur Miller. Je me suis remis au travail en espérant que les choses allaient s'arranger. J'espérais, surtout, que ce n'était pas à cause de ce qu'elle et moi avions fait à l'hôtel quelques jours plus tôt que Marilyn avait craqué et avalé toutes ces pilules…

Le décor du wagon-couchettes n'ayant pas été démonté, Billy y a tourné une autre scène avec Jack et moi. Dans cette séquence, Jack se retrouve avec moi dans la couchette supérieure numéro deux après avoir gâché sa folle fête improvisée avec les filles en tirant la poignée d'arrêt d'urgence. Croyant qu'il s'agit de Sugar, Jack se confesse à moi. Je le laisse s'enferrer dans ses révélations, puis je le secoue « comme un pit-bull secouant un rat ». Alors, il déclare : « Tu ne vas quand même pas frapper une fille ? » Fondu au noir.

Billy avait prévu de tourner ensuite la scène du rendez-vous galant entre Daphné et Osgood. Comme vous le savez sans doute, George Raft était un danseur merveilleux dans ses premiers films. Dans *Boléro*, je l'avais adoré. Le professeur de danse affecté au tournage de *Certains l'aiment chaud* était tellement nul que George a pris les choses en main : il a

J'ai eu l'honneur de travailler avec Pat O'Brien (à droite) et George Raft (à gauche), de vrais seigneurs.

Une photo du gâteau dont je me suis servi pour faire une blague à Billy Wilder…

Photo-gag de Jack et moi, entourés par les acteurs interprétant les hommes de main de George Raft : Mike Mazurki, Harry Wilson, Pat Comiskey, Jack McClure, et deux ou trois techniciens dont j'ai oublié le nom.

Jack Lemmon et Joe E. Brown répétant leurs pas de tango, juste avant de tourner la scène de leur rendez-vous galant. Spectateurs attentifs, George Raft et « Izzy » Diamond, venaient souvent sur le plateau pour aider Billy Wilder avec des remaniements de dernière minute. Ils étaient rares cependant : Wilder n'aimait pas changer les répliques sur le plateau. Les deux hommes retravaillaient le scénario la nuit et le week-end.

George Raft enseignant à Joe E. Brown et Jack les secrets du tango. Même s'il est surtout connu pour ses rôles de caïd, George fut en son temps un merveilleux danseur.

Billy en train de diriger la scène du bal. Il utilisait un mégaphone dans ce décor immense où intervenaient deux cents personnes.

Billy se prêtant au jeu de la photo-gag avec les « gangsters », ce qui ne manque pas de sel : il était aussi dur que n'importe quel caïd...

donné une leçon de tango (gratuite) à Jack et Joe E. Brown. George a même proposé à Billy d'achever *Certains l'aiment chaud* par une scène de tango entre Marilyn et lui. Ah, les acteurs… Mais je ne lui jetterai pas la pierre : il dansait le tango comme personne, et la scène aurait été extraordinaire. Seulement, elle ne collait pas avec l'histoire qu'Izzy et Billy avait imaginée.

C'est à ce moment-là que Billy a reçu une autre mauvaise nouvelle. Alors qu'il avait engagé Edward G. Robinson Jr, son père, Eddie Senior, lui a fait savoir qu'il ne tournerait pas dans ce film. Il n'a donné aucune explication, mais tout le monde savait : il refusait de travailler avec George Raft, même si en dix-sept ans, il avait eu le temps de s'assagir. Billy était livide. La seule raison pour laquelle il avait engagé Eddie Jr, c'était qu'il voulait s'attirer les faveurs de son père. Maintenant, il se retrouvait avec un acteur dont il ne voulait pas vraiment, et il lui en manquait un autre, pour jouer un rôle important.

Walter Mirisch était déçu, et moi aussi. J'aurais vraiment adoré travailler avec Edward G. Robinson. Je l'avais rencontré sur le tournage du film *Un trou dans la tête*, avec Frank Sinatra. Robinson parlait un yiddish impeccable, et possédait une collection de peintures extraordinaire, qu'il lui a fallu malheureusement partager avec son épouse lorsqu'ils ont divorcé. Ce fut une déchirure pour lui, mais il était prêt à tout pour se débarrasser de cette femme. C'était un homme réfléchi et sensible – le genre qui attire les personnes instables.

C'était formidable de s'asseoir avec Eddie G. et de l'écouter. Quel conteur ! Il m'avait raconté sa jeunesse à New York, et ses débuts au cinéma. C'était un homme fascinant et d'une grande générosité. Il était impressionné qu'un gosse des rues new-yorkaises comme moi ait réussi à s'en sortir. Il m'écrasait le visage entre ses mains et s'exclamait : « *Shone punim !* » (« Belle gueule ! »)

Marilyn est restée absente toute la semaine, mais elle avait parlé à Walter Mirisch : « Elle avait de sérieux problèmes. Elle a demandé la permission de se rendre à New York pour consulter son médecin personnel. Nous avons donc essayé d'établir un programme sans elle. »

Nous avons tourné sans Marilyn pendant la majeure partie de la semaine suivante. Jack et moi avons joué un tas de scènes dans des couloirs et, après que Billy a trouvé un remplaçant pour le rôle de Little Bonaparte, nous avons fait la grande scène du banquet des gangsters. À l'époque où je suivais les cours de la New School, j'avais rencontré des acteurs de grand talent tels que Bea Arthur, Walther Matthau ou Nehemiah Persoff. J'étais donc très heureux d'apprendre que Billy avait engagé Persoff pour jouer Bonaparte. Je crois que Billy, lui aussi, en était très heureux. Nicky Persoff a fait un boulot formidable dans ce rôle d'une seule scène. Il s'était même rasé la tête. Mais le cas Marilyn donnait des sueurs froides à Billy, qui devait faire face à un stress extrême. J'avais de la peine pour lui, et je me demandais ce que je pouvais faire pour le dérider. C'est alors que j'ai eu une idée.

La scène du banquet était le grand rassemblement des gangsters de Chicago. Jack et moi étions cachés sous la table au moment où Nicky faisait apporter un énorme gâteau d'anniversaire en l'honneur de George Raft. Après deux strophes de l'air « He's a Jolly Good Fellow », Edward G. Robinson Jr jaillit hors du gâteau et tire à la mitraillette sur George et ses petits copains. Pendant que l'on préparait la scène, j'ai embauché une femme pour qu'elle se glisse discrètement à l'intérieur du gâteau. Une strip-teaseuse aux seins nus – qu'elle avait généreux. Billy a débarqué sur le plateau sans se douter de rien. Il a crié : « Action ! », et le gâteau s'est ouvert. La strip-teaseuse a bondi en l'air, en remuant les seins. Tout le monde a éclaté de rire. Sauf Billy, qui restait planté, bouche bée. Là, c'était trop pour lui. « C'est la première fois en quinze ans que je vois Billy rester sans voix ! » a murmuré un technicien. Un photographe de *Playboy*, présent sur le plateau, a demandé à Billy de poser avec la strip-teaseuse, mais il a fait non de la tête. Je pensais le faire rire un peu, et je crois que mon attention l'a touché. Mais il était bien trop soucieux pour s'amuser.

Après cet intermède, quand Billy a finalement tourné la scène, Eddie Jr a bondi hors du gâteau et s'est mis à tirer avec sa mitraillette. Il était si frêle que la mitraillette lui a un peu échappé des mains : il tirait dans tous les sens. Alors Billy a hurlé : « Coupez ! Coupez ! » Eddie s'est figé. « Qu'est-ce que tu fais ? s'est exclamé Billy. Tu ne dois pas tuer toute la table, seulement ces quatre types-là. » Dans cette scène, Jack et moi devions nous planquer sous la table, mais nous n'y étions pas quand Billy a tourné le plan d'ensemble. Nos séquences ont été tournées ensuite, avec la caméra posée au sol. En général, pour tourner ce genre de scène, les réalisateurs font construire une plate-forme pour pouvoir tourner les plans en contre-plongée à hauteur d'homme, mais comme nous avions déjà plusieurs jours de retard sur le planning, Billy a filmé au niveau du sol, allongé sur le ventre, malgré ses douleurs au dos.

La dernière scène complète que nous avons tournée cette semaine-là est celle qui suit mon rendez-vous avec Marilyn. Je rentre par la fenêtre de la chambre d'hôtel que nous partageons, Jack et moi. Jack est allongé sur son lit, toujours déguisé en femme, avec sa paire de maracas. C'était une scène délicate. D'un côté, elle montrait toute la profondeur de l'amitié qui lie ces deux hommes. Ils meurent d'envie de se raconter leurs conquêtes respectives. D'un autre côté, Jerry se laisse peu à peu dépasser par le rôle qu'il joue, et cela effraie Joe. Il fallait donc faire preuve d'une grande finesse. Aucun film hollywoodien n'avait jamais comporté une scène pareille.

« Billy m'a tendu une paire de maracas, se souviendrait plus tard Jack. J'ai pensé qu'il avait perdu la raison. J'avais déjà tout prévu en travaillant chez moi, et je ne voyais pas ce que j'allais bien pouvoir faire avec ces machins-là. Et puis soudain, en répétant, j'ai trouvé : les maracas serviraient de passerelle, elles combleraient les vides entre mes répliques. »

Billy avait anticipé : les choses que Jerry balance à Joe lors de cette scène allaient tellement interloquer les spectateurs que leurs éclats de rire allaient noyer chaque fois les deux répliques suivantes, comme cela avait été le cas vingt ans plus tôt avec *Ninotchka.* « Au théâtre, remarquait Billy, les acteurs peuvent attendre que les rires s'arrêtent, mais au cinéma, il faut tout prévoir. » La réplique de Jack : « Osgood m'a demandé en mariage », provoquerait l'hilarité générale, si bien que le public allait manquer les répliques d'après, qui évoquent la mère d'Osgood et les chutes du Niagara. Pour citer Jack : « Après chaque réplique, je me mettais à danser avec ces maracas, tandis que Tony me dévisageait comme si j'avais perdu la boule. » Billy a minuté la scène de telle manière que le public n'en perde pas le fil. Il ajusterait le tout avec davantage de précision après la première projection.

À la fin de la semaine, Marilyn est réapparue. Elle semblait un peu moins sombre, moins fatiguée. Personne ne lui a posé de question, nous nous sommes simplement efforcés de repartir du bon pied. Nous avons commencé par la scène, après que Jack a tiré sur la manette d'arrêt d'urgence, où Marilyn et moi échangeons nos couchettes. L'ensemble était filmé pour l'essentiel en plan moyen, et ne présentait pas grande difficulté. Marilyn s'en est bien tirée. Billy a donc décidé que nous pouvions retourner au Coronado. Il nous restait les prises de vues en nuit américaine sur la vedette, et devant l'hôtel. Je n'ai revu Marilyn qu'en fin de soirée. Elle est arrivée avec Arthur Miller. Et May. Et Paula... Ils avaient tous l'air un peu sinistre, ce qui était de mauvais augure pour les scènes comiques que nous devions tourner le lendemain.

21

LE LUNDI 29 septembre, *Certains l'aiment chaud* entrait dans son troisième mois de tournage. J'en avais déjà connu de plus longs, mais aucun ne m'avait semblé aussi interminable. Ce jour-là, Marilyn était convoquée à neuf heures du matin : Billy avait besoin de tourner d'autres plans avec elle, sur la plage. Le temps était merveilleux. Il allait faire vingt-six degrés. Arthur Miller prétendrait par la suite que Billy Wilder avait maltraité Marilyn en la faisant courir sur le ponton par quarante à l'ombre. Mais les températures, cette semaine-là, n'ont jamais dépassé les vingt-sept degrés, et certainement pas quand nous avons tourné les scènes de la vedette, sur le ponton.

À huit heures trente, j'ai regardé par la fenêtre de ma chambre : les techniciens étaient en train d'installer les réflecteurs, les diffuseurs et les projecteurs à arc. Une heure plus tard, ils avaient apporté la caméra, le pupitre de prise de son et le trépied girafe. Billy et le second assistant réalisateur, John Chulay, donnaient leurs dernières instructions aux figurants. Une foule de curieux s'était formée, et des agents de sécurité patrouillaient les abords du plateau. Un employé de l'hôtel avait certainement vendu la mèche. Puis j'ai vu Sam Nelson, le premier assistant réalisateur, s'approcher de Billy. Ils ont discuté pendant quelques minutes, avant de quitter la plage.

Un chauffeur est passé me prendre et m'a conduit à San Diego pour faire un peu de shopping. J'avais promis à Kelly de lui rapporter un cadeau. Il devait être une heure de l'après-midi quand je suis rentré à l'hôtel. La foule avait encore grossi, mais quelque chose clochait. Les projecteurs étaient éteints. Je suis monté dans ma chambre, et j'ai regardé par la fenêtre : l'équipe n'était pas en train de tourner. J'ai pensé qu'ils étaient sans doute partis déjeuner, même s'il était un peu tard pour cela. Je suis redescendu, et j'ai parcouru du regard le hall de l'hôtel. Apercevant Audrey Wilder, je lui ai demandé ce qu'il se passait. Elle m'a appris que Marilyn refusait de descendre sur la plage. Elle s'était trouvé un tas d'excuses. D'abord, elle devait apprendre ses répliques. Ensuite, se laver les cheveux. Paula Strasberg avait essayé de la faire venir. Pas moyen. Maintenant, la position du soleil ne permettait plus à Charles Lang de filmer ses gros plans dans de bonnes conditions. Alors tout le monde prenait une longue pause déjeuner. Billy avait espéré qu'en dormant à l'hôtel, Marilyn aurait moins de mal à arriver à l'heure sur le plateau. Il s'était trompé, et toute la compagnie l'avait attendue en vain sur la plage. « À force, nous avons pris de belles couleurs... », s'amusait Billy.

Enfin, à quatorze heures trente, Marilyn est arrivée sur la plage, en maillot et bonnet de bain, flanquée de deux gardes du corps. Un bourdonnement est monté de la foule. Les projecteurs se sont allumés. Billy a tourné un plan de Marilyn sortant de l'eau en courant, avec Jack. Puis ils ont préparé le matériel pour filmer ses gros plans. Marilyn a gagné une zone protégée par des cordes, à l'ombre d'un bâtiment. Paula était allongée sur un transat, à côté d'Arthur Miller. Elle était toute de noir vêtue, évidemment, mais lui avait un look plus voyant qu'à l'accoutumée – chemisette de golf à rayures et casquette de l'US Air Force. Marilyn l'a fait se lever pour lui céder son siège. Puis elle lui a réclamé un verre d'eau. On aurait pu s'attendre à ce qu'elle demande tout cela à une assistante, au lieu

Billy me complimentait pour mes cascades. Il me comparait à l'acteur William Holden, si athlétique dans *Sabrina*.

J'ai senti que l'équipe s'inquiétait démesurément pour la sécurité de Marilyn dans cette scène. Elle n'allait quand même pas tomber à l'eau. Elle ne titubait pas à ce point…

Marilyn détestait l'image de blonde écervelée que la Fox vendait au public. Dans la vraie vie, elle était tout sauf idiote. Elle et moi, nous étions en phase sur bien des plans : intellectuel, spirituel, physique…

Ce célèbre cliché montre bien comment l'on tourne une scène intimiste – avec cinquante personnes autour ! Sans compter les centaines de badauds venus nous regarder.

Au bout d'un moment, une blague s'est mise à circuler sur le plateau :
« Que signifient les initiales M.M. ?
– Marilyn manquante. »
Ici, j'attends une nouvelle fois qu'on localise la retardataire...

de transformer en larbin l'un des plus grands écrivains américains de son temps. Je trouvais cela vraiment embarrassant. On imagine aisément ce qu'il devait ressentir.

Quand tout a été prêt et que la doublure a quitté le plateau, il a fallu que John aille chercher deux fois Marilyn avant qu'elle daigne venir se mettre en position. Alors elle s'est livrée au petit rituel des mains. Billy a fait un essai caméra. Il a fallu calmer la foule. « Action ! » Marilyn avait oublié sa réplique, pourtant très simple. « Coupez ! »

« Qu'est-ce que j'ai fait de mal ? », s'est-elle étonnée.

Billy lui a lu la réplique, elle a secoué la tête, penaude. « Action. » Marilyn a dit sa réplique, mais elle n'a pas regardé au bon endroit en la prononçant. Dans le jargon du cinéma, elle avait transgressé la règle des 180 degrés.

« Coupez !

– Qu'est-ce que j'ai fait de mal ?

– Gardez vos yeux fixés ici. Parfait. On recommence. Action. »

Cette fois, elle a prononcé sa réplique en regardant dans la bonne direction, mais il n'y avait aucune émotion dans sa voix.

« Coupez.

– Qu'est-ce que j'ai fait de mal ?

– C'était génial, mais on essaie encore une fois.

– Mais qu'est-ce qui n'allait pas ? »

Billy s'est approché d'elle et lui a parlé à voix basse, pour que personne n'entende. Marilyn a acquiescé. Puis Billy a repris sa place derrière la caméra, et ils ont continué. L'affaire a duré soixante prises. SOIXANTE.

Plus tard, alors que Marilyn était en train de se reposer entre Paula et Arthur, Audrey Wilder est venue discuter avec eux. Je savais qu'elle voulait leur proposer de prendre un verre avec Jack, Billy et moi au bar de l'hôtel. La journée de tournage s'est achevée une heure plus tard. Marilyn est rentrée à l'hôtel avec

Arthur, Paula et deux gardes du corps. Une centaine de badauds leur emboîtaient le pas. De temps en temps, Paula posait sa main sur l'épaule de Marilyn, pour lui montrer qu'elle était bien derrière. Le soleil aussi, d'ailleurs, si bien que, contrairement à son habitude, elle ne la protégeait pas sous son parapluie. Arthur arborait un sourire figé, qui n'avait rien de convaincant. « Certains jours, j'aurais pu étrangler Marilyn, avouerait Billy par la suite. Il y avait en revanche des journées merveilleuses, où nous avions tous conscience qu'elle était formidable. Mais sa relation avec Arthur Miller semblait avoir tourné au vinaigre. En le rencontrant, j'ai enfin découvert quelqu'un qui en voulait encore plus que moi à Marilyn. »

Je me suis habillé pour notre petit rassemblement, et je suis descendu rejoindre Audrey et les autres. Marilyn et Arthur Miller n'étaient pas avec eux. Audrey m'a expliqué qu'elle était passée prendre Marilyn. Apparemment, Miller et elle ne dormaient pas à l'hôtel, mais avaient loué un bungalow privé dans les jardins du Coronado. « Quels prétentieux… », grondait Audrey. Prudents, ai-je pensé. Bref, Marilyn marchait vers l'hôtel en compagnie d'Audrey lorsque Miller s'est arrêté à leur hauteur au volant d'une voiture, et a fait un signe de tête à l'intention de Marilyn. Naturellement, Audrey a demandé si Miller venait avec elles. « Non, a répondu Marilyn. Il faut que j'y aille. » Elle est montée dans la voiture et ils ont disparu. Sans dire au revoir, ou au diable, rien. A-t-on jamais vu une chose pareille ?

Le lendemain, je jouais avec Marilyn. Nous tournions la scène où je la dépose à l'entrée de l'hôtel après notre rendez-vous sur le yacht. La scène était censée se dérouler au petit matin, si bien que nous tournions à l'ombre du bâtiment. Il y avait des projecteurs, des miroirs et tout le reste, mais l'image serait ensuite retravaillée pour donner l'illusion de la nuit. C'était la première fois que Marilyn portait devant moi la robe blanche perlée qu'Orry-Kelly avait dessinée pour elle.

Un seul mot : waouh ! Elle portait par-dessus une étole de renard, mais on devinait quand même le galbe de ses seins. Je me suis efforcé de ne rien laisser paraître de mon émoi, car Miller se tenait aux abords du plateau.

Depuis que Marilyn était sortie de l'hôpital, tout avait changé. Elle avait déjà connu quelques difficultés auparavant, mais nous avions malgré tout réussi à faire notre boulot. Elle s'était montrée amicale, ouverte et disponible, même si de temps à autre elle devenait distante. À présent, rien de tout cela. On ne la voyait presque plus, et la raison en était évidente : Miller ne voulait pas que nous la voyions. Et il ne voulait pas que Marilyn nous voie. Sans doute craignait-il qu'elle s'éloigne de lui, ou s'entiche d'un autre.

Arthur avait une drôle de manière de me saluer. Vraiment étrange. Il y avait toujours dans son approche des airs de supériorité, voire de franche hostilité. Pour tout vous dire, il me flanquait une frousse pas possible. Pendant un moment, je me suis demandé si Marilyn ne lui avait pas tout raconté. Peut-être lui avait-elle dit ce qui s'était passé entre nous autrefois, ou à l'hôtel trois semaines plus tôt. Comment savoir ? Dès que Miller était dans les parages, je me tenais à carreau. Et je surveillais Marilyn. Mais elle s'était fermée et gardait ses distances, sauf quand le scénario nous jetait l'un vers l'autre et que nous devions nous embrasser devant une centaine de personnes.

À la fin de cette scène, Sugar rentre à l'hôtel et Joe escalade la façade pour regagner la chambre qu'il partage avec Jerry. Billy avait engagé un cascadeur pour la séquence finale, ce qui l'obligerait à changer de plan, au montage, et à couper après ma scène avec Marilyn. Je lui ai proposé, au contraire, de faire un panoramique de la façade, où je resterais à l'écran.

« Pourquoi ne me laissez-vous pas escalader moi-même ?

– Non, non, a rétorqué Billy. Vous ne pouvez pas, question d'assurance. Nous avons engagé quelqu'un pour le faire à votre place.

– Laissez-moi vous montrer ce que je sais faire. »

Avant qu'il ait eu le temps de réagir, j'ai traversé en courant la véranda, bondi sur la façade de l'hôtel et grimpé jusqu'au balcon de la chambre. Puis je suis redescendu. Pas besoin de cascadeur.

Le lendemain matin, tandis que le soleil illuminait encore la façade de l'hôtel, nous avons tourné la scène où l'orchestre arrive en bus à l'hôtel. Comme la caméra filmait en plan large, ils ont évacué les abords de l'établissement. C'était un plan très simple. Marilyn et moi devions descendre du bus et monter l'escalier, en échangeant quelques répliques. Le pauvre Jack, lui, portait toutes nos affaires. Billy a tourné plusieurs plans, et chacun d'entre eux a posé problème. Pas à cause de leur difficulté intrinsèque, non : à cause de Marilyn.

D'abord, elle répétait avec nous. Ensuite, elle allait consulter Paula et Miller. Ils tenaient un conciliabule. Paula touchait Marilyn, qui la gratifiait d'un sourire reconnaissant et reprenait sa place sur le plateau. Là, elle restait plantée une minute durant, les yeux fermés, à secouer énergiquement les mains. Enfin, quand elle était en position, Floyd McCarty essayait de prendre quelques portraits de la star. United Artists avait besoin d'images pour lancer la promotion du film. Autant d'images que possible. Mais dès qu'elle entendait le cliquetis de l'obturateur, Marilyn se retournait pour lancer à Billy un regard implorant. Billy faisait volte-face : « Je ne veux pas entendre le moindre bruit d'appareil photo ! » hurlait-il. Floyd était contraint de s'interrompre. Alors, juste au moment où Marilyn était prête à tourner, un avion de chasse décollait. Elle fermait les yeux, douloureusement : elle était obligée d'attendre. Floyd se remettait à la mitrailler.

« Pas de photos ! lui lançait-elle en fronçant les sourcils. Pas de photos ! » Pauvre Floyd, il essayait simplement de faire son boulot. Mais il n'avait pas le choix : Marilyn avait parlé.

Le jeudi soir, j'ai rendu visite à Billy et Audrey dans leur suite. Billy donnait une interview. Lloyd Shearer, le journaliste, avait passé la semaine à observer Marilyn. Il la trouvait décevante.

« Aucune aisance, aucune présence, aucun savoir-faire, déclarait-il à Billy. C'est un simple produit, n'est-ce pas ? Certes, elle a une personnalité attachante, mais ce sont les professionnels du marketing qui l'ont fabriquée. Ce n'est pas une actrice née. Je vous ai bien observé : vous avez la patience d'un saint. Mais en vaut-elle vraiment la peine ?

– Écoutez, a répondu Billy. Elle n'a peut-être aucun respect des horaires. Elle tombe peut-être souvent malade. Elle exige peut-être d'avoir son professeur d'art dramatique à ses côtés. Elle ralentit peut-être le tournage. Mais au bout du compte, quand elle est face à la caméra, elle dégage une magie indéfinissable qu'on ne retrouve chez aucune autre actrice.

– Néanmoins, il y a d'autres stars qui auraient pu tenir ce rôle…

– J'ai une tante qui vit à Vienne, a répliqué Billy. Elle aussi, c'est une actrice. Elle s'appelle Mildred Lachen-Faber. Elle arrive toujours à l'heure sur le plateau, elle connaît ses répliques par cœur, elle ne pose jamais le moindre problème. Mais au box-office, elle vaut quatorze *cents*. Vous me suivez ? »

L'interview terminée, Billy m'a demandé si tout allait bien.

« J'ai du mal à dormir, ai-je avoué.

– Moi, je dors mieux maintenant.

– Vraiment ? Mais comment faites-vous ? »

Billy a tiré de sa poche une boîte de suppositoires français, et en a déposé quatre dans la paume de ma main.

« Quoi ! Je dois tous les prendre ?

– Non, seulement un.

– Ça ne servira à rien.

– Glissez-en un dans votre *tuchis*, et vous dormirez comme un nouveau-né. Essayez, vous verrez. »

C'est ce que j'ai fait. Le lendemain matin, quand je suis arrivé sur le plateau, Billy m'a demandé si le suppositoire avait agi.

« J'ai passé la nuit à me retourner dans mon lit. Mais mon cul, lui, s'est endormi tout de suite. »

Billy a éclaté de rire. J'avais besoin de me reposer. J'étais censé sauter d'un ponton dans une vedette, et démarrer en marche arrière en évitant les yachts amarrés. Étant donné la manière dont Billy avait conçu le plan, j'étais obligé de le tourner moi-même. C'est à ce moment-là que j'ai commencé à m'interroger sur mon statut vis-à-vis de Billy et du reste de la troupe. Soudain, j'avais l'impression de ne pas être si important à leurs yeux. Quand je réussissais sans encombre une scène délicate pleine de dialogues et de mouvements, tout le monde était content. Mais pas aussi content que lorsqu'il s'agissait de Jack. Et encore moins de Marilyn. Je souffrais beaucoup de ce favoritisme. Quand Marilyn est montée dans la vedette, ils ont posté tout un tas de types pour la retenir, au cas où elle glisserait. Ils la surprotégeaient, quand mon propre sort ne semblait pas vraiment les préoccuper. Et cela m'affectait.

Jack voyait bien comment les choses se passaient, mais il restait imperturbable. C'était un professionnel aguerri, et rien ne pouvait le distraire de la continuité du personnage qu'il incarnait. Billy, d'ailleurs, ne laissait personne le déranger. Il exigeait que tout le monde le laisse tranquille, afin qu'il puisse faire son boulot dans les meilleures conditions. En revanche, je traversais une passe difficile. Je ne savais plus trop quoi faire. Marilyn ne me facilitait pas la tâche, et Billy passait tout son temps à s'inquiéter pour elle. Je voulais jouer pleinement mon rôle, laisser s'exprimer cette énergie qui me caractérise, la vitesse avec laquelle je suis capable de jouer. Prenez par exemple la scène d'escalade. Et celle où je saute du ponton. Billy aimait beaucoup cela. « Bill Holden était le meilleur pour les scènes de cascade, jusqu'à ce que vous arriviez », m'a-t-il confié après coup. Eh bien, l'entendre dire cela m'a estomaqué. Un compliment pareil, dans la bouche de Billy Wilder...

Bien sûr, il lui arrivait de me féliciter. « J'aime beaucoup ce que vous faites », commentait-il à la fin d'une prise. Et le soir, au bar de l'hôtel, Audrey me confiait : « Billy vous apprécie vraiment. » Mais Billy ne parlait jamais de moi comme il parlait de Jack ou Marilyn. Ces choses, je les entendais et je les lisais. Ce week-end-là, il y a eu un article dans le magazine *This Week*, qui citait Billy : « Il y a peu de grandes actrices de cinéma, de nos jours. Et parmi elles, il n'existe qu'une seule Marilyn Monroe. Les gens vont au cinéma pour la voir. Elle a un style qui n'appartient qu'à elle. » Malgré tout ce qui s'était passé, j'étais bien forcé de lui donner raison.

CINQUIÈME PARTIE

LES PROBLÈMES

22

LE LUNDI 6 octobre, nous étions de retour aux studios Goldwyn pour tourner les scènes d'intérieur de l'hôtel. Marilyn apparaissait dans la plupart. À neuf heures du matin, Billy nous a pris à part, Jack et moi. « Écoutez, les gars, a-t-il prévenu. Il va falloir que vous assuriez dès la première prise. Que vous assuriez sur *chaque* prise. Parce que dès qu'*elle* assurera, ce sera dans la boîte. Peu importe si vous avez le doigt dans un orifice ou un autre : c'est cette prise-là que je garderai. »

Marilyn est arrivée vers dix heures. Pas si mal, pour une convocation à neuf heures. La scène que nous devions tourner était celle où nous déballons nos affaires et où Marilyn nous propose d'aller nous baigner. Une séquence ultra-simple, où nous n'avions pas grand-chose à faire. En principe, une formalité. Mais en réalité, ce fut tout autre chose. Marilyn trouvait que ça n'allait pas. Elle est allée consulter Paula dans sa loge. (Arthur Miller était reparti dans le Connecticut.) Puis elle a demandé à Allan (« Whitey ») Snyder, son maquilleur, de la rejoindre. Snyder témoignerait, quelques années plus tard : « Elle trouvait toujours quelque chose. Elle prétendait que ses sourcils n'étaient pas comme il faut, ou bien son rouge à lèvres. Elle aurait trouvé n'importe quelle excuse pour ne pas retourner sur le plateau. »

En attendant son retour, Billy a filmé la séquence qui se déroulait avant son entrée, celle où Jack et moi sommes en train de comploter. Marilyn a fini par revenir, et nous avons tourné la scène sans encombre. C'était étrange comme elle était capable de jouer une scène tout entière sans commettre la moindre erreur. « C'est peut-être un blocage psychologique chez elle, s'interrogeait Billy. J'ai remarqué que dès qu'elle a dépassé les deux ou trois premières répliques, elle est capable de poursuivre sur sa lancée, même s'il s'agit d'un long dialogue. Elle semble alors infatigable, et enchaîne les prises sans broncher. Elle épuise les autres acteurs, mais elle, elle s'épanouit au fil de la journée. C'est en fin d'après-midi qu'elle est la meilleure, quand les autres tombent comme des mouches… »

J'avais vu son dernier film, *Le Prince et la Danseuse*, et ses longs plans-séquences où la caméra ne cessait de se déplacer : dedans, elle était parfaite et tenait la dragée haute au grand Laurence Olivier. Nous constations le même phénomène sur le tournage de *Certains l'aiment chaud* : elle excellait dans les scènes ininterrompues, mais perdait brutalement confiance dès qu'il s'agissait de tourner des séquences courtes ou en gros plan. C'était déroutant. Billy avait sa théorie sur le sujet : « Marilyn a été formée à la Twentieth Century Fox, spécialiste du Cinémascope. En Cinémascope, on ne peut pas couper une scène, car l'écran est trop large. Les scènes durent donc beaucoup plus longtemps que dans les films au format classique, et les acteurs ne peuvent pas tricher : leur performance ne peut pas être recréée en salle de montage. Il faut connaître ses répliques et être capable de tenir toute la durée d'une scène. »

Il y avait une courte scène avec Marilyn et moi, dans le couloir devant la chambre, un plan à deux simplissime, sans le moindre gros plan. Normalement, une demi-heure aurait dû suffire pour boucler l'affaire. Marilyn a commencé à s'emmêler les pinceaux dans ses répliques. Sans élever le ton, Billy nous a demandé de la refaire, encore et encore, pendant un long moment. Je voyais bien que Marilyn avait un problème avec cette scène. Elle n'y arrivait pas, sans que j'en comprenne la raison. Mais un petit manège s'est peu à peu installé. Elle se trompait dans une réplique. Les prises se répétaient. « Qu'est-ce que j'ai fait de mal ? » Alors elle éclatait en sanglots, et Snyder était obligé de la remaquiller. Elle revenait. Finalement, elle réussissait à jouer toute la scène. Et, dès que la prise était terminée, elle se remettait à pleurer. On aurait dit qu'elle avait été torturée. Mais le bourreau, c'était elle-même.

Le mardi, nous tournions dans la chambre de Joe et Jerry. C'était la scène où Sugar et Jerry/Daphné rentrent en courant de la plage pour faire une surprise à Joe/Joséphine, mais ce dernier est déjà caché dans la salle de bains. Billy avait convoqué Marilyn plus tôt que d'habitude. À ce moment-là du tournage, le comportement de Marilyn n'avait plus aucun secret pour Walter Mirisch : « En arrivant le matin aux studios, j'avais pris l'habitude de demander au gardien, à l'entrée, si Marilyn était arrivée. En effet, on la convoquait à sept ou huit heures du matin pour être sûr de l'avoir sur le plateau à neuf heures. Eh bien à chaque fois, voyez-vous, elle s'éternisait dans sa loge. Et à onze heures du matin, tout le monde était encore en train de l'attendre. »

C'est parfaitement exact. Onze heures et demie sonnaient, et Marilyn n'était toujours pas prête. À midi, la nouvelle tombait, en direct de sa loge : elle ne se sentait pas très bien. May avait pris sa température, elle était légèrement fiévreuse. Billy demandait s'il lui était quand même possible de travailler un tout petit peu, afin de maintenir un semblant de continuité avec ce que nous avions tourné la veille. Son coiffeur parvenait assez bien à garder ses cheveux de la même couleur mais, si l'on tardait trop, ils pousseraient, alors il faudrait les couper, ce qui risquait de poser problème à l'écran. J'avais entendu dire que ses gros plans sur la plage n'étaient pas très « raccord ». Doane Harrison était en train d'assembler le premier bout à bout des scènes déjà tournées avec Arthur Schmidt, le monteur officiel du film. L'éclairage ne concordait pas et, dans certains plans, ses yeux étaient boursouflés. Elle ne pouvait dormir sans somnifères, ce qui lui gonflait les yeux pendant une partie de la journée.

Marilyn a fini par gagner le plateau vers une heure de l'après-midi. Elle a tourné la scène où Jack et elle traversent le couloir en courant. Puis ils ont joué leur séquence à l'entrée de la chambre, quand je suis caché dans la salle de bains. Une nouvelle fois, Marilyn était impeccable dans le long plan-séquence, jusqu'au moment où elle entre dans la salle de bains et me découvre dans la baignoire remplie de bulles. À la fin d'une prise satisfaisante, elle est allée voir Billy et lui a expliqué qu'elle ne se sentait vraiment pas bien. La journée de mardi était donc terminée.

Le mercredi 8 octobre, Marilyn est restée dans son lit, à l'hôtel Bel Air. À en croire May, elle avait trente-neuf de fièvre. Nous ne pouvions rien tourner sans elle, à cause du bain moussant et de tout le reste, qu'il aurait été impossible de faire concorder si nous tournions à part les autres séquences. Billy a donc perdu une journée de plus.

Le jeudi, nous étions de retour dans la salle de bains. Marilyn avait repris le travail. Il a fallu toute la journée pour réussir une séquence de deux minutes à peine, quand elle discute avec moi dans la salle de bains. Ce n'est pas qu'elle était mauvaise, non : elle était excellente. « Marilyn était une actrice fabuleuse dans les scènes de dialogues, soulignait d'ailleurs Billy. Elle comprenait immédiatement où se trouvait la blague, sans avoir besoin d'en parler. Elle savait où tomberait le rire. Elle le savait. » Mais dès qu'elle était filmée en gros plan, dès qu'on mettait l'accent sur elle et que la réussite d'une scène dépendait de son interprétation, tout dérapait. J'étais coincé dans ma baignoire, et Billy filmait par-dessus moi. Marilyn entamait une réplique, et s'interrompait aussitôt. Puis elle recommençait, et s'arrêtait de nouveau. Prise après prise après prise...

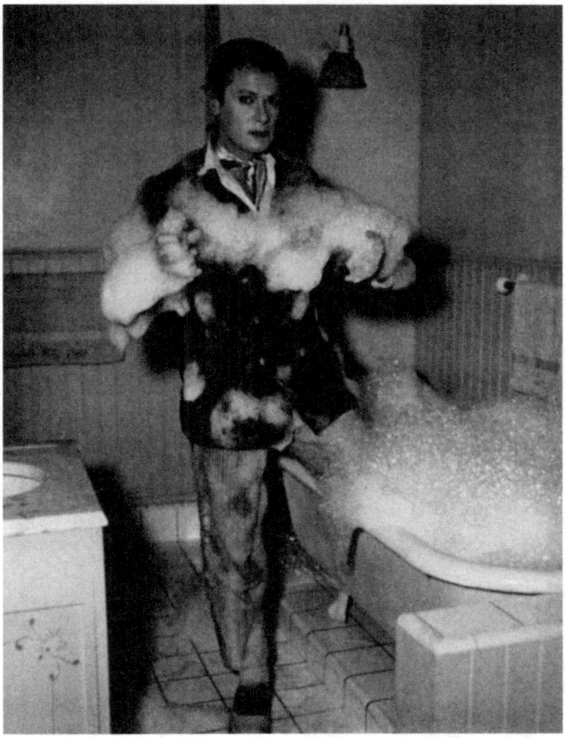

J'ai passé des heures dans un bain moussant, en tournant ma scène avec Marilyn. La magie du cinéma interdisait à mon costume de rétrécir, car il devait m'aller parfaitement dans une scène ultérieure...

Billy essayait de me maintenir dans la dynamique de la scène pendant que nous attendions Marilyn. J'ai failli me transformer en pruneau... Mais à l'écran, ça ne se voit pas. Magie du cinéma, vous dis-je...

R-263-3

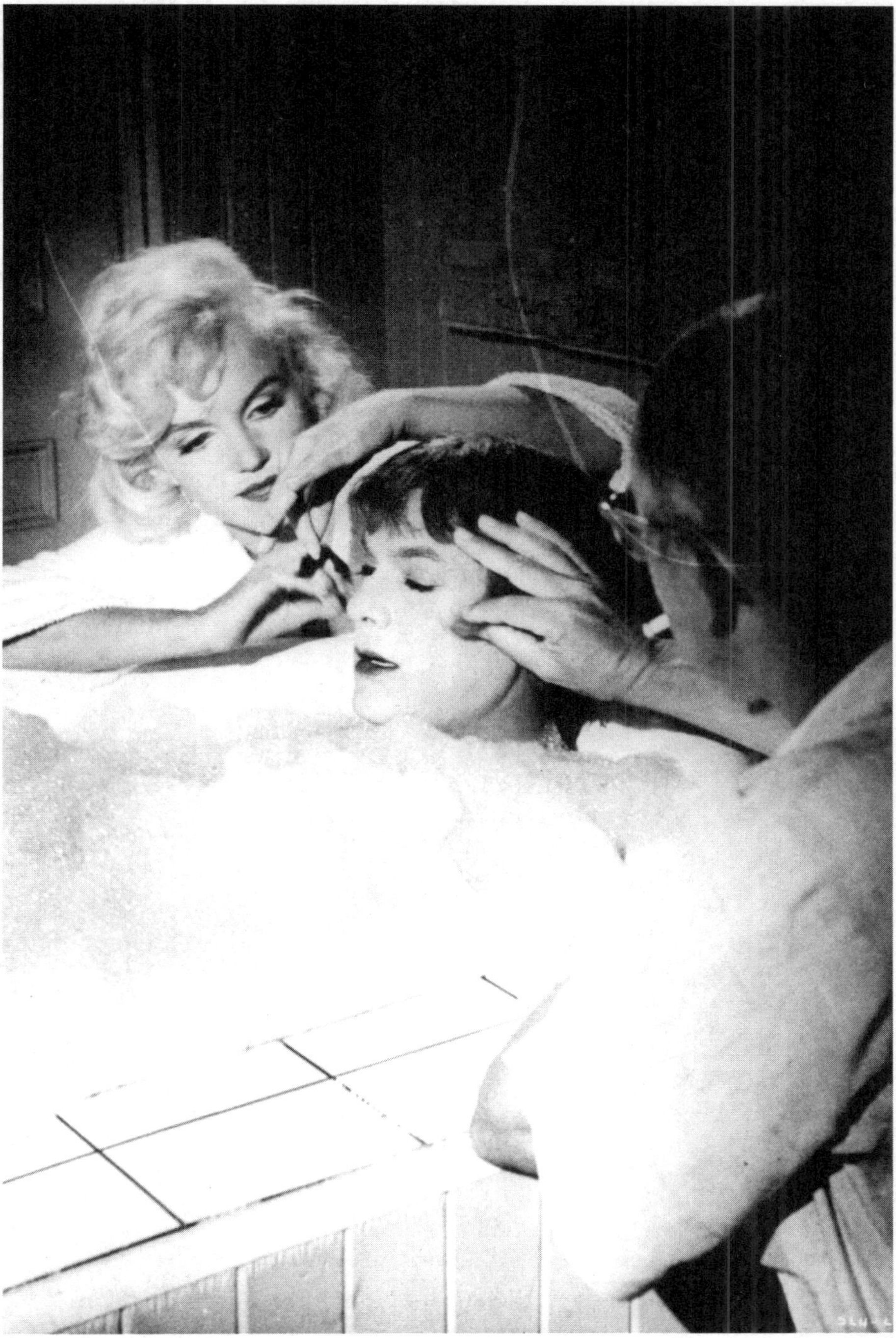

Quand Marilyn arrivait enfin, elle démontrait que l'attente valait la peine. Il n'y avait aucune autre actrice comme elle, il n'y en aura jamais. Elle incarnait la magie du cinéma.

Imprimer la magie de Marilyn sur la pellicule relevait souvent de l'exploit. Parfois même, c'était intenable, à en devenir dingue ! Mais Billy l'a fait. Nous l'avons tous fait.

Pour citer Jack Lemmon: « Tony avait fort à faire avec Marilyn. Elle était malade, mais nous ne l'avons su qu'après. La seule chose que nous savions, à l'époque, c'est qu'elle rendait tout le monde dingue. Avec Marilyn, on faisait parfois plus de quarante prises. D'autres fois, une seule suffisait. Billy gardait toujours celle où Marilyn se montrait à son avantage. Je l'ai compris très vite, et j'ai alors pris une décision: si je me laisse perturber, ça affectera mon jeu. »

J'adorais travailler avec Jack, et si je ne me suis jamais senti à l'aise sur le tournage de *Certains l'aiment chaud*, il n'y était pour rien. C'est juste que toutes mes scènes ou presque avantageaient Jack ou Marilyn: je leur servais de faire-valoir. J'étais profondément déçu. J'avais espéré que ce film serait un tournant dans ma carrière. C'était un film de Billy Wilder, bon Dieu! Que pouvait-on trouver de mieux? Hitchcock? Ford? Welles?

Billy se montrait courtois, et, à vrai dire, il était gentil avec moi. Mais j'avais cette manie de m'attacher aux gens, de les considérer comme des pères ou des grands frères. J'avais besoin de ce sentiment de sécurité, d'appartenance, qui m'avait fait défaut dans ma jeunesse. J'avais besoin d'un modèle. Avec Billy, je me sentais comme un beau-fils: je n'ai jamais eu l'impression qu'il m'aimait vraiment. C'était peut-être de la paranoïa, mais je le ressentais comme ça. Je m'en suis ouvert à Janet. Intelligente comme elle était, elle a eu une idée: « Pourquoi ne pas inviter Billy et les autres têtes d'affiche à dîner? Qu'ils te découvrent dans ton élément. » Nous les avons donc invités, et ils ont accepté. Le dîner aurait lieu le samedi soir.

Mais le vendredi, nous avons eu une dure journée. Nous devions tourner la première séquence dans la salle de bal, à l'hôtel, qui mettrait en scène l'orchestre au complet, plus Joe E. Brown et quelque deux cents figurants en costume. Marilyn chanterait en play-back la version de « I Wanna Be Loved by

You » qu'elle avait enregistrée en studio. Nous l'avons attendue toute la matinée. Elle n'était ni dans sa loge, ni à l'hôtel Bel Air. Personne ne savait où elle se trouvait. Jack et moi sommes allés déjeuner à la cantine du studio. Nous avons mangé des haricots blancs et du pain de seigle, tout en lançant des vannes à la troupe de *Porgy and Bess*, qui nous en envoyait en retour. Rien d'étonnant à cela: nous portions nos déguisements féminins. À un moment, j'ai jeté un coup d'œil par-dessus mon épaule. Sidney Poitier était planté derrière moi, immobile, et me dévisageait. J'ai froncé les sourcils, en le gratifiant d'un clin d'œil. Il a secoué la tête et s'est éclipsé. Pris d'un fou rire, j'ai commandé une autre assiette de haricots.

Nous sommes rentrés au studio: toujours pas trace de Marilyn. Billy était au bord de la crise de nerfs. Il ne savait plus quoi faire. Comme il n'y avait rien qu'il *puisse* faire, il gardait bonne contenance. Plus tard, il s'en amuserait: « Nous n'avons pas perdu notre temps, pendant toutes ces heures. Nous avons joué au poker, nous nous sommes raconté nos souvenirs de guerre. J'ai eu le temps de lire *Guerre et Paix*, *Les Misérables* et même *Hawaï*, de James Michener. »

Un autre jour, tandis que nous attendions Marilyn, Billy m'a parlé d'un film qu'il comptait réaliser. L'histoire d'un représentant américain pour Coca-Cola en Allemagne de l'Ouest. Le film s'appellerait *Un, deux, trois*. Billy espérait faire signer James Cagney, et il y aurait peut-être un rôle pour moi. Mais ça n'a pas été possible. Je tournais film sur film, Billy n'avait pas le temps de m'attendre, et vice versa. Quel dommage...

À cinq heures de l'après-midi, Marilyn s'est pointée. Elle a pris sa place sur le plateau, à côté de Joan Shawlee, qui a même eu droit à un sourire: « Marilyn était très sympa avec moi, déclarerait-elle par la suite. Mais d'un jour sur l'autre, elle ne savait plus qui j'étais, alors que nous avons travaillé ensemble pendant trois mois. »

Billy s'est approché de Marilyn.

« Content que vous ayez réussi à venir...

– Oh, je sais bien, a répliqué Marilyn. Je me suis un peu perdue en route. »

Ce qui était plutôt drôle, car sur son exemplaire du manuscrit, celui que Paula portait toute la journée pour elle, figurait l'adresse du studio, écrite de la main de Marilyn: « *1041, North Formosa* ».

Nous avons travaillé jusqu'à onze heures ce soir-là, mais la scène était dans la boîte.

Le samedi soir, Janet et moi avons organisé notre petit dîner. Nous avions invité Billy et Audrey Wilder, Jack et Felicia Lemmon, Lew et Edie Wasserman, Walter et Pat Mirisch, Jay et Judy Kanter. Au cours du dîner, Billy a commenté la finale du championnat de base-ball, à l'issue de laquelle les Yankees avaient écrasé les Braves, ce qui le mettait dans tous ses états. Heureusement que la partie était terminée, sinon Billy se serait sans doute assis à table avec son transistor collé à l'oreille, en s'exclamant: « Oh, mon Dieu ! » Je suis sérieux: cela lui arrivait souvent, et j'en avais moi-même été témoin.

Bref, notre dîner suivait son cours, et Billy discourait sur tel ou tel sujet. Soudain, il s'est interrompu, souffle coupé, dans une étrange posture, le visage décomposé. À l'évidence, il souffrait le martyre. Il était incapable de se lever, encore moins de marcher. Son dos venait de le lâcher.

Nous avons dû le porter jusqu'à la chambre, et l'allonger sur le lit. J'ai appelé mon médecin qui, par chance, a pu venir tout de suite. Il a fait à Billy une piqûre d'anti-inflammatoires, et lui a donné des cachets contre la douleur. Tous les convives présents ce soir-là pensaient la même chose: Billy avait eu cette crise à cause de Marilyn.

23

LE LUNDI 13 octobre, nous tournions de nouveau dans la salle de bains. Billy était assis sur une chaise, le dos raide. Il était incapable de s'asseoir dans son fauteuil pliant, ou de rester debout. Comme il devait se rendre chez le médecin ce matin-là, le tournage était programmé dans l'après-midi. Marilyn était convoquée à onze heures. Nous avons attendu. Elle est arrivée vers trois heures et demie, et elle a foncé dans sa loge. Nous l'avons encore attendue.

Sur les plateaux de tournage, on passe beaucoup de temps à attendre, je m'y étais habitué. Il faut régler l'éclairage, installer les rails du travelling, et tout le reste. Mais sur ce tournage-là, il m'a fallu attendre – moi, comme tous les autres – beaucoup, beaucoup plus que d'habitude. Cela affectait notre concentration. Je sortais de ma loge, prêt à tourner une scène. J'avais appris mes répliques, et je cherchais quelqu'un pour qu'il me les fasse répéter. Parfois, il s'agissait d'un acteur qui ne jouait pas dans le film, et que la production payait pour cela. Mais pour ce film-là, l'exercice me gênait un peu. Je me sentais mal à l'aise parce que j'étais un mec qui parlait à un autre mec, mais en se comportant comme une femme. J'avais envie de jouer la scène dans sa continuité, pour de bon, au lieu de simplement réciter les répliques et de perdre mon énergie à m'adresser à un acteur qui ne jouerait même pas la scène avec moi.

Dans de telles circonstances, j'avais du mal à construire mon personnage. J'avais besoin de conseils supplémentaires pour me familiariser avec les détails pratiques du rôle. J'avais besoin d'avoir le véritable acteur en face de moi, pour expérimenter les sensations que j'allais éprouver en tournant la scène. C'était la seule manière pour moi de maîtriser mon rôle. C'est comme ça que j'avais appris le métier. En revanche, dès que nous avions fait une vraie répétition, tourné le plan d'ensemble et les plans par-dessus l'épaule, je n'avais plus besoin de personne. Billy pouvait filmer mes gros plans sans que personne ne me souffle les répliques. Je n'avais pas envie que l'assistant réalisateur aille embêter Marilyn ou Jack pour ça. Je m'étais entraîné à faire sans. Je pouvais m'appuyer sur tout ce que nous avions fait auparavant.

À quatre heures et demie, Billy a demandé à John Chulay d'aller chercher Marilyn dans sa loge. Il a frappé poliment, sans réponse. Il l'a entendue qui écoutait un disque. Il a fait son rapport à Billy, qui s'est abstenu de tout commentaire. À six heures moins le quart, Sam et John nous ont distribué les feuilles de planning mises à jour, et nous ont libérés. À six heures cinq, Billy a quitté le plateau. Selon le gardien du studio, Marilyn est ressortie de sa loge à six heures et quart, stupéfaite de trouver le plateau désert.

Le mardi, Marilyn n'était pas programmée. J'avais quelques scènes dans le hall de l'hôtel avec Jack Lemmon, George Raft et les gangsters. Le mercredi, Marilyn était censée tourner les gros plans de la scène de bal du lundi précédent. Comme elle n'était toujours pas arrivée à midi, Billy a chargé le directeur de production d'appeler l'hôtel. Sans réponse. Une blague circulait sur le plateau :

« Que signifient les initiales M.M. ?

– Marilyn manquante. »

Ça ne faisait rire ni les frères Mirisch ni Billy Wilder. « Tous les gens impliqués dans ce projet sont à bout, confiait le publicitaire Tom Wood à l'agence Associated Press. Aujourd'hui, Marilyn n'est pas venue du tout. »

Billy nous a déplacés sur le décor représentant la chambre à coucher. Il m'a fait jouer la séquence où je parle avec Marilyn au téléphone, avant de donner un coup de pied dans le pot de fleurs (avec le bracelet de diamants à l'intérieur), qui glisse à travers le vestibule. C'était un exercice délicat – donner un coup de pied dans un objet carré et lui imprimer une trajectoire rectiligne. J'ai réussi du premier coup. J'adorais ça.

Plus tard, en visionnant le bout à bout, quand j'ai constaté que cette séquence répondait à merveille à celle où Marilyn réagit, j'étais enthousiaste. À mes yeux, ces choses étaient réelles. Comment aurais-je pu ne pas m'enthousiasmer ? J'étais de nouveau avec Marilyn. Peut-être commençais-je à croire que les événements du film étaient la réalité, ce qui m'arrive souvent quand je joue un rôle. Quand la situation est correctement préparée, je perds peu à peu mon identité. Je suis toujours présent, mais une partie de moi, investie par le personnage, vit dans ce monde de l'illusion. Je ne remercierai jamais assez le cinéma de m'avoir procuré ce genre d'expérience.

Apparemment, Marilyn avait eu connaissance des articles assassins, à moins que quelqu'un, chez United Artists, ne lui ait passé un coup de fil. Car le vendredi, elle s'est présentée au studio, et nous avons passé toute la journée dans le décor de la salle de bal, à tourner les deux scènes qui s'y déroulaient. Marilyn n'a eu aucune difficulté à chanter en play-back et à dire ses répliques, qui, il est vrai, étaient peu nombreuses. Mais quelque chose clochait. Son apparence avait changé par rapport au début de la semaine. Je me suis demandé si les somnifères ne provoquaient pas chez elle un phénomène de rétention d'eau. Elle n'était pas boursouflée, à proprement parler. Disons qu'elle semblait plus pulpeuse encore que d'habitude.

Après le déjeuner, je me suis reposé dans ma loge. Je laissais toujours la porte ouverte, au cas où quelqu'un aurait besoin de moi. En outre, j'aimais ce sentiment d'appartenance à un groupe. Si j'avais fermé la porte, les gens auraient pu croire que j'étais arrogant. La loge de Marilyn jouxtait la mienne, si bien que je voyais et entendais une grande partie de ce qui s'y tramait, même quand sa porte était fermée – les murs n'étaient pas très épais… Ce jour-là, j'ai entendu Marilyn : elle avait des haut-le-cœur. Quand May Reis et Paula Strasberg sont venues la voir à l'heure du déjeuner, elles avaient l'air paniquées. Quelque chose ne tournait pas rond.

D'autres visiteurs sont entrés chez Marilyn. L'un d'eux était un figurant en costume du nom de Sam Bagley. C'était un drôle de vieux bonhomme, avec un goût prononcé pour les tenues tape-à-l'œil et les comportements excentriques. Son côté bling-bling incluait notamment une énorme liasse de billets, qui en imposait. Du moins, jusqu'à ce qu'on l'examine de plus près : il avait simplement posé une coupure de cent dollars sur une liasse de billets d'un dollar… Je savais que Sam était copain avec Clark Gable. Il devait donc bien y avoir une raison pour qu'il rende visite à Marilyn. Je ne m'étais pas trompé : Marilyn tentait de découvrir par des moyens détournés si Gable serait intéressé pour jouer à ses côtés dans le film qu'Arthur Miller était en train d'écrire. J'ai toujours été étonné de voir combien les stars étaient capables de manipuler les « petites gens ».

Après le départ de Sam, Marilyn a refermé sa porte. J'avais laissé la mienne ouverte. Je ne voulais pas que l'équipe vienne la chercher et qu'elle arrive avant moi sur le plateau. Je voulais faire preuve de respect. Bientôt, j'ai entendu John frapper deux fois à sa porte. Nous savions tous qu'elle se trouvait à l'intérieur, mais elle ne répondait pas. Il a continué de frapper. Puis j'ai distingué un murmure. Enfin, elle a entrouvert la porte et d'une voix ensommeillée, elle a demandé : « Qu'est-ce que c'est ? »

Allez, arrête un peu, ai-je pensé. Qu'est-ce que c'est ? Que veux-tu que ce soit ? Un putain d'incendie sur le plateau ?

« Hum. Nous vous attendons, miss Monroe.

– Oh », a-t-elle répondu, avant de refermer la porte.

John est revenu un peu plus tard, et il a frappé à la porte. « Miss Monroe, nous vous attendons. » Paula s'est approchée de la porte, et a commencé à frapper, elle aussi. Marilyn a fini par sortir, et s'est dirigée vers le plateau. « Certaines fois, ce n'est pas simplement qu'elle ne sortait pas, mais elle ne *pouvait* pas sortir de sa loge, a déclaré un jour Jack Lemmon. Je crois qu'elle s'enfilait un peu de vin, et tout le reste, quand elle était assise là-dedans. »

Moi aussi, je me suis posé la question. Marilyn avait pris l'habitude d'appeler May pour qu'elle lui apporte une grande thermos rouge remplie de café. Elle en prenait quelques gorgées, puis May repartait avec la thermos et la tasse en carton. Intrigué, j'ai chargé l'un des assistants de production d'inspecter la tasse, qu'il est allé repêcher dans une corbeille à papier. Pas de doute: il y avait du vermouth dans cette thermos. Pauvre Marilyn, pourquoi faisait-elle ça ? Personne sur ce plateau n'était aussi important qu'elle. Était-elle donc si incapable de saisir la valeur de cette expérience ? Pourquoi se mettait-elle dans de tels états ? Pourquoi avait-elle ainsi besoin d'éléments extérieurs – alcool, médicaments – pour que les choses fonctionnent ? Je l'ignore. Mais dans les scènes où elle réussissait à se concentrer, elle était magnifique. La manière dont elle parvenait à se maintenir à flot tenait du miracle.

De retour sur le plateau, Marilyn et moi avons joué la scène où, toujours déguisé en femme, je l'embrasse sur scène devant l'orchestre au grand complet, avant de m'enfuir à toutes jambes pour échapper aux gangsters. Cet après-midi-là, Marilyn était « branchée ». Volts ? Watts ? Ampères ? La puissance qu'elle dégageait dans ces moments-là était incommensurable.

« Travailler avec elle, c'était une rude épreuve, a commenté un jour Billy. Mais ce qu'on obtenait d'elle au bout du compte – et tous les moyens étaient bons –, dès qu'elle apparaissait à l'écran, c'était proprement stupéfiant. Stupéfiante aussi, la manière dont elle *irradiait.* »

Billy a tout de suite compris qu'il tenait quelque chose, et que ça ne durerait peut-être pas toute la journée. Ce n'était pas le moment de déconner… Il fallait enchaîner, et vite. Or, une grande partie des séquences dans lesquelles elle jouait étaient des gros plans, et il fallait prier le ciel pour que ce qu'elle faisait concorde d'une prise à l'autre. Tantôt elle y parvenait, tantôt non. On ne pouvait jamais savoir. Ce n'était pas facile pour Billy, ni pour le reste de la troupe. Depuis que nous étions rentrés de Coronado, elle était devenue encore plus capricieuse. Elle avait entendu les remarques au sujet de son prétendu « come-back ». Elle s'était soudain montrée plus réticente à recevoir les gens, qu'il s'agisse de journalistes, d'employés des studios Goldwyn ou des frères Mirisch. Elle ne laissait plus personne interrompre le cours de ses pensées. Une fois devant la caméra, elle ne pouvait plus se détendre.

Arthur Miller est passé la prendre ce soir-là. Toujours la même histoire: il rôdait aux abords du plateau, sans un sourire, sans parler à personne. Quand Marilyn a terminé sa dernière prise, Paula, May et Ann Landers, la responsable des costumes, l'ont suivie dans sa loge. Puis la star et son entourage se sont dirigés vers l'allée, devant le studio, où Miller attendait, au volant d'une voiture. Marilyn est montée, et ils ont disparu dans la nuit.

24

LE SAMEDI, mon téléphone n'a pas arrêté de sonner. Soudain, tout le monde voulait savoir une certaine chose. Même Janet m'a posé la question. Mais le plus drôle, c'est quand elle m'a passé le téléphone et qu'au bout du fil, il y avait Hedda Hopper. Sur le coup, j'aurais pu tabasser Janet, mais son geste partait d'un bon sentiment : elle ne voulait pas me porter préjudice, et nul, dans le métier, ne pouvait faire l'impasse sur Hedda Hopper.

« Tony ! a rugi une voix stridente dans le combiné. C'est Hedda. Marilyn, raconte-moi : elle est enceinte ou pas ?

– Hedda, ai-je répondu en m'efforçant de rester calme. Vous savez bien que c'est Janet qui attend un bébé. Pour le mois prochain.

– Pas de ça avec moi, Curtis. J'ai été la première à te mettre en avant, ne l'oublie pas. Maintenant, dis-moi : Marilyn est-elle enceinte ?

– Et comment le saurais-je ?

– Tu l'as embrassée hier.

– Je l'ai embrassée. Je ne lui ai pas fait un examen gynécologique.

– Écoute, Tony. Winchell t'a encore dans le collimateur.

– Et alors ?

– Tu ne voudrais quand même pas que je te jette aux chiens ?

– Comment ça ?

– Je sais tout, pour la fille de Laurel Canyon.

– D'accord, d'accord… »

J'ai jeté un coup d'œil par-dessus mon épaule : Janet était partie dans la pièce d'à côté.

« Bon. Les seins de Marilyn ont grossi, c'est tout ce que je peux te dire. Ok ?

– Merci, mon chéri. »

Clic. J'avais rempli mon devoir. J'espérais simplement que je n'étais pas la seule personne à qui Hedda avait forcé la main pour nourrir sa chronique. En tout cas, elle ne plaisantait pas, au sujet de Walter Winchell. *Le Grand Chantage*, ce film que j'avais tourné avec Burt Lancaster, s'apparentait à une charge acide contre les stratégies déployées par Winchell. Et si ce dernier n'était plus aussi puissant que par le passé, il était toujours chroniqueur dans la presse, et il me haïssait. Je n'avais aucune envie de me le mettre à dos.

Le lundi 20 octobre, nous abordions la douzième semaine de tournage. Jusqu'ici, nous nous étions bien amusés. Pour citer Jon Whitcomb, le célèbre chroniqueur et illustrateur américain : « Je n'ai jamais vu une telle hilarité sur le tournage d'un film. Pendant les répétitions de Billy Wilder avec Tony Curtis et Jack Lemmon, électriciens, machinistes, accessoiristes, à vrai dire toute l'équipe passait son temps à se tordre de rire. »

C'était un bonheur de partager l'affiche avec Jack. Il pouvait tout se permettre sans aucune peur du ridicule. Il était bien dans sa peau. Ce gloussement qui caractérisait son personnage de Daphné, ce n'était pas juste une bonne trouvaille : il était inimitable, génial.

Jack n'évoquait jamais sa vie privée sur le plateau. Nous étions tous les deux issus d'une certaine tradition, où l'on ne parlait jamais de politique, de religion, de famille ou de sexe au travail. À l'époque, ça ne se faisait pas. Mais quand je le croisais dans les grandes soirées d'Hollywood, un verre de whisky à la main, il se confiait plus volontiers. Je crois qu'il n'a jamais été satisfait de ses performances d'acteur, malgré tous les compliments qu'il recevait. C'est peut-être pour ça qu'il buvait après le travail. Sans excès, d'après ce que j'ai pu voir, mais il appréciait un ou deux cocktails. Les hommes tranquilles et doux ont souvent besoin de boire, parce qu'ils sont gênés de ne pas être des brutes épaisses. Enfin, c'est ma théorie...

Le moral était en baisse, nous allions désormais sur le plateau à reculons. Et les maux psychosomatiques sapaient la troupe. « Billy avait besoin d'un kinésithérapeute pour sortir du lit le matin », racontait sa femme, Audrey. Il marchait avec une canne. « Je ne savais jamais ce que la journée allait me réserver, expliquait Billy. Comment Monroe va-t-elle se comporter aujourd'hui ? Sera-t-elle coopérative ou fera-t-elle de l'obstruction ? Explosera-t-elle en vol avant que nous ayons pu tourner le moindre plan ? C'était là tout le problème : je ne pouvais jamais prévoir. » Tous, nous étions à cran. Et Marilyn, qui avait pourtant supplié Billy de retravailler avec elle, ne l'appelait même plus Billy, mais « Monsieur Wilder ». À présent, je me demandais si elle finirait par découvrir qui avait parlé à Hedda Hopper. Le lundi matin, elle est arrivée à l'heure au studio.

« Bonjour, Marilyn, l'a accueillie Jack. Ça va ?

– Ouais », a marmonné Marilyn d'une voix éteinte, avant de passer son chemin.

Suivie de May Reis, Paula Strasberg, Whitey Snyder et Sydney Guilaroff, elle s'est précipitée vers la salle de maquillage. Trois heures ont passé. Qu'est-ce que c'était encore que cette histoire ? Alors, nous l'avons vue ressortir. Elle portait à la main un livre que j'avais déjà aperçu : *Les Droits de l'homme*, de Thomas Paine. Regardant droit devant elle, elle s'est dirigée non pas vers son fauteuil, sur le plateau, mais vers sa loge. D'un hochement de tête, Billy a fait signe à

John de la suivre. Marilyn a claqué la porte derrière elle, et John s'est présenté quelques secondes plus tard. Il a frappé. « Miss Monroe. Nous n'attendons plus que vous. » Rien. Il a frappé une deuxième fois. Il l'a entendue qui verrouillait la porte. Il a frappé une troisième fois. « Miss Monroe. Il est onze heures et demie et toute la troupe attend.

– Tu peux crever.

– Miss Monroe. M. Wilder voudrait...

– Allez tous vous faire foutre ! »

John a rapporté cet échange d'amabilités à Billy, qui le décrirait par la suite comme le moment où le tournage a basculé : « Nous en étions à la moitié du vol quand nous avons découvert qu'il y avait une cinglée à bord... »

L'humeur exécrable de Marilyn était en partie due à la présence sur le plateau de Jon Whitcomb, l'illustrateur de la revue *Cosmopolitan*. Depuis une semaine qu'il était là, Marilyn avait pris soin de l'éviter. Aucune instruction n'avait été donnée par Arthur Jacobs et Tom Wood pour obliger Marilyn à collaborer avec Whitcomb, alors elle se réfugiait dans sa loge. Puis May lui a expliqué qu'il allait faire son portrait au pastel pour la couverture de *Cosmo*, et qu'il lui fallait pour cela, au préalable, prendre des photos d'elle. En entendant le mot « photos », Marilyn a dressé l'oreille. Là, c'était autre chose. Marilyn adorait être photographiée par un homme. Pour elle, c'était l'aphrodisiaque ultime. Et bien plus encore : c'était le moyen de manipuler les autres. Or, Marilyn avait besoin de contrôler chaque homme gravitant dans sa sphère. Elle n'était jamais neutre. En fonction de l'homme, c'était soit « Je l'aime », soit « Je le hais ». Mais elle était incapable d'ignorer un homme. Avec chacun d'entre eux, elle devait jouer un rôle.

Comme par enchantement, la porte de sa loge s'est ouverte. Jon a été prié d'entrer. Puis Marilyn et lui sont ressortis. Elle ne portait que ses sous-vêtements, et son étole de renard. Ils se sont dirigés vers une toile de fond montée dans l'urgence. Floyd McCarty et plusieurs techniciens ont participé au réglage des lumières, même si Jon semblait savoir exactement ce qu'il voulait. Il savait s'y prendre.

« Avez-vous une pose préférée, Marilyn ?

– Oh non, a-t-elle minaudé. Ça doit venir naturellement. Du plus profond de moi, vous comprenez ?

– C'est parfait, a-t-il répondu. Eh bien, pourquoi ne pas faire comme si vous étiez Pola Negri ?

– Qui ça ?

– Une star du muet. Bon, voyons un peu. Je sais : pourquoi ne pas faire comme si vous posiez pour les calendriers artistiques d'Earl Moran ?

– Je préfère ! s'est-elle exclamée en éclatant de rire. Mais ce n'est pas pour M. Moran que j'ai posé. C'était pour Tom Kelley, le photographe. »

Elle a fait glisser l'étole le long de son bras.

« Et je ne cachais pas grand-chose. »

Elle a marqué une pause, sûre de son effet.

« Mais, voyez-vous, j'avais besoin d'argent. »

Jon la mitraillait avec son Rolleiflex.

« Vous vous êtes épanouie, n'est-ce pas ?

– Mon mari me préfère comme ça.

– Et vos cheveux, de quelle couleur sont-ils ? Y a-t-il un nom pour cela ?

– J'appelle ça le "blanc taie d'oreiller". »

Jon avait terminé sa pellicule, et Floyd l'a changée pour lui.

« Et ce grain de beauté, c'est quoi ? a demandé Jon.

– C'est Whitey qui l'a dessiné, a répondu Marilyn. Les femmes en portaient dans les années 1920, je crois. »

La session terminée, Marilyn a dû se faire refaire les cheveux avant de nous rejoindre, Jack et moi, dans le décor de l'hôtel. Jon l'a suivie dans sa loge. La conversation a dérivé sur Arthur Miller.

« Mon mari dit qu'il n'écrit jamais de pièces pour tel ou tel acteur ou telle ou telle actrice en particulier, a expliqué Marilyn. Mais il dit aussi que si un rôle qui peut me convenir se présente à lui, alors je pourrai jouer dedans. Arthur et moi avons acheté une maison à Roxbury, dans le Connecticut. Elle a été construite vers 1800, et il y a cent vingt hectares de terrain, dont quarante de forêt. J'ai appris à transplanter le cresson… Arthur trouve que j'ai la main verte. »

Au bout d'une bonne demi-heure, Marilyn s'est présentée sur le plateau, flanquée de Jon et Paula. Elle s'est lancée dans son secouage de mains routinier. « Je fais ça pour m'échauffer, a-t-elle confié à Jon. Les actrices ont besoin de se mettre en condition. Chacune a son propre truc. Moi, je secoue les mains. » Billy m'a glissé à l'oreille qu'on aurait dit que Marilyn se trouvait dans des toilettes publiques en pénurie de serviettes en papier. À quelques mètres de nous, May est apparue, un exemplaire du *Los Angeles Times* à la main. Elle s'est assise près de Paula et s'est mise à lire le journal. Soudain, j'ai repensé à la chronique d'Hedda Hopper.

Jon est venu voir Billy.

« Contrairement à ce que vous avez peut-être entendu, lui a déclaré ce dernier, Marilyn est absolument infatigable. Elle pense toujours qu'elle peut jouer une scène mieux que dans la dernière prise. Alors son visage s'illumine et elle s'écrie : "On peut la refaire ?". »

May a plié le *Times* et l'a tendu à Paula, qui a fixé longuement la page avant d'inspecter le plateau du regard et de bondir sur ses pieds. Tom Wood se tenait debout non loin de là. Paula est allée le rejoindre et lui a donné le journal. Un bref échange s'en est suivi. Billy, de son côté, était toujours en grande conversation avec Jon. « C'est stupide de parler de ce film comme d'un come-back, commentait-il. Est-ce que le Kilimandjaro ferait un come-back ? »

Tom a rejoint Billy, l'a pris à part et lui a murmuré quelques mots à l'oreille. Billy est revenu vers Jon et lui a serré la main – Jon a aussitôt compris le message. Alors, aussi vite que Jon était apparu, Tom l'a fait disparaître. Billy ne voulait pas qu'il soit témoin de ce qui allait suivre.

25

J'AVAIS tout de suite compris ce qui arriverait lorsque Marilyn allait découvrir la chronique d'Hedda Hopper dans le *Los Angeles Times.* « Les plus proches amis de Marilyn pensent qu'elle est enceinte, écrivait Hedda. Si tel est le cas, j'espère vraiment qu'elle pourra garder l'enfant. Elle a déjà quitté le tournage à plusieurs reprises, mais Billy Wilder déclare qu'il la trouve si géniale qu'il lui pardonnerait n'importe quoi, surtout lorsqu'elle ne se sent pas bien. Jack Lemmon sera heureux d'apprendre que Wilder pense qu'il a du génie, et que Tony Curtis est un as. »

Ça alors, merci Billy…, ai-je aussitôt pensé. Et merci à toi, Hedda, espèce d'insupportable salope.

La porte de la loge de Marilyn était close. Billy, Paula et Tom se trouvaient à l'intérieur avec elle. Je distinguais ce qu'elle disait, même si sa voix était étouffée. « Cette vieille pute ! Et tous ces connards ! » Bien, me suis-je dit. Elle ne parle pas de moi. Au bout de quelques minutes, les fulminations ont cessé. J'ai entendu la porte s'ouvrir puis se refermer. Après avoir patienté le temps suffisant, j'ai regagné le plateau. J'avais enfilé ma perruque. Et des chaussons : mes pieds me faisaient atrocement souffrir.

Nous étions censés tourner les deux scènes où Sugar fait irruption dans la chambre de Daphné et Joséphine. Dans la première, elle leur raconte son rendez-vous galant avec M. Shell Oil Jr. Dans la seconde, elle leur annonce qu'il part pour l'Amérique du Sud. Au cinéma, lorsque plusieurs scènes ont lieu dans le même décor et avec les mêmes réglages, il est de coutume de les filmer dans la foulée, même si elles se déroulent à des moments différents de l'histoire.

En 1958, chaque journée de tournage coûtait 10000 dollars. Marilyn avait déjà fait perdre treize jours à la production, si bien que *Certains l'aiment chaud* avait d'ores et déjà dépassé le budget initial. Si le dépassement de budget devenait trop important, la Mirisch Company serait dans le pétrin. Il n'y avait qu'un nombre limité de sièges dans les cinémas américains. Au-delà d'une certaine somme dépensée pour un film, il était donc impossible de faire des bénéfices, quand bien même tous les sièges auraient été occupés pendant les deux premières semaines. C'était le troisième film produit par les frères Mirisch dans le cadre de leur nouveau contrat avec United Artists, et ce projet était crucial. Ils devaient faire leurs preuves aux yeux du studio. Il s'agissait donc de mettre les bouchées doubles.

Il était près de trois heures de l'après-midi lorsque nous avons vu le préposé au clap préparer son ardoise. Les réglages lumière étaient terminés, et Marilyn avait été convoquée. Deux fois. Billy a demandé à Paula de la convaincre de venir.

« Paula compatissait, se souviendrait Billy. Elle faisait preuve de coopération et s'efforçait de raisonner Marilyn. »

Mais aussitôt après, Billy se demandait si Paula n'était pas la source du problème : « C'est l'histoire d'une pauvre fille qui, du jour au lendemain, devient une immense star. Et elle se retrouve entourée de gens qui lui disent qu'elle doit être une grande actrice. La pression est trop forte. »

Finalement, Marilyn a pris place devant la porte de la chambre d'hôtel. Paula continuait de lui parler. Malgré tout ce qu'il avait enduré depuis la première semaine d'août, Billy n'avait jamais perdu son sang-froid, mais il n'aimait pas cette Paula. Personne ne l'aimait, d'ailleurs. À vrai dire, je crois que la plupart d'entre nous la haïssaient. « Je ne suis pas certain que Marilyn avait besoin de conseils, remarquerait un jour Billy. Dieu lui avait tout donné. Avant de suivre les cours de l'Actors Studio, elle était comme un funambule qui marche sur sa corde sans avoir conscience qu'il y a un précipice dessous. Du jour où les Strasberg se sont occupés d'elle, Marilyn n'a plus pensé qu'à une chose: le précipice. »

Dans cette scène, Marilyn devait nous parler à travers la porte: « C'est moi, Sugar. » La caméra filmait par-dessus nos épaules. J'étais sur le lit, dissimulant mes habits de ville sous les couvertures, et Jack se tenait debout. Billy commencerait par filmer l'intérieur de la porte. Puis il tournerait la scène en contrechamp: un plan de Marilyn dans le couloir. Il a crié « Action ! », Jack et moi avons dit nos répliques. C'était au tour de Marilyn – rien. « Coupez ! » Où pouvait-elle bien être ? Un silence anxieux s'est emparé du plateau. « Nous entendions Marilyn claquer des doigts nerveusement, se souviendrait Billy. Elle ne parvenait pas à trouver le courage de franchir la porte. Elle était pétrifiée. » Nouvel essai, même résultat. Encore et encore.

Pour citer Billy: « Quand on crie "Action !", les acteurs font toujours quelque chose, n'importe quoi, quitte à se planter. Mais Marilyn, non. Il lui fallait vingt secondes pour prononcer une réplique ou faire un mouvement. Alors pour qu'elle entre au moment voulu, c'est-à-dire juste après que les autres avaient fini de parler, j'ai appuyé sur l'interrupteur de la lampe (le signal de son entrée en scène) avant même qu'ils commencent. »

Marilyn est entrée au bon moment. Mais elle a oublié de dire: « C'est moi, Sugar. »

« Coupez ! » Prise suivante. « Action ! »

« Hem, c'est Sugar. Moi. »

« Coupez ! » Prise suivante. « Action ! »

« Sugar. Moi. »

« Coupez ! »

Billy est calmement sorti de derrière sa caméra pour se diriger vers la porte de la chambre, et s'est entretenu avec Marilyn pendant quelques instants. Il a repris sa place, a annoncé une nouvelle prise, et Marilyn s'est de nouveau plantée. Vingt-six prises plus tard, Billy a fait venir l'accessoiriste, qui a scotché une fiche sur le montant de la porte, côté couloir. On y lisait, en grosses lettres : « C'est moi, Sugar. » À la prise suivante, Marilyn s'est encore trompée.

Arrivé à la prise quarante-deux, Billy a éloigné Marilyn de la porte. Avalant une grande bouffée d'air, il a déclaré : « Ne vous en faites pas, Marilyn. »

Elle l'a fixé, le regard vide.

« M'en faire pour quoi ?

– Nous finirons par y arriver.

– Je ne suis pas inquiète.

– C'est bien. Très bien. »

Billy a regagné sa caméra.

« Ok ! C'est terminé pour aujourd'hui. »

Le lendemain matin, ça a recommencé. « Sugar. Moi. Sugar. » Enfin, au bout de quinze prises, elle a réussi. Le plan suivant était filmé de l'autre côté de la porte, et elle s'en est mieux sortie : il n'a fallu que vingt-trois prises… Quant à moi, je n'étais pas debout à l'attendre. J'avais les pieds plongés dans une bassine d'eau glacée.

L'après-midi, nous sommes revenus pour jouer l'autre scène qui se déroulait dans la chambre. Nous aurions dû tourner ces deux séquences en un après-midi si Marilyn n'avait pas fait des siennes. Dans cette seconde scène, elle devait ouvrir la porte, s'arrêter, jeter un coup d'œil en direction de la commode et dire : « Où est ce bourbon ? » Puis elle fouillerait dans deux tiroirs, sans trouver la bouteille. Enfin, elle était censée marcher vers l'endroit où Jack et moi nous tenions, debout, au pied d'un lit. C'était un plan facile. Quatre mots : « Où est ce bourbon ? »

« Action.

– Où est la bouteille ?

– Coupez.

– Qu'est-ce que j'ai fait de mal ?

– La réplique, c'est: "Où est ce bourbon ?" On recommence, s'il vous plaît. Action.

– Où est le bourbon ?

– Coupez. C'est "ce" bourbon…

– Pardon.

– Action.

– Où est ce whisky ?

– Coupez. C'est "bourbon", pas "whisky", a soupiré Billy.

– Pardon.

– Action.

– Où est ce bonbon ?

– *Cut.* Ce n'est pas une sucrerie. C'est de l'alcool. Du bourbon, du whisky.

– Action.

– Où est ce whisky bourbon ?

– Coupez. »

Quatre mots. Rien que quelques mots, comme dit la chanson, mais ce n'était pas des mots d'amour.

Jack n'a jamais oublié la scène: « Elle n'arrivait pas à sortir ces mots. Billy était à bout de nerfs. Je n'ai jamais vu un réalisateur inventer autant de manières d'expliquer à son actrice comment jouer une scène, prise après prise. Elle soupirait: "Pardon" et retournait de l'autre côté de la porte en secouant les mains pour se détendre les doigts. »

« Nous avons quarante-cinq mètres de pellicule de Marilyn en train de secouer les mains », m'a confié Billy par la suite. Je me souviens qu'il a fallu changer deux fois de pellicule rien que pour ce satané plan. C'était dingue.

« Action.

– Où est ce… Oh, pardon. Je vais la refaire »

Jack et moi avons échangé un regard, puis nous nous sommes tournés vers le type qui portait le clap : l'ardoise indiquait « Prise trente-quatre ». J'ai baissé les yeux vers les jambes de Jack.

« Des crampes ?

– Non, Dieu merci. Pas encore. Jusqu'où tu crois que ça va aller ?

– Cinquante, ai-je répondu.

– Dix dollars qu'elle y arrive en quarante prises.

– Pari tenu. »

Billy s'est approché de Marilyn, une fois de plus, et ils ont discuté. Paula a apporté de l'eau – pas la fameuse thermos.

« Allez, Marilyn. Action. Où est le bourbon ?

– Où est ce… Attendez. Vous avez dit où est *le* bourbon ? Je croyais que c'était *ce…*

– Je me suis trompé. On recommence. Action.

– Je ne peux pas, a rétorqué Marilyn. Là, ce n'est pas moi qui me suis trompée.

– Ne faites pas attention à moi, je ne suis que le réalisateur », a marmonné Billy, en baissant la voix.

J'étais à l'agonie, mes mollets imploraient pitié. Billy était peut-être la patience faite homme, mais pas moi.

« Putain, Billy, ai-je grondé. Combien de prises on va faire ?

– Quand Marilyn réussira, c'est à cette prise-là que je m'arrêterai… »

Si Billy était en train d'apprendre la patience, moi j'apprenais l'humilité. Et je l'apprenais à la dure.

Marilyn a éclaté en sanglots. Billy a fait venir Whitey pour qu'il la remaquille. Et le processus a recommencé, sans plus de résultat. « Billy s'est mis à lui donner des instructions entre les prises absolument extraordinaires, soulignait Jack. Je n'ai jamais rien entendu d'aussi génial. Il inventait les choses les plus inimaginables pour faire sortir ces mots. Il avait recours à tous les subterfuges possibles, dans la limite de l'acceptable, pour faire en sorte qu'elle joue cette scène. Aucun n'a fonctionné. »

À la cinquantième prise, Marilyn était tout juste capable d'ouvrir la porte, avant de s'interrompre. « Désolée, il faut que je la refasse. » Après la prise suivante, le pari que j'avais fait n'avait plus aucune importance. Tout ce que je voulais, bon Dieu, c'était me tirer de là. Comme tout le monde, d'ailleurs. Sauf Marilyn. « Désolée, je vais la refaire. »

Billy s'est approché d'elle. Nous retenions notre souffle.

« Marilyn, a-t-il commencé. Si vous pouviez juste...

– Ne me parlez pas maintenant, l'a coupé Marilyn en levant la main. Je vais oublier comment je veux la jouer. »

Nous nous sommes regardés, Jack et moi. Nous n'arrivions pas à en croire nos oreilles. Billy non plus, d'ailleurs. « Je n'ai jamais vu personne interrompre de la sorte un réalisateur, dirait Jack par la suite. Billy Wilder, l'esprit le plus vif de la planète. Il était abasourdi, il a rejoint sa caméra en secouant la tête. » Jack et moi étions comme deux garnements sur les bancs de l'école. Nous mourions d'envie de piquer un fou rire, mais il a fallu nous retourner, et l'étouffer au creux de nos mains. C'était invraisemblable. Ensuite, Billy a essayé d'installer des mémos à l'intérieur des tiroirs. Même ça, ça n'a pas marché. Pourtant, ce plan, il en avait besoin. Il n'y avait aucun moyen de faire sans.

J'aurais dû miser mille dollars sur quatre-vingts prises : il en a fallu quatre-vingt-une. « J'ai ravalé mon orgueil, reconnaissait Billy. Tout ce que je lui demandais, c'était d'être présente, et s'il lui fallait quatre-vingts prises, eh bien, je m'en accommodais, car la quatre-vingt-unième était excellente. » Coupez. Gardez. Vous pouvez défaillir.

26

LE LENDEMAIN, Marilyn s'est fait porter pâle. Arthur Miller est resté avec elle à l'hôtel. Billy aussi est resté chez lui, le dos en compote. Et l'estomac. Il fallait que ce soit vraiment grave pour qu'il ne vienne pas. Jack et moi avons tourné des bandes promotionnelles pour le film, ce jour-là. Le tournage a repris le jeudi. Ou, du moins, aurait dû. Marilyn s'était barricadée dans sa loge. Walter Mirisch est venu sur le plateau, bientôt rejoint par son frère Harold. Ils étaient adorables, et nous ont demandé si nous ne vivions pas trop mal cette situation. Jack a fait preuve de franchise : « Je fais souvent le même cauchemar, ces temps-ci. Je me réveille en sueur au beau milieu de la nuit. Je rêve que nous en sommes à la prise cinquante-cinq. Marilyn réussit enfin à dire sa réplique. Mais je plante la mienne. » Les frères Mirisch ont éclaté de rire, même si en réalité, ça n'avait rien de drôle. Les assurances du film ne rembourseraient sans doute pas les pertes occasionnées par ces retards.

Enfin, Marilyn est sortie de sa loge. Billy avait besoin de filmer sous un autre angle la scène qui avait posé tant de problèmes le mardi. « Quand j'y pense, il y a de quoi en rire, a ajouté Jack. On nous a convoqués pour le premier plan, ce matin, alors nous sommes arrivés à sept heures. Il est déjà midi, et nous n'avons pas encore joué devant les caméras. Ils ont fait de nouvelles prises des scènes de Marilyn. Combien de temps cela va-t-il durer ? » Il était évident pour tout le monde que ce tournage était en crise. Pour citer Billy : « Monroe exigeait prise après prise après prise. Les Strasberg lui avaient enseigné à faire et refaire les choses jusqu'à ce qu'elle ait l'impression d'avoir réussi. Alors elle nous obligeait à faire et à refaire les choses. Notre joli budget si équilibré était en train de crever le plafond. Les relations entre les acteurs confinaient au chaos. J'étais au bord de la crise de nerfs. Elle n'était plus difficile, non, elle était impossible. »

Pour compliquer le tout, Arthur Miller a décidé de s'en mêler. Le vendredi après-midi, il a débarqué sur le plateau et a pris Billy à part. Ils se sont retirés dans le bureau de Billy.

« Ma femme est enceinte, a déclaré Miller. Pourriez-vous la ménager un peu, Billy, s'il vous plaît ? La libérer à seize heures trente tous les jours ?

– Arthur, je dois attendre jusqu'à trois heures de l'après-midi pour obtenir mon premier plan d'elle. Elle est convoquée chaque matin à huit heures. Que fait-elle de ses matinées ?

– J'avais l'impression qu'elle quittait l'hôtel à sept heures.

– Elle quitte peut-être l'hôtel à sept heures, mais elle n'arrive jamais sur ce plateau avant onze heures trente. Et il faut attendre jusqu'à treize heures passées pour qu'elle soit disposée à travailler.

– Je ne comprends pas.

– Vous voyez bien, Arthur : il est déjà quatre heures, et je n'ai encore pas fait une seule prise.

– Quoi qu'il en soit, je suis inquiet pour sa santé.

– Je vous propose un contrat, Arthur. Vous me l'amenez ici à neuf heures, prête à tourner, et je la laisserai partir. Et pas à seize heures trente, non : à midi. »

Miller n'a pas su quoi répondre. Marilyn ne ferait que ce que Marilyn voulait, sans se soucier des besoins de son mari, de sa professeur d'art dramatique, de son réalisateur ou de ses collègues. Miller est allé la retrouver dans sa loge. Je les entendais à travers la cloison.

Maurice Chevalier, sur le tournage de *Certains l'aiment chaud*.

Quand ma mère, Helen Schwartz, est venue me voir sur le plateau, elle s'est dirigée tout naturellement vers le fauteuil le plus important !

Avec ma mère, Helen, et mon père, Emmanuel (« Manuel ») Schwartz.

Jack Lemmon ne restait jamais inactif entre deux scènes.

Et moi non plus !

Vous avez déjà vu un travesti jouer au soft ball ?

« Tu mets à rude épreuve la patience de cet homme, lui disait-il.

– Et ma patience à moi, alors ? », a-t-elle hurlé.

Là encore, Miller n'a pas pu formuler de réponse pertinente. Comment argumenter avec quelqu'un d'irrationnel ? « Elle s'efforçait d'être vraie, écrirait plus tard Miller. De traiter les ennemis comme des ennemis – Wilder était alors un ennemi – et cela l'anéantissait, littéralement. » Cette vision de Billy Wilder en ogre, à l'image par exemple d'un Otto Preminger, était un peu tirée par les cheveux. Il existait certes des réalisateurs capricieux, mais c'était plus rare que chez les acteurs. « Je ne crois pas que Marilyn était capricieuse, remarquait Jack. Elle était seulement égoïste. Elle ne pensait qu'à elle. » Venant d'un type qui ne disait jamais rien de négatif sur personne… (Pas même sur moi !)

Un jour, sur le plateau, j'ai surpris une conversation entre Billy et Izzy Diamond. Ces journées à rallonge interféraient avec leurs sessions d'écriture nocturnes. « On m'avait prévenu qu'il y aurait des jours comme ça, soupirait Billy. Mais pas des semaines entières ! Je vais te dire une chose, Iz : je ne retravaillerai plus jamais avec cette femme. *Jusqu'à ma mort.* »

Il ne restait que deux semaines avant la fin du tournage, et Billy et Izzy n'avaient toujours pas de fin pour *Certains l'aiment chaud*. Ils connaissaient l'endroit où le film allait finir, mais ils ne savaient pas encore très bien par où ils allaient passer pour y arriver. Terminer sur une scène de tango entre Marilyn et George Raft était exclu. Malgré tout ce qui s'était passé, Billy et Izzy continuaient de ciseler des scènes ahurissantes. Parfois, en les répétant, nous nous tordions de rire. Billy n'aimait pas ça. Car c'est en nous écoutant répéter qu'il pouvait savoir si la réplique, la blague, fonctionnait. Si tel était le cas, Billy réduisait alors l'action pour mieux faire ressortir la réplique – il savait qu'il suffisait d'un geste superflu pour en ruiner l'effet.

Le lundi 27 octobre, Billy a tenté de terminer les dernières scènes impliquant Marilyn et les filles de l'orchestre. L'une des raisons du dépassement de budget, c'était le grand nombre d'acteurs qui patientaient sur le plateau – et touchaient un salaire. Joan Shuley, elle, était loin de s'en plaindre : « Ces retards rendaient tous les autres furieux. Moi, ça ne me gênait pas. Les habitudes de travail de Marilyn m'ont payé une voiture neuve, une nouvelle maison, des meubles et quelques fringues. En plus, je l'ai observée de près, et j'ai appris bien plus de choses que dans une école de théâtre. Son succès, elle le doit à son petit filet de voix, son côté fille perdue et au fait qu'elle ne porte pas de sous-vêtements. »

Si la garde-robe de Marilyn incluait des sous-vêtements au début du tournage, ils ne lui allaient plus. Elle était *zaftig* – pulpeuse – à souhait. Il avait fallu élargir ses costumes. La question des affiches se posait également. Habituellement, les stars d'un film posent pour les photographes une fois le film terminé, afin de fournir des images pour la conception des affiches. Mais le poids que Marilyn était en train de prendre l'empêcherait de rentrer dans ses costumes lorsqu'elle poserait avec Jack et moi. Alors, Arthur Jacobs a eu une idée. « Prenez l'une des filles de l'orchestre – n'importe laquelle, du moment qu'elle a les mêmes mensurations que Marilyn – pour la faire poser avec Tony et Jack. Ensuite, nous découperons des photos du visage de Marilyn, et nous les collerons sur le corps de la fille. » Cette semaine-là, Jack et moi avons donc posé devant l'objectif de Floyd McCarty en compagnie d'une très jolie fille nommée Sandy Warner. Jacobs se soucierait plus tard d'organiser une session photos, avec Marilyn.

Au fur et à mesure que la fin du tournage approchait, Marilyn se montrait de plus en plus nerveuse. La présence de Miller ne suffisait même plus à l'apaiser. Le 27, elle a écrit une nouvelle lettre à Norman Rosten, l'ami de Miller. « Merci pour ta carte d'Halloween, écrivait-elle. Quel dommage que nous ne puissions être ensemble. Je crois que je te ferais peur. Je n'écris plus à personne, sans parler de poèmes – c'est tellement sinistre, ici ! Arthur a l'air en forme, mais affaibli – à force de me soutenir. J'ai besoin de quelque chose à quoi me raccrocher. »

Et c'était là l'être humain sur les épaules duquel reposait ce projet à deux millions de dollars – l'idée était effrayante. Une chance que personne n'ait pu lire cette lettre. Bien sûr, nous soupçonnions chez elle une grande fragilité, mais nous n'aurions pas aimé que nos suspicions se confirment. Avec tout ce qui nous restait à accomplir au cours des deux semaines suivantes…

27

BILLY WILDER avait encore deux séquences cruciales à filmer avant que *Certains l'aiment chaud* soit dans la boîte. La première était la scène d'amour à bord du yacht. La seconde était la dernière scène du film, le dénouement. Dans la scène du yacht, Joe porte une casquette de marin, un blazer et un pantalon de flanelle et se fait passer pour M. Shell Oil Jr, le propriétaire. Joe veut impressionner Sugar. Mais ce n'est pas tout: il veut la séduire. Le problème, c'est qu'après s'être déguisé en femme, la première identité masculine qu'il endosse finit par prendre le dessus, de la même manière que Jerry est dépassé par son personnage de Daphné. Au grand dam de Joe, Junior est un millionnaire du pétrole, mais il n'a rien du rude Texan. Junior est plutôt du genre aristocrate décadent.

Billy et Izzy avaient prévu que Junior fasse monter Sugar sur le yacht, mais ils ne savaient pas très bien ce qui allait se passer ensuite. D'ailleurs, peut-on jamais prévoir ce qui va se passer au premier rendez-vous ? C'est ce qui fait l'intérêt d'une série télé comme *Boy Meets Girl*. Si vous saviez ce qui va arriver, la regarderiez-vous ?

Billy voulait tourner une scène de sexe. Du moins, la suggérer. Tout ce qui ressemblait de près ou de loin à une scène de sexe était absolument proscrit en 1958, à cause de la censure de la Production Code. Mais Billy savait ce qu'il fallait faire pour la suggérer. Ces trucs, vous les connaissez: la porte qui se ferme, les lumières qui s'éteignent, le lent fondu final. Il existait toutes sortes de manières de laisser deviner la chose. Là n'était pas le problème.

« Je me suis réveillé au beau milieu de la nuit, racontait Billy. Je me suis dit : tout est écrit. Ils sont seuls. Et maintenant ils vont coucher ensemble. Mais non. Ça ne vaut rien. C'est trop attendu. » Jusqu'ici, *Certains l'aiment chaud* avait été absolument imprévisible, et Billy ne voulait pas galvauder cette richesse. Alors il a eu une idée. Marilyn avait causé tant de problèmes : il devait faire en sorte que sa participation à ce projet en vaille la peine. Or, quel était le fantasme des hommes qui viendraient la voir dans ce film ? « Se faire dominer, séduire et baiser par Marilyn Monroe ! Que pouvait-on rêver de mieux ? » Rien, sauf que la plupart des hommes lui auraient sauté dessus avant qu'elle ait pu faire quoi que ce soit. Ah ah... « La *plupart* des hommes. » Et si cet homme-là n'était pas simplement décadent ? S'il était... *impuissant* ? « C'est ça, a tranché Billy. Junior *joue* les impuissants ! Et Marilyn lui propose de coucher ensemble. Et c'est *elle* qui le baise. »

Le lendemain matin, il s'est rendu à son bureau pour faire part à Izzy de ses réflexions. « Écoute, Iz. Nous en sommes au moment où il l'emmène sur le bateau. Rien de bien original jusque-là. Mais que penses-tu de *ça* ? » C'était la scène clé, le coup de théâtre du second acte. Or, faire jouer un rôle aussi déterminant à un personnage d'impuissant n'était pas chose fréquente dans les films hollywoodiens. Les seuls personnages de ce type, à ma connaissance, étaient ceux de *Marie-Antoinette*, de *La Comtesse aux pieds nus* et du *Soleil se lève aussi*. Mais aucun de ces films n'était une comédie. Là encore, Billy Wilder innovait.

Marilyn savait l'importance de cette scène. Elle voulait être ultra-sexy. Elle porterait la même robe que dans la scène du bal. Orry-Kelly l'avait dotée d'un haut transparent en souffle de soie. Il avait souligné le galbe de ses seins à l'aide de paillettes, mais les avait dissimulés sous des pièces de tissu. Marilyn voulait qu'on les voie davantage, mais Orry-Kelly s'y était opposé, en affirmant : « Sugar Cane n'ira pas plus loin. » Néanmoins, le souffle de soie était suggestif. Dans la scène où elle chantait « I Wanna Be Loved by You », Charles Lang utilisait un projecteur ellipsoïdal comme lumière de base pour Marilyn, un choix dicté par la nature même de l'intrigue : dans les années 1920, les chanteurs étaient éclairés par ce genre de poursuite. Toutefois, cet éclairage laissait trop entrevoir les seins de Marilyn, si bien que Lang avait dû resserrer le faisceau du projecteur et projeter une ombre discrète. Le stratagème fonctionnait. Je sais bien qu'il y a des gens qui commentent les films et écrivent des choses du style : « Wilder caressait les seins de Marilyn d'une lumière incandescente… » Libre à vous de penser cela. Pour ma part, je crois qu'il suffit de la regarder, et c'est vous qui la caressez. Les yeux sont faits pour ça… Il y avait un proverbe, à l'époque, qui disait : « Les chiens reniflent, les hommes regardent. »

L'atmosphère du studio a changé du tout au tout le jour où nous avons entrepris de tourner la scène de séduction. Marilyn n'avait qu'une heure de retard. Je me trouvais dans ma loge, maquillé et costumé, j'entendais les gens, dehors, qui allaient et venaient. Alors May Reis a frappé à ma porte et m'a annoncé que Marilyn m'invitait dans sa loge. Hum, ai-je pensé. Intéressant. Mais en entrant chez Marilyn, j'ai été agréablement surpris. Elle était souriante, détendue. May nous a laissés seuls. Marilyn m'a demandé comment je me sentais. Il y avait une bouteille de champagne dans un seau à glace. Marilyn m'en a offert une coupe. Elle a déclaré que nous devions nous détendre un peu avant de tourner cette scène. J'ai pris un verre de champagne, et ça suffisait bien. Marilyn m'en a proposé un second, mais j'ai eu la présence d'esprit de refuser. Nous étions au boulot, et cette scène était d'une importance cruciale.

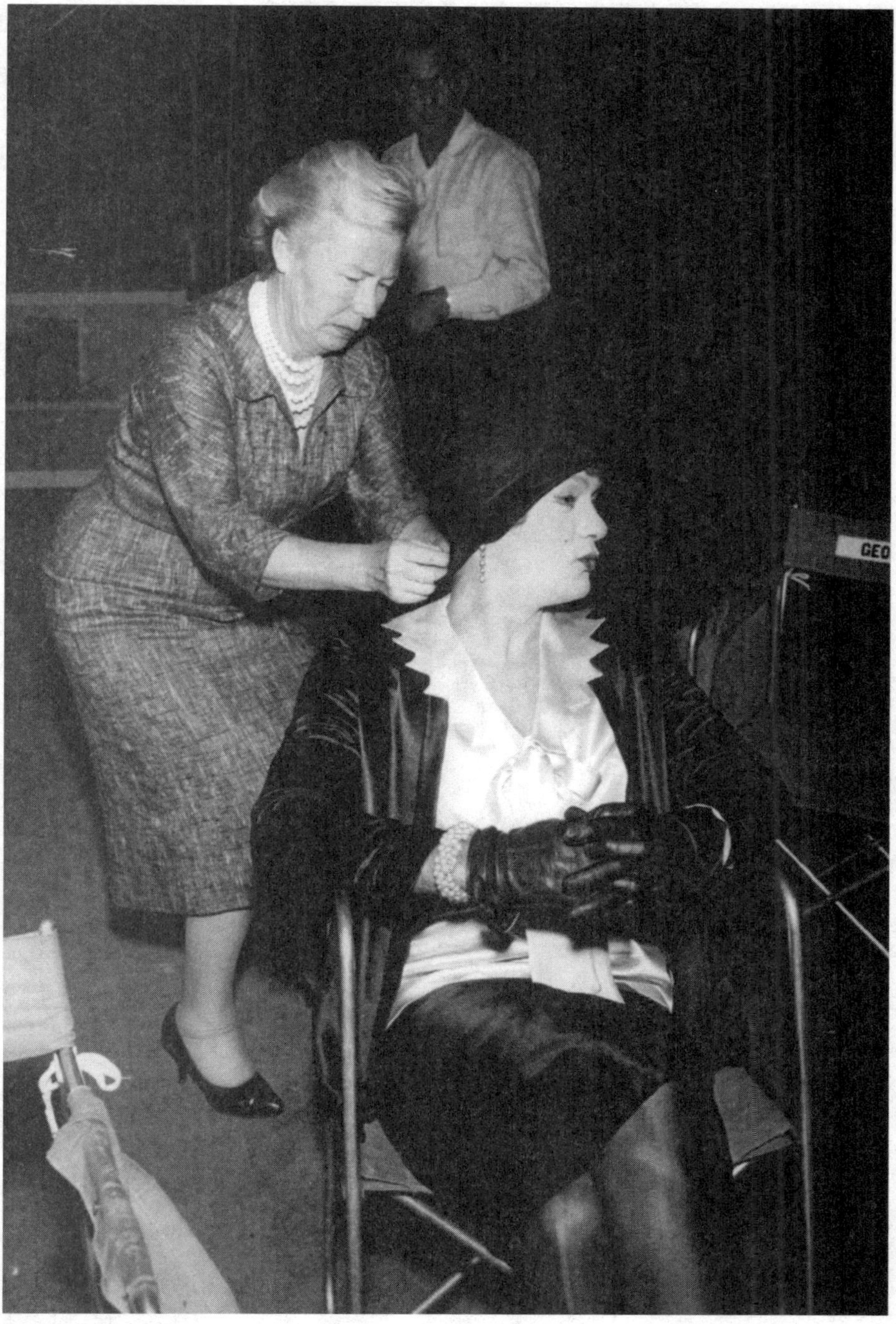

Malgré les épreuves, j'ai su garder ma dignité…

L'intérieur de ma loge.
Ma porte restait
toujours ouverte.

Avec Ladd, dans ma loge.

Matty Malneck fut l'un des directeurs musicaux de *Certains l'aiment chaud*. Il avait rencontré Billy à Berlin,
dans les années 1920. Il nous a donné quelques conseils.

Matty conseillait également les filles. Il avait été violoniste dans le célèbre orchestre de Paul Whiteman, à l'époque où Billy avait fait sa connaissance.

C'est alors que j'ai remarqué sa robe, qui ne cachait vraiment plus grand-chose. Je me suis rendu compte, aussitôt, qu'elle avait changé depuis la salle du bal. Marilyn avait enlevé les pièces de tissu qui lui couvraient les seins.

« Ça ne va pas poser problème, avec les types de la censure ? me suis-je inquiété.

– Oh, non, a-t-elle répondu. C'est plus… organique. »

Elle sirotait sa deuxième coupe.

« Prends-en une autre, Tony.

– Oh, je ne crois pas. Je me sens bien. Et toi ?

– Oh, je ne sais pas. Je pense à des choses…

– Quelles choses ?

– Oh, je pense à toi…

– À moi ? Vraiment ?

– Si seulement tout pouvait recommencer comme… comme avant, entre toi et moi.

– Tu veux dire, à l'hôtel ?

– Oui. »

Je me suis levé, je me suis penché vers elle et lui ai donné un long baiser intime. Elle s'est détendue encore davantage. Ce qui était bien, vu la journée de travail qui nous attendait.

Nous nous sommes présentés sur le plateau, où avait été installé un décor très élaboré. D'un côté, il y avait le pont du yacht, avec un bassin rempli d'eau à côté, qui réfléchirait sur nous le scintillement des projecteurs. L'intérieur de la cabine était reproduit dans un autre coin du plateau. Nous avons commencé par la scène sur le pont. Il s'agissait d'un long travelling, sans aucun gros plan. Marilyn l'a joué sans encombre. Puis nous nous sommes déplacés vers l'autre partie du décor – la cabine du yacht, avec ses panneaux d'acajou et ses parois escamotables, pour que la caméra puisse se déplacer. Le champagne était faux, remplacé par de la Ginger Ale.

Dans cette séquence, Marilyn enlève son étole de renard blanc. Charles Lang a tout de suite remarqué qu'elle avait modifié sa robe. Il s'est entretenu avec Billy, qui s'est adressé à Paula Strasberg, laquelle s'est approchée de Marilyn pour lui murmurer à l'oreille. Marilyn a fait non de la tête. Soudain nerveuse, Paula est retournée voir Billy et lui a annoncé que Marilyn ne voulait pas de ce bout de tissu supplémentaire sur son décolleté. Billy a fait venir Charles, qui a demandé à ses techniciens d'installer des canevas plus sombres sur la lumière de base de Marilyn. Associés à un morceau de carton noir découpé à la main, ces filtres dessinaient des ombres savamment étudiées sur la poitrine de Marilyn. Ainsi, même si les seins de la star étaient sensiblement plus charnus qu'au début du tournage, la scène passerait l'épreuve de la censure. Ou du moins, cet aspect-là de la scène…

À notre grande surprise, Billy a décidé de filmer la scène du baiser en premier. Sur le moment, cela m'a semblé étrange. Pourquoi ne pas commencer par tourner les séquences qui, dans le scénario, conduisaient au baiser ? N'était-il pas plus logique de nous chauffer un peu avant de passer à cette scène d'amour à l'horizontale ? Avec le recul, je saisis mieux le raisonnement de Billy. Marilyn était devenue imprévisible. Elle était instable. Billy voulait donc s'assurer d'abord que la scène la plus importante soit dans la boîte. Au cas où. L'autre raison, c'était qu'Arthur Miller n'était pas sur le plateau ce jour-là. Peut-être n'avait-il pas envie de voir ce que nous allions faire. Peut-être avait-il à faire en ville. En tout cas, j'étais soulagé qu'il ne soit pas là. Allez donc tourner une scène d'amour sous les yeux d'Abraham Lincoln…

Billy a fait évacuer le plateau. Même le reporter du magazine *Time*, présent ce jour-là, a été prié de s'en aller. Il m'a fait signe depuis la porte, au moment où on l'escortait dehors :

« Tony ! Tony ! Dites-moi quelque chose !

– D'accord, ai-je répondu, en posant les mains sur mes hanches. Bon Dieu ! Marilyn Monroe va coucher avec *moi* ! Vous vous rendez compte ? ! »

Je ne pensais pas qu'ils citeraient cela dans leur article. Mais ils ne se sont pas gênés. *Time* a toujours été un magazine de voyous...

Les derniers réglages étaient terminés. J'étais assis au fond de cette luxueuse banquette, et Marilyn se penchait sur moi. Elle était censée m'embrasser, elle l'a fait, et pour de vrai. Puis le scénario disait qu'elle devait me grimper dessus. Elle s'est exécutée. Billy avait décidé de nous laisser jouer cette séquence en temps réel, même si, dans le scénario, il était prévu de l'entrelacer au montage avec une autre scène, celle où Jerry et Osgood dansent le tango au son de la « Cumparsita ». Billy déterminerait ensuite les endroits où couper. Tant que nous étions sur cette banquette, il voulait que nous vivions pleinement la scène. Sans interruptions, sans aucune distraction. Sans nous soucier de la censure. Rien que deux stars du cinéma en train de faire l'amour. Et de prendre leur pied.

Eh bien, le résultat, c'est que j'ai eu une érection, le genre d'érection qui aurait tué tout homme normalement constitué. Et Marilyn ne pouvait pas ne pas s'en rendre compte. Elle était allongée sur moi. Elle ne s'y attendait pas, ça l'a titillée. Ça l'a excitée. Et ça l'a aidée à jouer cette scène. Billy, de son côté, a continué de tourner, jusqu'au bout. Marilyn pressait sa bouche contre la mienne, glissant sa langue entre mes dents. Elle écrasait son corps contre le mien, elle sentait tout. Elle aimait ça, elle adorait ça. Et Billy nous a accordé le privilège de pouvoir jouer cette scène en laissant se déployer l'aspect physique des choses.

Lorsque, d'une voix douce et tranquille, il a fini par annoncer « Coupez », Marilyn s'est lentement détachée de moi. Elle s'est redressée et, en me regardant droit dans les yeux, elle a souri. Un immense sourire de satisfaction, qui disait : « Je t'ai bien eu cette fois, pas vrai ? »

28

LE DEUXIÈME jour de tournage dans la cabine, prévu pour le lendemain, aurait dû être un petit moins excitant, moins éprouvant. On ne peut pas avoir des feux d'artifice tous les jours. Je ne m'attendais donc pas à ce qui nous est arrivé. La journée a débuté de manière assez calme. Nous avions un visiteur de marque : Maurice Chevalier en personne, qui jouait dans un film avec Deborah Kerr à l'autre bout de la ville. Billy avait insisté pour qu'il passe le voir de temps en temps. Maurice était devenu une star en tournant sous la direction d'Ernst Lubitsch, aux premiers temps du cinéma parlant. Lubitsch était l'idole de Billy Wilder. Dans son bureau, au-dessus de la table de travail, était accrochée une note : « Que ferait Lubitsch dans ce cas ? » Billy avait coécrit avec lui deux scénarios de film : *La Huitième Femme de Barbe-Bleue* et *Ninotchka*. Il m'a confié un jour qu'il en avait appris davantage en travaillant avec Lubitsch sur ces deux films, que de tous les autres réalisateurs pour lesquels il avait écrit. La visite d'un ancien élève de Lubitsch sur ce plateau le remplissait de joie. Et le dernier film de Chevalier, *Gigi*, avait rencontré un immense succès. Nous l'avons donc accueilli plusieurs fois sur le tournage.

Nous avions un autre visiteur, ce jour-là, dont la présence s'est révélée beaucoup moins exaltante. Arthur Miller était assis au bord du plateau avec Paula Strasberg. Ils avaient l'air sinistre.

Peut-être leur avait-on rapporté ce qui s'était passé la veille. J'avais entendu dire que Marilyn se montrait parfois volontairement aguicheuse. Il lui arrivait d'étaler ses anciennes conquêtes sous le nez d'un type pour voir sa réaction. Son deuxième mari, Joe DiMaggio, était devenu si jaloux – et violent – que leur mariage avait capoté en l'espace d'un an. D'autres rumeurs couraient sur ce plateau. Marilyn avait fait savoir à Miller, de manière détournée, qu'elle avait eu une aventure avec Edward G. Robinson Jr quelques années plus tôt. Quand le chroniqueur James Bacon était venu sur le plateau, Marilyn avait confié à son mari que Bacon et elle avaient été « très proches » à un moment donné. En outre, Miller avait forcément entendu parler de la scène que Marilyn et moi avions jouée la veille. Ces révélations en série étaient peut-être à l'origine de son visage de pierre. À moins qu'il ne se soit agi de son expression habituelle. Miller n'était pas du genre agité.

Il a fallu attendre l'après-midi pour que Marilyn daigne tourner. Même Arthur Miller n'est pas parvenu à la faire arriver à l'heure au studio, si bien que Billy a passé la matinée à tourner mes gros plans. Quand Marilyn s'est présentée après le déjeuner, elle semblait reposée et disposée à jouer. Nous avons fait le plan-séquence où Marilyn et moi entrons dans la cabine, et celui où je lui sers une coupe de champagne. C'est alors que tout a dérapé. Nous en étions à la deux ou troisième réplique de cette scène quand le regard de Marilyn s'est voilé d'un seul coup. Elle s'est tournée vers Paula, puis Billy :

« Je suis désolée. Il faut que je la refasse.

– Coupez. Clap. Allez. Action. »

Cette fois, elle a enchaîné quatre répliques. Et la même chose s'est reproduite. Et encore à la prise suivante. Chaque fois, je lui versais une coupe de Ginger Ale, que je lui tendais. Puis l'accessoiriste montait sur le plateau pour remplir et sceller la bouteille, rincer le verre, et l'essuyer. Whitey Snyder vérifiait le maquillage de Marilyn, Harry Ray le mien. Et nous reprenions depuis le début. Même résultat. Au moins, dans cette scène, je ne portais pas de talons. Mais les choses allaient en s'empirant.

« Marilyn avait une sorte d'alarme intégrée, estimait Jack Lemmon. L'alarme se déclenchait au milieu d'une scène si quelque chose la dérangeait, et elle s'arrêtait net. On avait pourtant l'impression qu'elle refaisait exactement la même chose d'une prise à l'autre mais, pour elle, quelque chose clochait. Elle avait parfaitement conscience de ses limites. Elle savait ce qui convenait à Marilyn, et pour rien au monde elle n'aurait accepté de faire autre chose. Alors elle restait plantée là, à se mordre la lèvre et à secouer les mains, jusqu'à ce que ça passe. »

Et moi, je restais planté avec ma coupe de Ginger Ale, à me demander si elle était géniale ou tout simplement égoïste. « Elle ne voulait pas se montrer égoïste, m'a confié Jack par la suite. Elle ne savait pas travailler autrement, c'est tout. Le réalisateur, les autres acteurs et tout le reste, elle s'en tapait. Tout ce qui comptait, c'était de jouer cette scène telle qu'elle se la représentait. » Et Jack d'ajouter : « Je voyais bien que ça te rendait dingue. » Là, il n'avait pas tort. J'ai rarement perdu mon sang-froid sur un plateau de cinéma. Mais ce jour-là, oui.

À la prise trente-huit, j'étais en train de lui tendre la coupe de « champagne ». Je l'avais fait tant de fois que je me sentais engourdi – je bougeais comme un robot. Marilyn s'est arrêtée au beau milieu de la scène, au moment où le verre atteignait sa main. Et d'un coup, j'ai craqué : j'ai poussé violemment le verre contre Marilyn, elle l'a dévié, et il est allé se briser par terre. Miller a bondi sur ses pieds et rappliqué. Il m'a bousculé, je l'ai repoussé, il a trébuché et il est tombé. Marilyn s'est approchée de moi, je l'ai écartée. Billy, John et Sam se sont précipités pour séparer tout le monde. Billy a décrété une pause. Je suis rentré dans ma loge.

Une demi-heure plus tard, l'éclat d'une dispute m'est parvenu de la loge voisine. Apparemment, Miller était en train de hurler sur Marilyn. « Qu'y a-t-il d'autre ? Dis-le-moi. » Puis les choses se sont calmées. Une autre demi-heure s'est écoulée. On a frappé à ma porte, c'était Arthur Jacobs. Il est entré, et m'a demandé si ça allait mieux. Aurais-je l'amabilité de bien vouloir aller parler à Marilyn et à son mari, histoire d'arranger les choses ? Évidemment. Je ne voulais me fâcher avec personne. Comme je l'ai déjà dit, toute ma vie, j'ai voulu que les gens m'aiment. Alors j'ai promis à Jacobs que je leur parlerais.

Quelques minutes plus tard, il est revenu, et m'a accompagné jusqu'à la loge de Marilyn. Miller était présent, bien sûr, ainsi que Marilyn, mais ni May Reis ni Paula Strasberg.

Je suis entré. Miller était visiblement gêné. Marilyn avait le regard vague.

« Marilyn, Arthur, ai-je commencé. Je suis désolé. J'ai beaucoup… nous avons tous beaucoup donné. Tout le monde est épuisé. Je ne voulais pas vous faire de mal. Je vous prie d'accepter mes excuses. »

J'ai tendu la main. Marilyn a levé les yeux, et elle a fait oui de la tête. Miller s'est tourné vers Jacobs.

« Nous aimerions parler seul à seul avec M. Curtis. »

Pris au dépourvu, Jacobs avait l'air paniqué. « Très bien », a-t-il acquiescé, avant de s'éclipser. Il a refermé derrière lui.

J'ai regardé Miller.

« Vous n'acceptez pas mes excuses ?

– Seulement si vous vous excusez d'avoir couché avec ma femme », a-t-il répliqué, en me fixant droit dans les yeux.

Marilyn regardait ses pieds.

« Hein ? », me suis-je étouffé. Putain, qu'est-ce que c'était que ce truc ? Je m'attendais à tout, sauf à ça.

« Elle m'a tout raconté, au sujet de l'hôtel, a ajouté Miller, d'une voix monocorde.

– Ah…, ai-je répondu. Ok. »

Je me sentais bizarre, tout à coup. J'avais les bras lourds, un poids sur la poitrine. J'avais du mal à respirer.

« Eh bien ? », a insisté Miller, en pointant le menton.

Mes yeux se sont posés sur Marilyn, avant de revenir vers lui. J'avais la gorge sèche.

« Écoutez, ai-je répondu, en prenant une longue bouffée d'air. Ok. Je suis désolé. Sincèrement. Mais il faut que vous compreniez. Il y a quelque chose de fort entre Marilyn et moi. Et ça a commencé bien avant vous. Quand nous nous sommes retrouvés seuls, ça a resurgi. Je suis désolé.

– C'est vrai ? l'a-t-il interrogée.

– Oui, a répondu Marilyn, en baissant les yeux.

– Ça n'aurait pas dû se produire, a-t-il repris, en remontant ses lunettes sur son nez.

– Eh bien, c'est arrivé, ai-je répliqué. Nous ne voulions pas vous faire ça. Mais ça s'est… produit. Et je suis désolé. Vraiment désolé.

– Désolé ? a répété Miller. Et ça change quoi, pour nous ? Vous autres, les gens d'Hollywood, vous êtes si égoïstes que c'en est incroyable…

– Écoutez. Ça n'a rien à voir avec Hollywood. Je vous l'ai déjà dit, c'est arrivé comme ça. Maintenant, on ne peut plus rien y faire.

– Moi, je peux faire quelque chose, a rétorqué Miller. Je peux vous casser la gueule. »

Ce type était bidon. Il ne savait pas à qui il parlait. J'ai croisé les bras.

« Ah ouais ?

– Arrêtez ! », s'est écriée Marilyn.

Elle s'est levée, a posé la main sur le bras de Miller.

« Ça ne résoudra rien.

– Résoudre quoi ? ai-je demandé.

– J'ai quelque chose à… »

Son regard a dévié vers Miller, puis il s'est reposé sur moi.

« Non », l'a-t-il interrompue.

Puis il s'est planté devant elle. Ils se dévisageaient. Alors, elle a fait un pas en arrière et m'a regardé.

« Je crois que ce bébé est de toi.

– Quoi ? »

Je n'ai rien pu dire d'autre. J'étais abasourdi. Ma tête s'est mise à tourner. Je ne pouvais plus bouger. Il y avait un tel silence dans la pièce que j'entendais les pneus des voitures crisser sur le boulevard de Santa Monica.

« Nous en avons déjà parlé, lui a dit Miller. Il n'est pas de lui.

– Très bien, a répliqué Marilyn. Il n'est pas de lui. Parfait. Comme tu voudras.

– Qu'est-ce qui te fait croire que ce bébé est de moi ? ai-je demandé.

– Rien, est intervenu Miller. Rien.

– Tu es sérieuse, Marilyn ? Est-ce que...

– J'ai interrogé son médecin, m'a coupé Miller. Il n'y a aucune chance qu'il soit de vous.

– Écoutez, je suis désolé. Que voulez-vous que je fasse ?

– Tu n'as pas à faire quoi que ce soit, a soupiré Marilyn, en s'effondrant dans son fauteuil.

– Que voulez-vous que je fasse ? ai-je répété.

– Terminez ce film, a répondu Miller. Et restez en dehors de notre vie. »

Je l'ai dévisagé pendant un long moment. Puis je me suis tourné vers Marilyn. Elle pleurait.

« D'accord, ai-je conclu. Ça, je peux le faire. »

J'ai fait volte-face et je suis sorti. Je suis rentré dans ma loge, j'ai refermé la porte et je l'ai verrouillée.

Billy a renvoyé tout le monde à la maison. Le lendemain, Marilyn s'est fait porter pâle. Je savais pourquoi. Walter Winchell tenait enfin sa vengeance pour *Le Grand Chantage*.

Il avait écrit un article au vitriol au sujet de ma prétendue bagarre avec Arthur Miller *et* Marilyn Monroe. C'est fou ce que les nouvelles vont vite dans la jungle...

Le vendredi matin, Marilyn est arrivée de bonne heure. Miller n'était pas avec elle. Nous avons repris les choses là où nous les avions laissées – la coupe de champagne. Marilyn a réussi dès la première prise. Puis nous avons joué la séquence où je mords dans une cuisse de faisan. Sauf que c'était du poulet : ça rendrait mieux à l'écran. La viande de gibier tourne vite sous les projecteurs.

Marilyn a recommencé – elle se lançait, puis s'interrompait. Il nous a fallu quarante-deux prises. À la dernière, mon teint virait au vert jaune, et j'avais envie de vomir. Il m'a fallu longtemps avant de pouvoir remanger du poulet, après ça...

29

LE LUNDI 3 novembre, *Certains l'aiment chaud* a abordé sa quatorzième semaine de tournage. Billy Wilder et I.A.L. Diamond n'avaient toujours pas mis le point final à leur scénario. En attendant, il restait encore quelques plans à tourner. Marilyn, Jack et moi avons passé une grande partie de la journée à courir dans des couloirs ou à parler au téléphone – des gros plans qu'il fallait toujours refaire pour une raison ou pour une autre. Heureusement, à la fin du tournage, Marilyn avait besoin d'un moins grand nombre de prises pour réussir ses plans. Il faut dire que la plupart d'entre eux n'étaient que de simples *reaction shots,* et qu'elle lisait ses répliques sur des tableaux noirs placés juste en dehors du cadre. Billy insistait pour qu'elle ne laisse pas courir ses yeux de gauche à droite en lisant, mais elle le faisait quand même. À l'écran, on voit bien qu'elle lit, notamment dans la séquence où elle parle au téléphone.

Nous avons passé pas mal de temps au studio des effets spéciaux : c'est là qu'on vous filme devant un écran translucide où sont projetées des images, et que vous faites semblant d'être ailleurs. Nous avions plusieurs plans de ce genre à tourner, par exemple celui où je fais du vélo. Notre journée s'est terminée assez tôt, et pour une bonne raison : Billy avait besoin de s'asseoir avec Izzy pour écrire la fin de notre film. Toutefois, avant de retourner à leur bureau, ils ont visionné les rushes de la semaine précédente.

J'étais curieux de voir ce que ma scène d'amour avec Marilyn donnait à l'écran. En entrant dans la salle de projection, j'ai été surpris. Il y avait là des gens qui n'auraient pas dû être présents : des publicitaires, des techniciens travaillant sur d'autres tournages. J'aurais voulu demander à Billy de les renvoyer, mais je ne l'ai pas vu. Les lumières se sont éteintes, le projecteur s'est mis à tourner. Différentes prises ont défilé sur l'écran. D'abord, je les ai trouvées bonnes. Puis je me suis rendu compte que Billy avait systématiquement gardé celles où Marilyn commençait à s'échauffer – et où, moi, je commençais à fatiguer. Ça ne m'a pas plu.

Ce qui ne me plaisait pas non plus, c'était la vulgarité latente qui régnait dans la salle, comme s'il s'était agi d'une soirée entre potes, et non pas de la projection privée d'un projet en cours. Un projet ambitieux, qui plus est. Des remarques triviales fusaient à propos des seins de Marilyn, et de la manière dont elle s'allongeait sur moi. Je bouillonnais. Mais Billy n'est entré qu'après le début de la projection. Je ne pouvais pas décemment lui demander d'éteindre le projecteur et de virer ces abrutis.

Les lumières se sont rallumées. J'avais besoin d'air. Sur le chemin de la sortie, un type que je ne connaissais pas m'a interpellé : « Hé Tony ! C'était génial. Dis-moi, ça t'a fait quoi d'embrasser Marilyn ? »

J'ai poursuivi mon chemin sans lui prêter attention.

« Tu crois que c'était comment, mec ? ai-je répondu en ouvrant la porte de la salle. Comme d'embrasser Hitler ? »

J'ai claqué la porte derrière moi.

30

BILLY ne m'a pas tenu rigueur de ce que j'avais dit au sujet de Marilyn après la projection. Il avait d'autres chats à fouetter. À commencer par sa santé: son dos allait mieux, mais à présent, c'était son estomac qui faisait des siennes. Le stress lui donnait des nausées. Marilyn n'était pas la seule cause de ses maux: la scène finale du film restait à écrire. Billy et Izzy avaient l'habitude de travailler ainsi, ils écrivaient toujours leur scénario au fur et à mesure que le tournage progressait. Les acteurs influaient sur leurs personnages, et les personnages influaient sur l'intrigue. Mais habituellement, Billy ne s'y prenait pas si tard. Le lundi, après avoir visionné les rushes, il a rejoint Izzy à leur bureau et ils se sont attaqués au dénouement.

Billy et Izzy avaient conduit nos héros (devrais-je dire héroïnes ?) hors d'atteinte des gangsters, et dans cette vedette à moteur: Joe se trouve derrière avec Sugar, et Jerry sur la banquette avant avec Osgood. Il était entendu que Sugar accepterait Joe, bien qu'il ne soit qu'un bon à rien de saxophoniste. Mais bon sang, comment Osgood allait-il réagir en découvrant que derrière Daphné se cachait Jerry ? Billy et Izzy semblaient s'être fourvoyés dans une impasse. Mais en était-ce vraiment une ?

Dans la scène antérieure où je rentre par la fenêtre dans la chambre d'hôtel, et où Jack se sert des maracas pour ponctuer ses déclarations, je prononçais la réplique suivante:

Mon dernier jour de tournage avec Marilyn Monroe, dans le studio des effets spéciaux de la Goldwyn. Je devais la revoir le lendemain, mais elle en a décidé autrement.

« Comment pourrais-tu épouser Osgood ? Tu n'es pas une fille. Tu es un homme ! »

À l'origine, Jack répondait : « Personne n'est parfait. » Mais Billy avait estimé que cette réplique brisait la continuité de la scène, en attirant trop l'attention. Izzy et lui avaient donc joué la scène afin d'en étudier le rythme. Cette réplique avait beau être hilarante, elle n'avait pas sa place dans une scène aussi trépidante. Alors, ils l'avaient coupée.

Des semaines plus tard, le lundi 3 novembre, Billy et Izzy jouaient entre eux la toute dernière scène :

« Alors Jerry ôte sa perruque et dit : “Mais vous ne comprenez pas. Je suis un HOMME !” »

C'était au tour d'Izzy de parler :

« Eh bien… Personne n'est parfait, a-t-il répondu, d'une voix quasiment dénuée d'émotion.

– Qu'est-ce que c'est que cette réplique ? s'est étonné Billy. On ne l'avait pas jetée ?

– Je ne sais pas. Pourquoi ne pas l'utiliser ? »

Billy hésitait. Mais il ne trouvait rien de mieux. Pourtant, il y avait forcément une alternative.

« Il se fait tard, a remarqué Izzy. Si nous continuons de triturer cette scène, nous n'aurons plus le temps de la faire taper et reproduire ce soir. »

Les bureaux du studio fermaient à neuf heures.

« Bon, eh bien… d'accord, a accepté Billy. On intègre cette réplique. Mais provisoirement. Nous avons jusqu'à vendredi pour trouver autre chose. » Izzy est passé déposer les pages au bureau. Il était déjà fermé. Alors il a rapporté la scène chez lui, et l'a tapée à la machine.

Le lendemain matin, Izzy a fait lire la nouvelle scène à sa femme Barbara, qui avait publié des romans sous le nom de Barbara Bentley. Elle a lu le tapuscrit. Elle trouvait la dernière réplique un peu faible. Était-ce donc là tout ce que provoquait cette horrible révélation ? Cette fin ne lui plaisait pas.

« Billy pense comme toi, a reconnu Izzy. Mais vous avez tort tous les deux.

– Non.

– Si. Le public se croit toujours assez intelligent pour voir venir la chute. Les gens adorent anticiper une blague. Dans ce cas précis, tout le monde – même le spectateur le plus débile – a compris que Jerry va devoir enlever sa perruque et avouer qu'il est un homme. Ils s'accrochent à leur siège, parce que, forcément, Osgood va exploser. Bon. Et s'il n'y avait pas d'explosion ? Si à la place, on avait une réaction sobre ? Écoute. Nous avons mis tous les ingrédients pour que le public rie. Pas besoin d'en rajouter. La réplique finale en elle-même importe peu, du moment qu'elle est plate. À vrai dire, plus elle est plate, mieux ce sera. »

La scène est repartie vers le studio, où elle a été copiée et distribuée. Billy a passé la semaine à penser à cette réplique finale. Il n'était pas le seul.

En lisant la scène, Marilyn n'a vu qu'une chose: le dernier plan comprenait deux hommes. Et elle n'y était pas. C'en était trop. Le jeudi, après avoir travaillé avec moi dans le studio des effets spéciaux, elle est retournée directement dans sa loge. Il restait un plan à tourner, mais puisque ce film ne se terminait pas sur un gros plan d'elle, elle ne le jouerait pas. Elle a rassemblé ses affaires et sa cour, et elle a quitté les studios Goldwyn.

Quand il a appris la nouvelle, Billy a fait venir la doublure de Marilyn. Puis Izzy et lui ont modifié la scène. Le vendredi matin, il l'a tournée. La doublure était assise à mes côtés sur la banquette arrière de la vedette. Billy m'a demandé de me pencher vers elle, afin de dissimuler son visage. Joe E. Brown et Jack Lemmon se trouvaient à l'avant. Billy a fait prononcer à Joe E. la fameuse phrase: « Personne n'est parfait. »

« Coupez. »

Billy n'était toujours pas convaincu, mais il avait eu beau chercher, il n'avait rien trouvé de mieux. « C'est bon, on la garde. »

SIXIÈME PARTIE

LES AVANT-PREMIÈRES

31

LE SAMEDI 8 novembre, je suis allé avec Janet voir Sammy Davis Jr dans une pièce qui s'appelait *La Maison des otages.* Janet était enceinte de huit mois, mais elle tenait à assister à cette représentation originale, où le public était assis tout autour de la scène. J'avais souvent croisé Sammy aux studios Goldwyn, puisqu'il jouait le rôle du dealer Sportin' Life dans *Porgy and Bess.* Ce même soir, Marilyn a été transportée en urgence de l'hôtel Bel Air à l'hôpital Cedars of Lebanon. Elle se croyait sur le point de faire une fausse couche, mais ce n'était pas le cas. Ils l'ont gardée une semaine. Craignant que les somnifères qu'elle prenait ne tuent son bébé, elle tentait de se sevrer.

Le lundi 10 novembre, Jack et moi nous sommes présentés au Studio 4 de la Goldwyn pour tourner les dernières scènes. Nous y avons travaillé pendant deux jours, principalement dans les décors du hall de l'hôtel et du couloir du troisième étage. L'après-midi du 11, nous avons tourné nos tout derniers plans, qui se déroulaient dans la chambre d'hôtel de George Raft. Nos ultimes répliques parlaient d'enlever enfin nos déguisements de femme et de se tirer de là vivants. Tu m'étonnes ! Rien ne pouvait mieux correspondre à notre état d'esprit. Nous étions travestis depuis le 4 août : soixante-treize jours de tournage… Et là, fini les perruques, les faux seins, les maudits talons hauts. La délivrance. Et puis… l'effondrement.

On a toujours une drôle de sensation quand on termine un film. Une baisse d'énergie soudaine. Un coup d'arrêt. Une dépression postnatale. Pendant des semaines, on contemple les mêmes visages, on entend les mêmes voix, on partage les mêmes expériences et, d'un seul coup, on est séparé de tous ces gens. On se retourne pour faire un commentaire à Jack Lemmon, car on sait que ça le fera rigoler. Il n'est pas là ! Où est-il passé ? Il est passé à autre chose. Où est Billy Wilder ? En salle de montage avec Doane Harrison et Arthur Schmidt. Et Harold Mirisch, avec lequel notre rencontre sur Beverly Drive avait déclenché tout cela ?

Harold était parti au front avec Arthur Jacobs, et il s'efforçait de faire bonne figure. Lloyd Shearer était de retour avec ses questions tordues, pleines de sous-entendus. « Marilyn vaut-elle vraiment tous les retards et les soucis qu'elle vous a occasionnés ? » Comment répondre à une question d'une telle impertinence ? Harold a choisi la franchise :

« Ce film est drôle, tordant. Marilyn y est merveilleuse. Oui, ses maladies nous ont coûté deux semaines. Trois mois, c'est long, pour un tournage de comédie. Nous avions prévu un budget de 2,3 millions de dollars, et nous l'avons dépassé d'environ 500 000 dollars. Ce qui signifie que nous devrons atteindre les sept millions de dollars de recettes brutes pour ne pas perdre d'argent. J'ose espérer que nous ferons bien davantage ! Mais, pour répondre à votre question : combien vaut Marilyn, en termes de temps, de souci et d'argent ? La réponse, nous ne la connaîtrons qu'à la sortie du film… »

L'article de Shearer s'achevait sur des propos attribués à l'un des acteurs du film. Ce n'était pas moi qui les avais tenus, et je suis persuadé que Jack non plus. Je n'imagine pas George Raft s'exprimant de la sorte. Quoi qu'il en soit, ces propos figuraient dans l'article : « Marilyn est une chouette fille, douce, sincère, adorable, déclarait l'acteur inconnu. Je lui souhaite d'être heureuse avec Arthur Miller et d'avoir une douzaine d'enfants. Je sais qu'elle est une épouse merveilleuse, et qu'elle fera une mère encore plus admirable. Mais ce n'est pas une grande actrice. »

Quand je repense à la période qui a suivi ce tournage, je ne me souviens pas qu'il y ait eu d'accalmie, ce qui, pourtant, aurait été souhaitable. Billy bataillait ferme avec ses ciseaux de monteur. Tout le défi consistait à trouver une prise où Marilyn tournait à plein régime, sans que Jack et moi n'ayons l'air vannés. Vous vous imaginez en train de visionner quatre-vingt-huit prises de « Où est ce bourbon ? ».

Je n'avais pas beaucoup vu ma famille, pendant tout ce temps. Mon père et ma mère étaient venus sur le plateau en août, mais c'était à peu près tout. Le dimanche 16 novembre, tard le soir, j'ai reçu un appel de mon frère Robert, qui vivait avec mes parents sur South Reeves Drive, à Beverly Hills. « Papa s'est endormi », m'a-t-il annoncé. J'ai sauté dans ma voiture. En arrivant chez eux, j'ai trouvé mon père allongé sur le sol. Il avait fait une crise cardiaque. Il nous avait quittés, à tout juste cinquante-huit ans. Les deux jours suivants, toute la famille a fait shivah – le rituel de deuil dans la tradition juive – auprès de mon père. Les funérailles étaient fixées au mercredi. J'errais dans le brouillard. Puis, le vendredi, Janet a ressenti les premières contractions. Je l'ai conduite en hâte à l'hôpital Cedars of Lebanon. Le samedi matin, notre fille Jamie Lee était née.

Et, non : je n'ai pas vu Marilyn à l'hôpital. Elle était repartie pour New York avec Arthur Miller.

Tandis que je découvrais cette nouvelle bobine, Billy était perdu au milieu des siennes. Je ne l'ai su que plus tard, mais il trouvait que ma voix de Joséphine, sur la bande-son, était trop grave – les autres personnages auraient eu du mal à y croire. Alors il a engagé Paul Frees, un acteur aux talents multiples, doté d'une voix incroyablement malléable, qui a doublé toutes les répliques que j'avais prononcées de ma voix de fausset. Comme si ça ne suffisait pas, Paul a également doublé quelques répliques de Tito Vuolo, l'entrepreneur des pompes funèbres. Billy n'aimait pas la voix de Tito – ses accents étaient trop new-yorkais pour un personnage de Chicago, j'imagine...

Au moment de réaliser la bande originale du film, Billy a replongé dans ses jeunes années berlinoises. Matty Malneck était le musicien de l'orchestre de Whiteman qui avait permis à Billy de rencontrer le maestro en 1926. Dans les années 1930, Malneck avait écrit ses propres compositions, qui avaient fait un tabac. Il avait notamment coécrit « I'm Through with Love » et « Park Avenue Fantasy », devenue ensuite « Stairway to the Stars ». Il avait également composé des musiques de film, notamment la bande originale de *Témoin à charge*. Le choix de sa musique s'imposait donc pour *Certains l'aiment chaud*. Adolph Deutsch, qui en composait la bande originale, a fait de « Stairway to the Stars » le motif musical de Sugar, et Marilyn chantait « I'm Through with Love » dans la dernière scène d'orchestre. Les chansons de Malneck avaient beau dater des années 1930, ça n'a choqué personne.

Matty et Izzy Diamond avaient cosigné une chanson intitulée « Some Like It Hot », que Marilyn n'avait toujours pas enregistrée lorsqu'elle est rentrée à New York. Alors, Matty a pris l'avion pour New York, afin de travailler la chanson avec elle et de l'enregistrer. Marilyn s'est montrée fort coopérative mais, Dieu sait pourquoi, la chanson n'a pas été utilisée dans le film. Lors de son séjour à New York, Matty était allé au restaurant avec Marilyn. Assis à la table du bar, Matty avait diplomatiquement suggéré à Marilyn de se rabibocher avec Billy, estimant que leur différend était vraiment sans importance. Il a eu une idée. Le serveur lui a apporté un téléphone, Matty a composé le numéro personnel de Billy et a tendu le combiné à Marilyn. À Westwood, Audrey a décroché.

Cette photo traduit bien le sentiment que Jack et moi avions en terminant *Certains l'aiment chaud.* Nous avions tourné pendant soixante-treize jours, entre le 4 août et le 11 novembre 1958. Nous avions conscience d'avoir bien travaillé, mais nous n'aurions jamais imaginé la stature que prendrait ce film…

« Allô !

– Audrey ? C'est Marilyn.

– Oh, salut, Marilyn…

– Billy est-il là ?

– Non, il n'est pas encore rentré. Il n'est que seize heures trente ici, vous savez.

– Ah… Eh bien, quand vous le verrez, pouvez-vous lui transmettre un message de ma part ?

– Bien sûr, Marilyn.

– Dites-lui d'aller se faire foutre. »

Silence.

« Et pour vous, Audrey, mes meilleurs sentiments. »

Clic.

Je n'ai jamais su quelle avait été la réaction de Billy lorsqu'il a découvert le message de Marilyn en rentrant chez lui. Je sais que Billy, comme Izzy, étaient écœurés par la manière dont Marilyn avait traité les gens comme des sous-fifres, des gens qui ne pouvaient pas se défendre. Envoyer au diable un assistant réalisateur était une chose, insulter la femme de Billy en était une autre. Marilyn avait pressé le détonateur d'une bombe. La question n'était plus de savoir si la bombe exploserait. Mais *quand*.

32

LE 16 DÉCEMBRE, la nouvelle est tombée, en provenance de New York : Marilyn se trouvait à l'hôpital, où elle avait été admise en urgence deux jours auparavant. La dépêche ne précisait pas qu'elle avait pris de l'Amytal sur un estomac vide et – pire encore – qu'elle avait bu du sherry pour faire passer le tout. Elle précisait en revanche que Marilyn avait fait une fausse couche. Marilyn et Arthur Miller savaient parfaitement que c'était la conséquence d'une grossesse extra-utérine, mais ils se sont bien gardés d'en parler. Le 18 décembre, la mère d'Arthur Miller a confié à Earl Wilson, chroniqueur mondain du *New York Post*, grand amateur de ragots, que Billy Wilder était responsable de la fausse couche de Marilyn. « Il l'a obligée à monter des escaliers en courant quatorze fois dans le film, déclarait Mrs Miller. Il faisait quarante à San Diego, et Marilyn se sentait très mal. »

Comme je l'ai déjà écrit, la température ne dépassait pas les 27 degrés quand nous avons tourné sur le ponton. Et je n'ai pas vu Marilyn faire quoi que ce soit d'épuisant au point de provoquer une fausse couche six semaines plus tard. Enfin, voilà comment naissent les légendes – filles des rumeurs et des faux-fuyants. Pour tout vous dire, je me fichais bien de ce qui avait entraîné cette fausse couche. La seule chose qui m'importait, c'est que le bébé de Marilyn était mort. Ce bébé, j'étais persuadé que c'était le mien.

J'avais déjà réfléchi à ce que j'allais faire à la naissance du bébé. J'avais entendu des rumeurs au sujet de Clark Gable et Loretta Young, et sur la manière dont ils avaient géré une situation semblable. Young n'était pas mariée et, catholique pratiquante, refusait toute idée d'avortement. Elle était partie en Europe pour donner le jour au bébé de Gable. Dix ans plus tard, Gable avait rendu visite à Young et rencontré la petite fille, qui s'appelait Judy. Il ne lui a jamais dit qu'il était son père, car l'enfant était élevée par le mari de Loretta, Tom Lewis. Je trouvais ça triste, et l'idée que mon enfant puisse être élevé par un être aussi froid qu'Arthur Miller ne me remplissait pas de joie. J'espérais que Marilyn et moi trouverions une solution. La fausse couche a sonné le glas de ces espoirs.

Venant dans la foulée de la mort de mon père, cette nouvelle m'a frappé de plein fouet, et plongé dans une profonde dépression. Certes, j'avais deux enfants magnifiques. Certes, j'étais passé en dix ans d'un contrat d'acteur à soixante-quinze dollars la semaine à un contrat de star à un million de dollars par an. Certes, je venais de tourner dans l'un des plus grands films de ma carrière – et de l'histoire du cinéma. Mais j'étais en pleine dépression, et je me suis désintéressé de *Certains l'aiment chaud*.

Billy faisait le forcing pour sortir le film en mars. Ce qui supposait de le projeter en avant-première dès le mois de janvier, pour se laisser le temps de faire d'éventuels changements. Billy était satisfait du premier montage du film, mais une scène lui posait problème: celle qui clôt la séquence à bord du train. C'est la scène où je secoue Jack « comme un pitbull secouant un rat », et où Jack s'écrie: « Tu ne vas quand même pas frapper une femme ? » Fondu au noir.

Billy se demandait si cette courte scène ne risquait pas de ruiner l'effet de la précédente, celle où les filles dégringolent de la couchette. Notre scène était touchante mais, à ce moment-là du film, elle faisait un peu déplacée. La séquence du train était formidable – ne devait-elle pas s'arrêter immédiatement après la scène de la fête ? Pourtant, Billy aimait beaucoup cette scène, pour ce qu'elle disait de l'amitié entre les deux hommes. Izzy, lui, n'avait pas d'avis tranché sur la question – de son point de vue, il n'y avait pas de quoi se tracasser : on aviserait après l'avant-première. Billy n'était pas d'accord :

« Si cette scène fait rire, je serai sans doute tenté de la garder. Non, Izzy. Nous n'en avons pas besoin. » Mais au moment où il s'apprêtait à couper la scène, Billy a reçu un coup de fil : la production avait déniché une salle de cinéma pour la première projection en avant-première, deux semaines plus tôt que prévu. Couper cette scène l'aurait obligé à refaire le montage et le mixage sonore d'une bobine entière. Il n'en avait plus le temps.

Dès septembre, Billy avait confié à la presse à quel point il trouvait ce film hilarant : « Je serai peut-être le premier à mettre des sous-titres anglais dans un film en anglais. Les spectateurs vont rire tellement fort qu'ils n'entendront pas la moitié des dialogues. » Oui, admettait-il, la situation de départ était osée. « Je crois que le public est prêt. Les films devraient être comme les parcs d'attractions. Les gens vont au cinéma pour s'amuser, et dans notre film, on ne fait que cela, s'amuser. Ce film, je n'aurai vraiment aucune inquiétude à le montrer, que ce soit au fin fond de la province ou au Festival de Cannes. »

L'avant-première a eu lieu le 28 janvier 1959 au Bay Theatre de Pacific Palisades, cité-dortoir située sur la côte. Billy et Audrey étaient présents, de même que Jack et Felicia, Izzy et Barbara et plusieurs pontes de la Mirisch Company. Steve Allen avait fait le déplacement, ainsi que Joseph Mankiewicz. L'enjeu était énorme : les dépenses engendrées par ce film s'élevaient à 2 883 848 dollars.

Un panneau était affiché à l'entrée du cinéma, qui annonçait : « Ce soir : Avant-première d'un grand studio ».

Apparemment les huit cents spectateurs massés dans la salle n'avaient pas compris : ils pensaient, pour la plupart, qu'ils allaient assister à *La Chatte sur un toit brûlant*, avec Elizabeth Taylor. La foule était typique de Pacific Palisades : plutôt âgée et riche. Il y avait quelques familles, aussi, ce qui paraissait étrange, vu la nature du film avec Elizabeth Taylor. Peut-être étaient-ils venus pour l'avant-première, finalement...

Les lumières se sont éteintes, le générique a défilé. Si Billy avait oublié la prédiction de David Selznick, il devait s'en souvenir, maintenant. « À part la bande originale, écrivait Barbara Diamond après la projection, rien, au cours des premières minutes du film, ne permettait au public de deviner qu'il s'agissait d'une comédie. Il y avait une poursuite en voiture avec des gangsters, un tripot clandestin installé derrière une entreprise de pompes funèbres, et une descente de police. » Les spectateurs, silencieux, prenaient le film très au sérieux. « Le public choisi était particulièrement âgé, remarquait Barbara. Ces gens n'étaient pas disposés à rire. Ils étaient venus pour voir Liz Taylor. » Au bout de vingt minutes de film, ils n'avaient toujours pas aperçu Marilyn Monroe. Alors, Jack et moi sommes apparus à l'écran, en travestis. « Des parents ont évacué aussitôt leurs gamins, se souvenait Jack. On les entendait grommeler : "Bon sang, mais c'est révoltant ! Qu'est-ce que c'est que ce film ?" » Le reste du public demeurait impassible, les bras croisés.

« Ceux qui n'ont pas quitté la salle sont restés assis là, dans un silence de mort », commentait Barbara.

« Personne n'a ri, à part deux ou trois de nos amis », reconnaissait Audrey.

« De tous les films auxquels j'ai participé, c'était sans aucun doute la pire avant-première... », soulignait Jack.

« La pire avant-première de l'histoire », insistait Barbara.

À la fin du film, Audrey a poussé du coude son mari.

« Allons nous mêler à la foule, lui a-t-elle suggéré. Pour écouter les gens. » Billy est sorti dans le hall, où des spectateurs étaient en train de remplir des questionnaires d'avant-première. « Ils ne savaient pas s'ils pouvaient rire ou pas, se souviendrait Audrey. Ils ne savaient pas comment réagir. » Billy a serré la main de Steve Allen – la plupart des éclats de rire étaient venus de lui. Joe Mankiewicz s'est approché derrière Billy et, posant la main sur son épaule, a tenté de le rassurer : « Ne t'inquiète pas, Billy. Ça nous arrive à tous… »

Les frères Mirisch ont pris Billy à part. « Ils ont commencé à lui expliquer ce qu'il devait faire, racontait Jack. Les conneries habituelles que les directeurs de studio essaient de fourguer aux réalisateurs. Coupez ceci, coupez cela… Montrez davantage Marilyn. » Les frères Mirisch, eux, allaient encore plus loin :

« Une farce ou une comédie, appelez-la comme vous voulez, ne peut pas durer deux heures. C'est impossible. On ne doit pas dépasser une heure trente-cinq minutes.

– Vous avez raison, a acquiescé Billy. D'accord. Parfait. Dès demain, Iz et moi allons revoir tout ça. »

Jack était inquiet. Deux ou trois jours plus tard, il a appelé Billy, qui sortait tout juste de la salle de montage.

« J'ai coupé, a-t-il annoncé à Jack.

– Vous avez coupé des scènes ? !

– J'ai coupé la scène. Pas *les* scènes.

– Laquelle ?

– Celle où vous vous glissez dans la couchette de Tony. La dernière scène à bord du train. Elle a disparu. »

Billy a alors expliqué qu'il était parvenu à organiser une seconde avant-première pour le soir même, au Village Theatre de Westwood, si bien qu'il avait simplement coupé la scène sur la copie d'étalonnage, avant de recoller à chaud les deux bouts de pellicule. Il n'avait pas le temps de faire mieux.

« Le public du Village était beaucoup plus ouvert, soulignait Jack. Des étudiants, des vieux, des jeunes, il y avait de tout. » Billy avait eu l'idée de mettre un panneau qui disait : « Ce soir : Avant-première d'un petit studio ». Cette fois, le ton était donné : les spectateurs sauraient à quoi s'attendre.

« C'était un public très branché, remarquait Audrey. Les gens ont ri, et ri, et ri… On n'entendait même plus les dialogues. »

La première scène de Jack et moi en travestis les a tellement fait rire qu'ils ont manqué la fameuse réplique de « la gelée montée sur des ressorts ». Quant à la scène des maracas, elle a provoqué l'hystérie dans la salle. « C'était une scène d'environ deux minutes, soulignait Billy. Je n'ai jamais entendu un rire ininterrompu aussi long pour aucun de mes autres films. »

« Tout le public hurlait de rire, se rappelait Jack. Ce fut un triomphe. »

SEPTIÈME PARTIE

LES CRITIQUES

33

SUITE à l'avant-première triomphale de Westwood, Billy a rajouté des plans de Jack et moi à la gare, et de Jack avec ses maracas. Il s'agissait de laisser au public le temps de rire. Puis il a envoyé notre film à New York, accompagné d'une lettre d'invitation à Marilyn Monroe.

Le 5 février 1959, Marilyn a donc assisté à la projection de presse new-yorkaise du film, au Loew's Lexington Theatre. Marilyn arborait une nouvelle coiffure vaporeuse, de somptueuses boucles d'oreilles « chandelier » et une robe de soie blanche. Au bras d'un Arthur Miller en smoking, elle était resplendissante. « Monroe et Miller ont littéralement été assaillis par les fans à leur arrivée, se souviendrait plus tard l'écrivain Warren G. Harris. Après qu'on les a escortés, sains et saufs, à l'intérieur du cinéma, les autres spectateurs ont eu la courtoisie de ne pas les importuner. C'était une salle immense qui, ce soir-là, était remplie jusqu'aux cintres. *Certains l'aiment chaud* a failli la faire s'écrouler, tellement les gens riaient. »

Après la projection, la police a escorté Monroe et Miller vers la sortie. Montgomery Clift, présent dans la salle, les a suivis dehors dans l'espoir qu'ils le déposeraient chez lui. Pris dans la cohue, il s'est retrouvé plaqué contre la limousine. Il a martelé le toit de la voiture, mais Marilyn et Miller n'ont pas compris de qui il s'agissait. Ils sont partis sans lui.

La critique de *Variety* a comblé nos attentes – elle les a même dépassées.

Certains l'aiment chaud, *dirigé de main de maître par Billy Wilder, est sans doute le film le plus drôle de ces dernières années. C'est un film désopilant, intelligent, farcesque, qui éclate d'entrée comme un pétard, et ne cesse plus, ensuite, de lancer de joyeuses étincelles jusqu'à la toute dernière image. Des films comme celui-là, dont le sens de l'humour est si puissant et fin à la fois, on n'en voit pas tous les jours… Bien sûr, ce film a ses défauts. Il est trop long, déjà, comme une petite plaisanterie développée à l'excès ; et puis une ou deux scènes flirtent avec le mauvais goût. Mais qui s'en plaindra ?*

Cinquante ans après, je suis toujours aussi ému en lisant la description que *Variety* donnait, à l'époque, des réactions du public.

– La scène où Tony Curtis et Jack Lemmon remontent le quai de la gare déguisés en filles, en remuant des hanches, provoque un fou rire général.

– Le public explose littéralement au moment où, malmené par Tony Curtis, Lemmon déclare d'une voix ulcérée : « Tu as déchiré l'un de mes seins ! »

– Marilyn, en tant qu'actrice, possède un mélange de sex-appeal et de sens du rythme sans équivalent. Et qu'importe si elle était enceinte à l'époque du tournage et que ses robes moulantes ne sont pas du meilleur effet.

– L'alternance des plans où miss Monroe s'efforce de stimuler Curtis sur le canapé, et de ceux où Lemmon et Joe E. Brown s'éclatent sur la piste de danse constitue une séquence d'ores et déjà mythique.

– Il saute aux yeux que Tony Curtis savoure ce rôle de comédien, et il en tire le maximum.

J'étais ravi par cet article. Marilyn, beaucoup moins. Dans leur appartement new-yorkais, Miller et elle ont échangé leurs impressions : lui trouvait que le film était excellent, et apportait la preuve éclatante de son talent de comédienne. Marilyn, en larmes, pensait tout le contraire : « Je ne veux pas être drôle. Tout le monde va se moquer de moi. Et pas grâce à mon jeu, mais à cause de mon physique. J'ai l'air d'une grosse vache. Ces salopards m'ont donné l'apparence d'une grosse vache rigolote ! »

Au même moment, Billy a estimé qu'il était temps d'apaiser les tensions... Le 10 février, le *New York Herald Tribune* publiait une brève interview où il déclarait que son état de santé s'était amélioré depuis la fin de sa collaboration avec Marilyn. « J'ai retrouvé l'appétit, disait-il. Je n'ai plus mal au dos. Pour la première fois depuis des mois, je redors normalement. Et je suis de nouveau capable de regarder mon épouse sans avoir envie de la frapper parce qu'elle est une femme. Est-ce que je retravaillerais avec Marilyn ? J'en ai parlé à mon médecin, mon psychiatre et mon comptable. Tous m'ont dit que j'étais trop vieux et trop riche pour m'imposer une telle épreuve. » Je crois que Marilyn avait poussé le bouchon trop loin. Cet homme était un vrai artiste. Il avait un ego, et cet ego était blessé. Pour couronner le tout, on avait insulté sa femme.

Après avoir lu l'article, Marilyn a téléphoné à Earl Wilson. « Qui a dit que les stars étaient capricieuses ? l'a-t-elle interrogé. Maintenant, ce sont les réalisateurs qui jouent les divas ! » Plein de sollicitude, Wilson devait alors écrire : « Marilyn aimerait que Billy se souvienne que *Certains l'aiment chaud* lui a coûté la vie de son bébé. »

Le lendemain, Billy recevait un télégramme au bureau, signé Arthur Miller :

Je ne peux pas laisser passer vos attaques vicieuses à l'encontre de Marilyn. Vous avez été officiellement informé par le médecin personnel de Marilyn qu'en raison de sa grossesse, elle ne devait pas travailler toute la journée. Vous avez choisi d'ignorer cette injonction durant tout le tournage du film. (...) Elle a poursuivi le tournage car elle se sentait responsable non seulement vis-à-vis d'elle-même mais également de vous, des autres acteurs et de la production. Sa fausse couche s'est déclenchée douze heures après la fin du tournage. (...) [Elle] a débuté le tournage avec une infection de la gorge si grave qu'un spécialiste lui avait interdit tout travail jusqu'à complète guérison. Pourtant, elle a continué. Vos plaisanteries, Billy, sont tellement hilarantes qu'elles parviennent à dissimuler le fait que vous êtes un homme injuste et cruel. Ma seule consolation, c'est que malgré tous vos efforts, sa beauté et son humanité transparaissent, comme toujours.

Les allégations de Miller concernant la santé de Marilyn étaient infondées. En effet, une femme ne peut faire qu'une fausse couche au cours de sa grossesse. Or, celle-ci avait été dûment annoncée en décembre, et non pas en novembre. En tout état de cause, certainement pas douze heures après que Marilyn avait quitté le plateau. Je n'avais pour ma part jamais perçu le moindre symptôme d'une « infection de la gorge », à moins que la fameuse thermos n'ait en fait contenu du sirop. Qu'un homme sain d'esprit puisse se laisser gagner ainsi par la folie de son épouse me semble invraisemblable.

Billy lui a fait la réponse suivante :

Je suis sincèrement désolé qu'elle ait perdu son bébé, mais je suis obligé de rejeter l'affirmation selon laquelle un excès de travail ou un traitement inconsidéré de ma part ou de celle de toute autre personne impliquée dans ce tournage en serait responsable. La vérité, c'est que toute l'équipe l'a dorlotée, choyée, a cédé à tous ses caprices. La seule personne qui ait fait preuve d'un manque de considération, c'est Marilyn, dans sa manière de traiter les autres acteurs et les gens de l'équipe, et ce dès le premier jour du tournage. Avant même le moindre soupçon de grossesse, ses retards chroniques et son manque de préparation nous ont coûté dix-huit jours de tournage, des centaines de milliers de dollars, et d'innombrables peines. Ce film étant le second que j'ai tourné avec Marilyn, je crois comprendre ses problèmes. Le principal, c'est qu'elle ne comprend pas ceux des autres, quels qu'ils soient. Si vous faisiez un sondage rapide parmi les acteurs et les techniciens au sujet de Marilyn, vous trouveriez un manque de popularité absolument écrasant. Cher Arthur, si vous n'aviez pas été son mari, mais son scénariste et réalisateur, et que vous aviez été soumis à toutes les humiliations auxquelles j'ai dû faire face, vous l'auriez envoyée balader avec sa satanée thermos et tout le reste, pour vous épargner la dépression nerveuse. Moi, j'ai été plus courageux : j'ai fait une dépression nerveuse.

En parallèle, une autre déclaration s'est retrouvée publiée dans la presse : « La question est de savoir si Marilyn est vraiment une personne, s'interrogeait Billy. Peut-être est-elle le plus fabuleux des produits jamais inventés par la firme Du Pont. Elle a des seins de granit. Elle défie la gravité. Elle a un cerveau aussi plein de trous qu'un gruyère. Elle n'a pas la moindre idée de l'heure. Elle arrive en retard et vous raconte qu'elle n'a pas trouvé le studio, alors qu'elle y travaille depuis des années. »

Nous savions tous que le jour où Marilyn avait prétexté s'être perdue, elle ne travaillait au studio que depuis un mois, mais Billy s'était fait comprendre. Bien décidé à avoir le dernier mot, Miller lui a adressé un nouveau télégramme.

Le simple fait que d'autres que vous auraient attaqué Marilyn ne justifie en aucun cas que vous le fassiez vous-même. La vérité, c'est qu'en dépit des circonstances elle a fait son boulot, et superbement, là où vos commentaires péremptoires, par presse interposée, laissent entendre le contraire. Et c'est cela qui est injuste. Elle n'est pas la première actrice à devoir suivre son propre chemin pour entrer dans un rôle. Étant donné l'excellence de son jeu d'actrice, il était de votre devoir, en tant que réalisateur, de ne pas récuser son approche pour la simple raison qu'elle ne vous était pas familière. Car à la lumière de ce que vous découvriez chaque jour à l'écran, vous auriez dû prendre conscience que sa manière de se préparer fonctionnait et qu'elle n'avait rien d'un caprice. (...) Marilyn n'était pas là pour prouver à quel point elle était obéissante, mais combien son jeu pouvait être excellent. Le fait d'avoir perdu cela de vue est une défaillance de votre part, et c'est la principale raison qui me pousse à protester contre votre injustice à son égard, non seulement parce qu'elle est ma femme, mais parce qu'elle est le genre d'artiste qu'on ne croise pas tous les jours. Car au final, elle a inventé quelque chose d'extraordinaire, dont vous, moins que tous les autres, n'avez aucun droit de vous moquer.

Mais Billy n'était pas du genre à courber l'échine devant l'indignation morale. Il a répliqué :

Afin de hâter l'enterrement de la hache de guerre, je reconnais par la présente que la bonne épouse Marilyn est une personnalité hors du commun et que je suis la Bête de Belsen. Mais, pour reprendre le célèbre mot de Joe E. Brown : « Personne n'est parfait. »

34

EN MARS 1959, *Certains l'aiment chaud* se trouvait « sur la rampe de lancement », pour reprendre une expression en vogue en ces temps de course à l'espace. L'attente était immense, et les enjeux aussi. Non seulement les 2,8 millions de dollars investis dans le film, mais aussi les carrières de plusieurs piliers de l'industrie cinématographique. C'est donc avec une certaine appréhension que Billy Wilder a soumis le montage final de son film aux censeurs de la Production Code Administration. La PCA était dirigée par un type éclairé, Geoffrey Shurlock. Son boulot (payé par les studios) consistait à censurer nos films de telle manière que personne n'ait plus envie de couper quoi que ce soit derrière lui. Au départ, il existait six organismes de censure, qui avaient la fâcheuse manie de charcuter les films dont ils estimaient qu'ils risquaient de choquer le public. Désormais, il n'en restait que quatre. La PCA avait mis fin au massacre des bobines, mais d'un autre côté, son action paralysait les artistes qui auraient été tentés d'utiliser des mots d'adultes pour raconter des histoires d'adultes. Billy était censé soumettre ses scénarios à la PCA avant de tourner, mais il avait cessé de le faire après que cet organisme avait rejeté son adaptation du roman *La Mauvaise Graine*, avant d'accepter celle de Mervyn LeRoy. Étant donné les relations houleuses entre Billy et Geoffrey Shurlock, ce fut une réelle surprise de voir ce dernier approuver le montage final de *Certains l'aiment chaud*, en félicitant même Billy pour l'excellence de ce film !

Malheureusement, certains de ses collègues ne partageaient pas cet avis. La Ligue catholique nationale de décence, qui avait été à l'origine de la création de la PCA en 1934, disait aux catholiques quels films ils pouvaient voir ou non, utilisant un système de classification pour les distinguer : les films « A » étaient moralement irréprochables ; les « B » étaient en partie discutables ; les « C », rejetés. En 1957, la Ligue avait développé la classe « A » en créant les rubriques A-I, « films tout public moralement irréprochables » ; A-II, « films pour adultes et adolescents moralement irréprochables » ; et A-III, « films pour adultes moralement irréprochables ».

Le 5 mars, Geoffrey Shurlock recevait une lettre de monseigneur le révérend Thomas F. Little, licencié en théologie sacrée et secrétaire général de la Ligue :

Alors qu'il prétend être une comédie, Certains l'aiment chaud *contient en fait des éléments que nous jugeons contraires aux critères de la morale et de la décence chrétiennes et traditionnelles, en raison notamment du caractère tendancieux des costumes, des dialogues et des situations. Depuis la création de la méthode de classification des films dite du « Triple A » en décembre 1957, jamais une œuvre n'avait posé un tel problème à la Ligue dans son travail de labellisation des films. Le thème du travestissement entraîne inévitablement des complications ; ce film, de notre point de vue, fait clairement allusion à l'homosexualité masculine et féminine. Les dialogues ne sont pas seulement à double sens, mais clairement obscènes. L'indécence des costumes est particulièrement flagrante.*

Geoffrey Shurlock persistait dans sa défense du film : « Jusqu'ici, répondait-il, il n'y a eu absolument aucune réaction négative à ce film ; il n'a reçu que des louanges pour son caractère hilarant. Je n'ignore pas, bien sûr, les dangers associés à une histoire de ce type. Mais les filles déguisées en hommes, et plus rarement les hommes déguisés en femmes, lorsqu'un tel travestissement est mis au service de l'intrigue, sont des ressorts dramatiques courants depuis au moins le *Comme il vous plaira* et *La Nuit des rois* de Shakespeare. » Shurlock jugeait certes indéfendable les « costumes excessifs » portés par Marilyn, mais il estimait que ce film était fondamentalement bon enfant et, par conséquent, inoffensif.

Monseigneur Little n'en démordait pas: il a classifié *Certains l'aiment chaud* en catégorie « B », précisant que ce film était « par certains aspects moralement discutable, quel que soit le public ». La population catholique vivait principalement dans les grandes villes, où se trouvaient les plus grands cinémas, mais bon nombre de catholiques jugeaient totalement absurde la classification opérée par la Ligue. Cette décision fit néanmoins la une des journaux et influença les deux autres organismes de censure: le conseil du Kansas exigeait que United Artists coupe trente mètres de notre scène d'amour à bord du yacht. U.A a refusé, ayant gagné une bataille similaire quatre ans plus tôt, pour *La lune était bleue* d'Otto Preminger. Mais les censeurs du Kansas campaient sur leurs positions: tout portait donc à croire que notre film ne passerait pas dans cet État. Puis le conseil du Tennessee est entré dans la danse en interdisant le film aux mineurs. Tout cela a généré une publicité bienvenue pour U.A, les frères Mirisch et Billy Wilder.

La publicité était également assurée par miss Monroe. Le 18 mars, elle est apparue lors d'un déjeuner de presse à l'Ambassador East de Chicago, un cadre qui convenait à merveille au film et au rôle qu'y jouait la pègre. Dans l'excitation, un photographe a renversé un verre sur Marilyn, sans qu'elle perde contenance. Elle avait cet effet sur les hommes – il y avait sans doute quelque chose de freudien là-dessous.

La première mondiale de *Certains l'aiment chaud* était prévue pour le 29 mars au Loew's State Theatre, somptueuse salle de cinéma new-yorkaise, à Broadway, qui rouvrirait ses portes à cette occasion, après un an de travaux de « modernisation ». C'était paradoxal : la première de cette comédie des années 1920 aurait dû avoir lieu dans une salle d'époque. Malheureusement, je n'ai pas pu être là. Mais j'ai reçu des lettres de fans, et j'en ai gardé une qui traduit bien toute l'ébullition de cette fameuse soirée.

George Zeno avait quatorze ans quand son père l'a emmené au Loew's State, le 29 mars 1959. Il m'écrivait :

Le soir de la première, il faisait très, très froid. Mon père et moi avons attendu Marilyn pendant près de deux heures. Quand elle est arrivée, plus d'un millier de personnes se pressaient autour de nous, devant le théâtre et sur la Septième Avenue, créant un embouteillage monstre. Times Square et ses environs étaient complètement bloqués. C'était en partie dû au défilé des stars : nous avons vu passer Celeste Holm, George Raft, Harry Belafonte et Gloria Swanson.

Dès que Marilyn est arrivée, la foule est devenue complètement dingue. C'était la panique. Les gens poussaient, se bousculaient, hurlaient, renversaient les barrières de sécurité. J'ai vu mon père se faire bousculer, il est tombé par terre. L'espace d'un instant, j'ai hésité. Que faire : aider mon père, ou bien me rapprocher de la femme que j'idolâtrais depuis six ans ? Mon père n'était pas blessé. Au moment où il se relevait et époussetait ses habits, Marilyn est descendue de sa limousine.

La foule nous avait poussés tout près de la voiture, et j'ai donc pu la voir de près. Je n'oublierai jamais cette image. Marilyn était bien cette « vision blanche » dont on parlait dans les médias, mais en vrai. Fourrure blanche. Robe argentée. Cheveux platine. Teint de porcelaine. J'étais subjugué. Elle ressemblait davantage à une apparition qu'à un être humain en chair et en os, mais cette apparition est restée gravée dans ma mémoire. Elle saluait de la main et souriait à tout le monde. Puis on l'a escortée à l'intérieur du cinéma pour la protéger de la cohue. Comme moi, les gens qui m'entouraient étaient abasourdis.

Et quel film ! Les gens riaient si fort que mes oreilles sifflaient encore le lendemain matin. Après la projection, j'ai compris que ce film serait le plus grand succès de Marilyn, et la meilleure comédie de tous les temps. Rien n'aurait pu mieux réchauffer les gens par une nuit si froide.

Le lendemain, le *New York Times* publiait une critique d'A.H. Weiler. À le lire, on avait l'impression qu'aller voir ce film, c'était comme prendre un médicament : « Disons-le tout net, écrivait-il, broder sur la même plaisanterie pendant deux heures, c'est trop long. Mais Billy Wilder prouve une fois de plus qu'il est l'un des meilleurs professionnels d'Hollywood. Servi par des acteurs tout aussi compétents – Marilyn Monroe, Jack Lemmon et Tony Curtis –, Wilder réussit le prodige de transformer une intrigue totalement invraisemblable en une énorme farce dans laquelle le comique des situations répond à la finesse et la vivacité des dialogues. » D'accord, mais le film vous a plu ? « Même si *Certains l'aiment chaud* perd considérablement de son intensité par moments, Billy Wilder et ses clowns insouciants en font un film pétillant et drôle la plupart du temps. »

La première à Hollywood s'est déroulée le 8 avril 1959 au Grauman's Chinese Theatre. La critique du *Los Angeles Times* fut encore moins aimable. Philip Scheuer, souvenez-vous, nous avait rendu fréquemment visite sur le plateau de tournage. C'est donc avec incrédulité que nous avons découvert le titre de sa critique : « *Certains l'aiment chaud*, pas si chaud que cela. » Quoi ? !

« *Certains l'aiment chaud* est souvent drôle, écrivait Scheuer, mais ce n'est pas le délice absolu qu'on nous avait promis.

Billy Wilder ayant une longue expérience de l'art de fabriquer des comédies, je suis un peu surpris de constater que la nature exacte de cette comédie-là demeure ambiguë. Il ne fait aucun doute, cependant, qu'il s'agit avant tout d'une farce sexuelle. » Scheuer trouvait les scènes de gangsters « d'un macabre malsain », la scène du yacht « d'un érotisme exagéré », et Marilyn « aguicheuse » – ajoutant aussitôt qu'on l'avait déjà vue plus belle et meilleure actrice… Il jugeait la dernière réplique de Joe E. Brown « surprenante, de la part d'un réalisateur qui, depuis des années, avait toujours su échapper à la vulgarité ». Ce petit malin de Scheuer m'avait réservé sa seule phrase cohérente : « Curtis n'est pas mauvais, mais son accent à la Cary Grant (sans le talent qui va avec) m'a vraiment tapé sur les nerfs. »

Certains acteurs ne lisent jamais les critiques. Moi, si. Et l'article de M. Scheuer m'a prodigieusement agacé. Pour me changer les idées, j'ai acheté les droits de l'autobiographie de Gabriele D'Annunzio, un homme indomptable et sexy – un peu à mon image.

HUITIÈME PARTIE

LE PUBLIC

35

À L'ISSUE de la première semaine d'exploitation du film, Walter Mirisch ne cachait pas son inquiétude. Apparemment, nos spectateurs potentiels avaient lu les critiques et adoptaient l'attitude classique dans ces cas-là: *wait and see*... Les recettes n'étaient pas très bonnes. Nous retenions notre souffle. À la fin de la deuxième semaine, les recettes avaient doublé. Et à la fin de la troisième, elles étaient encore meilleures. Izzy Diamond décrirait plus tard cette évolution comme « l'un de ces phénomènes rarissimes dans l'industrie du cinéma: un succès boule de neige ». *Certains l'aiment chaud* est resté à l'affiche pendant neuf semaines au Grauman's, fait quasiment sans précédent. Tout aussi stupéfiant, le retour du film dans un cinéma d'exclusivité de Broadway, plusieurs semaines après sa programmation initiale, qui avait battu tous les records. Il est intéressant de constater qu'en cette année où l'on avait surtout parlé d'épopées et de drames – *Ben-Hur*, *Le Génie du mal* et *Les Feux de l'été* –, plusieurs comédies figuraient au hit-parade des meilleures entrées. *Quelle vie de chien* était la comédie qui avait engrangé le plus de recettes – 12,3 millions de dollars. En deuxième place venait *Ma tante*, avec 9,3 millions. Puis *Certains l'aiment chaud*, dont les recettes atteignaient 7,5 millions de dollars aux États-Unis, et 5,25 millions de dollars à l'étranger. La durée de vie exceptionnelle de ce film lui a permis de dépasser rapidement les œuvres qui le devançaient, et ses reprises successives l'ont maintenu ensuite au firmament. Ajoutez à cela la télévision, les chaînes câblées, les ciné-clubs, les vidéos, disques laser et autres DVD, et vous obtenez un film qui a sans doute atteint les 30 millions de recettes en un demi-siècle…

Nous avons eu l'honneur d'être nominés aux Oscars dans six catégories : Jack Lemmon pour l'Oscar du meilleur acteur ; Billy Wilder, meilleur réalisateur ; Billy Wilder et I.A.L. Diamond, meilleur scénario adapté ; Charles Lang, meilleure photographie ; Ted Haworth et Edward G. Boyle, meilleure direction artistique ; et Orry-Kelly, meilleure création de costumes. Néanmoins, Orry-Kelly fut le seul à remporter un Oscar. Nous aurions eu nos chances, s'il n'y avait pas eu *Ben-Hur*. La seule autre récompense nous est venue du Syndicat des scénaristes, qui a désigné le scénario de Billy et Izzy comme la meilleure comédie américaine de l'année 1959.

La « seule autre récompense » ? Mais qu'est-ce que je raconte ? *Certains l'aiment chaud* a certainement été la comédie la plus rentable de toute l'histoire du cinéma. La plus aimée, sans aucun doute. Avec tant de preuves d'affection, a-t-on besoin de récompenses ?

Pour vous donner une idée de l'amour que ce film a généré, laissez-moi vous raconter le Festival international du film de Moscou, en 1963. On m'avait invité, alors j'ai appelé United Artists et, le lendemain matin, je m'envolais pour la Russie avec, dans mes bagages, deux bobines de film. À mon arrivée, on m'a emmené dans un auditorium gigantesque – une sorte de gymnase, avec des rangées de chaises pliantes. C'était leur « cinéma ». À l'arrière de cette salle immense se dressait une plate-forme de bois suspendue entre deux échelles, sur laquelle étaient installés deux projecteurs sans âge. Les gens du festival m'ont demandé où je voulais me mettre pour présenter le film.

« Je vais monter là-haut pour que les gens me voient », ai-je répondu. Alors j'ai escaladé l'échelle branlante, au-dessus du vide, et, agrippé aux barreaux, je me suis adressé à cette foule de deux mille personnes. Avec l'aide d'un traducteur, cela va de soi. Tous les regards étaient braqués sur moi. Je leur ai raconté de quoi parlait le film. Et j'ai parlé de mes relations avec Marilyn. Là, ils sont devenus dingues. Ils m'adoraient. Mais ce n'était rien, comparé à ce qui s'est passé durant la projection.

L'interprète traduisait les dialogues en direct, dans son microphone. Et la foule saisissait la moindre nuance de l'histoire. Lorsqu'il a traduit la toute dernière réplique – « *Nobody's perfect* » – la salle a explosé. Les gens hurlaient, ils ne pouvaient plus s'arrêter, c'était de la folie. Ils ont adoré. Et moi aussi, j'ai adoré. Croyez-moi : *a-do-ré.*

ÉPILOGUE

CINQUANTE ans se sont écoulés depuis la création de *Certains l'aiment chaud*. Je dis bien « création », parce qu'il s'agissait – il s'agit toujours – d'une véritable œuvre d'art. Aujourd'hui, j'ai quatre-vingt-quatre ans. Je vis à Las Vegas. Je crée des œuvres d'art – je suis peintre. Je passe du temps avec Jill. Nous sauvons des chevaux de course sur le point d'être abattus. Nous leur portons secours et leur offrons un refuge, ce qui nous donne le sentiment de servir à quelque chose. Vous me demanderez peut-être si j'estime que les films que j'ai faits ont contribué à la culture commune. Oui, je le pense. Comme je l'ai déjà dit, des gens viennent souvent me parler de tel ou tel film, des gens trop jeunes pour avoir vu ces films au moment de leur sortie, et le pouvoir du cinéma ne cesse de m'émerveiller. Si après *Golden Boy*, j'avais fait carrière sur les planches de Broadway, j'aurais certainement livré des interprétations mémorables... Mais où seraient-elles aujourd'hui ?

Je me sens privilégié d'avoir fait carrière dans le cinéma. Une œuvre que j'ai créée cinquante ans en arrière apporte du plaisir à des gens que je ne connais pas, et que je ne rencontrerai peut-être jamais. Difficile de ne pas se réjouir de quelque chose d'aussi transcendant. Même si, croyez-moi, quand je repense aux grandes soirées d'Hollywood, aucun d'entre nous ne pensait alors à la postérité. Nous n'aurions jamais cru que l'idée viendrait à quiconque de regarder notre film du moment un mois après sa sortie – alors un demi-siècle… La seule chose qui nous importait, c'était le succès. Un meilleur rôle. Un meilleur contrat. Un meilleur pourcentage. Le succès.

Que signifie le succès à Hollywood ? Le pouvoir. Le pouvoir de choisir. *Certains l'aiment chaud* m'a donné le pouvoir de choisir mon partenaire dans le film suivant. J'idolâtrais Cary Grant depuis mon adolescence. Grâce au succès de ce film, j'ai pu tourner avec Cary.

Billy m'a raconté qu'il avait montré *Certains l'aiment chaud* à Cary, pour qu'il puisse voir l'imitation que j'y faisais de lui. À la fin de la projection, Cary a déclaré : « Je ne parle pas comme ça. » Allons, Cary. Tu sais bien que si.

Toutefois, Cary a beaucoup apprécié l'hommage. C'était une manière pour moi de les rapprocher, Billy et lui. Ils avaient toujours voulu travailler ensemble, mais l'occasion ne s'était jamais présentée. Dès que l'un était libre, l'autre était occupé, et vice versa. C'était une grande frustration pour eux. Alors quand j'ai « joué » Cary dans *Certains l'aiment chaud*, c'était un peu comme si Billy le dirigeait enfin. Puis j'ai demandé à Cary de jouer avec moi dans *Opération jupons*, une expérience qui m'a comblé de joie. M'embarquer à bord d'un sous-marin avec mon idole, vingt ans ou presque après l'avoir découvert dans *Destination Tokyo* et m'être engagé dans la marine pour lui ressembler…

Le succès fracassant de *Certains l'aiment chaud* avait fait de moi une grande star. Mais je ne m'en rendais pas compte. C'était la gloire, et je ne le savais pas. Bon, j'en avais bien un peu conscience. Et au fil du temps, j'ai réalisé, sans vraiment comprendre comment j'avais pu mériter ça. Je regardais ce film et, dans les premières scènes, je me trouvais plus faible que je ne l'étais vraiment. Tout était fait pour ne pas heurter Marilyn. Elle était l'élue, que l'on favorisait au détriment de

Jack et moi. Ce sentiment a longtemps pesé sur ma perception du film. Trop longtemps. Mais j'ai fini par m'en défaire.

J'ai souvent repensé à Marilyn au cours des années qui ont suivi le tournage de *Certains l'aiment chaud.* J'avais l'impression que des choses étaient restées en suspens dans notre relation. Je l'ai vue faire tous ses efforts pour se ressaisir, sauver son mariage et être enfin reconnue pour son talent d'actrice. Mais je l'ai vue ensuite devenir capricieuse, négligée, trompée par ses proches, accro à l'alcool et aux médicaments. La fin du spectacle fut d'une tristesse infinie. Je me souviens parfaitement de la dernière fois que je l'ai vue. C'était chez Peter Lawford. À l'époque, je traînais pas mal avec Frank Sinatra et sa fameuse bande, le « Rat Pack ». Nous nous rendions parfois chez Lawford, dans sa villa du bord de mer. Un jour, Marilyn était là. Elle avait l'air fatiguée, malheureuse. Mais son regard s'est illuminé quand elle m'a aperçu à l'autre bout de la salle.

« Où est ta décapotable verte ? m'a-t-elle demandé.

– Tu veux dire celle avec le "Dynaflow Drive" ?

– J'imagine, a-t-elle répondu dans un sourire, l'air un peu vague. Ouais. Celle-là.

– Elle est au paradis des Buick.

– C'est chouette. »

Au moment de la quitter, j'ai serré sa main dans la mienne. Je ne l'ai plus jamais revue.

C'est triste ? Oui. La manière dont elle s'est soudainement effondrée à l'été 1962 l'est bien plus encore. J'avais entendu parler de ses problèmes avec la Twentieth. J'avais mes propres soucis, à l'époque – après avoir divorcé de Janet, j'étais sur le point de quitter le pays. Je n'ai pas pu tendre la main à Marilyn. Je me trouvais en Europe quand elle est morte. Je pense encore souvent à elle. Je me demande si elle a enfin trouvé la paix. Si elle sait – et si cela lui fait plaisir – combien les gens l'aiment, et avec quelle tendresse je me souviens d'elle. Je l'espère de tout cœur.

Et Jack Lemmon, cette joie incroyable qu'il continue d'offrir aux gens, chaque fois que ce gros plan hilarant de lui, dans *Certains l'aiment chaud*, apparaît à l'écran… Et ce gloussement dément ! Jack et moi formions une vraie équipe. Tout ce que nous faisions visait à nourrir l'autre. Quand j'y repense aujourd'hui, je me rends compte que nous avons échangé nos rôles au fur et à mesure du film. Au début, il était le comique du duo, et moi son faire-valoir. Dans une autre scène, c'était tout le contraire. Parfois, nous basculions d'un rôle à l'autre au cours d'une même scène. Il nous fallait faire preuve de souplesse et d'inventivité. Ce n'était pas particulièrement compliqué, mais il fallait s'ouvrir à la nature unique de ce projet.

Vous savez ce que nous faisions, Jack et moi ? Nous imitions Billy Wilder et Izzy Diamond. Ne me demandez pas qui jouait qui, peu importe : eux aussi passaient sans cesse d'un rôle à l'autre lorsqu'ils jouaient les scènes, au cours de leurs longues soirées d'écriture. Bref, Jack et moi nous plantions devant les caméras pour improviser de petits sketchs mettant en scène Billy et Izzy. Vous vous demandez peut-être pourquoi Billy et Izzy eux-mêmes ne sont jamais passés de l'autre côté des caméras pour jouer leurs propres histoires, comme Woody Allen et Mel Brooks ont pu le faire. Je n'en ai pas la moindre idée. Je ne leur ai jamais demandé. Peut-être étaient-ils trop timides… Qui sait ?

En revoyant notre film bien des années après sa sortie, j'ai compris qu'il était bien plus grand que nous tous réunis. Auraient-ils réussi ce film avec quelqu'un d'autre à ma place ? Ou à la place de Jack ? Ou de Marilyn ? Je ne crois pas. Quelqu'un serait-il capable de le refaire aujourd'hui ? Bien sûr que non ! Billy et Izzy ont créé pour nous des personnages sur mesure, que nous inventions au fil du tournage. Il a fallu nous adapter à ce mode de travail, qui était exigeant, éprouvant et parfois éreintant, mais ça valait la peine. Grâce à cette manière de procéder, *Certains l'aiment chaud* est vraiment devenu *notre* film. Une œuvre taillée pour nos talents individuels et notre talent collectif. Brillamment conçue et brillamment ajustée. Je sais de quoi je parle – mon père était tailleur.

REMERCIEMENTS

Tony Curtis tient tout particulièrement à remercier :

Ma femme Jill, qui a la patience et l'amour d'un ange, et sans qui je n'aurais jamais écrit ce livre. Je l'aime de tout mon cœur.

Tous ceux qui ont travaillé sur le tournage de *Certains l'aiment chaud*. Les films sont avant tout des projets collectifs. Chaque personne impliquée est un instrument essentiel pour sa réalisation. Grâce à eux, *Certains l'aiment chaud* fut l'un des films les plus appréciés de l'histoire du cinéma.

Billy Wilder, dont le génie a changé ma vie. Merci aussi à sa chère épouse, Audrey, qui a toujours encouragé Billy et lui a permis de s'épanouir.

Mark A. Vieira, qui a rejoint ce projet avec un enthousiasme rare. Il fit une quantité incroyable de recherches pour ce livre, afin de compléter ma mémoire défaillante.

Alan Nevins, que j'admire. Il eut l'idée de ce livre lorsque nous étions ensemble dans les coulisses de *The Bonnie Hunt Show*. Sa bonne humeur et ses conseils sont précieux, et je comprends maintenant pourquoi il me fut si vivement recommandé par Hollywood. Il est mon agent et mon ami. Merci !

Enfin, toutes les filles du groupe de Sweet Sue, vous vous reconnaîtrez ; je vous remercie du fond du cœur.

Mark A. Vieira tient à remercier les personnes suivantes :

Les institutions et organismes d'archives : Dorinda Hartmann, archiviste au Wisconsin Center for Film et au Theater Research au Wisconsin Historical Society ; Ned Comstock du Cinematic Arts Library de la University of Southern California ; et Barbara Hall de la Barbara Herrick Library au Fairbanks Center for Motion Pictures Study.

Mes assistants Karie Bible et Jonathan Quiej.

Preston Ahearn, Jack Allen, Dan Auiler, Alison Castle, Paul Diamond, Warren G. Harris, Anthony Mattero, Mike Thomas et George Zeno. Leur aide et leurs conseils furent précieux pour nos recherches.

Howard Mandelbaum, Rex McGee, Harvey Stewart, P. R. Tooke et George Zeno, qui ont pris le temps de relire le manuscrit.

Mon agent littéraire, Alan Nevins, de la Renaissance Literary Agency, pour son travail au quotidien. Merci également à Stephen S. Power et Ellen Wright de John Wiley & Sons.

Tony et Jill Curtis pour m'avoir permis de collaborer à l'écriture de toute une vie.

Mes parents. Mon frère Guy et moi avons vu *Certains l'aiment chaud* pour la première fois dans une salle d'Oakland. Nous nous étions engagés à boycotter ce film, auprès de la Ligue pour la vertu. Notre père nous a dit de regarder le panneau de sortie à la place du décolleté provocant de Marilyn Monroe. Trente ans plus tard, mes parents et moi regardions le film à la télévision. Ça valait la peine d'attendre ! J'espère qu'ils croiront en mon engagement dans ce projet « osé ».

INDEX

TABLE

Mise en pages par
Sud Compo
Canet-en-Roussillon

Éditions du Rocher
28, rue Comte-Félix-Gastaldi
98000 Monaco

Imprimé en Italie par L.E.G.O. S.p.a

Dépôt légal : avril 2010